中央高校基本科研业务费专项资金资助 项目编号：20720151005

Supported by the Fundamental Research Funds for the Central Universities

公务消费信息公开机制研究：

基于经验数据的分析

李学 著

厦门大学出版社 国家一级出版社

XIAMEN UNIVERSITY PRESS 全国百佳图书出版单位

图书在版编目(CIP)数据

公务消费信息公开机制研究:基于经验数据的分析/李学著. —厦门:厦门大学出版社,2019.2
(校长基金丛书)
ISBN 978-7-5615-6977-1

Ⅰ.①公…　Ⅱ.①李…　Ⅲ.①消费—政府信息—信息公开—中国　Ⅳ.①D63-39

中国版本图书馆 CIP 数据核字(2018)第 101456 号

出 版 人　郑文礼
责任编辑　高　健
封面设计　李夏凌
技术编辑　许克华

出版发行　厦门大学出版社
社　　址　厦门市软件园二期望海路 39 号
邮政编码　361008
总 编 办　0592-2182177　0592-2181406(传真)
营销中心　0592-2184458　0592-2181365
网　　址　http://www.xmupress.com
邮　　箱　xmup@xmupress.com
印　　刷　厦门集大印刷厂

开本　720 mm×1 000 mm　1/16
印张　15.25
插页　2
字数　228 千字
版次　2019 年 2 月第 1 版
印次　2019 年 2 月第 1 次印刷
定价　52.00 元

本书如有印装质量问题请直接寄承印厂调换

厦门大学出版社
微信二维码

厦门大学出版社
微博二维码

目　　录

第一章 导 论

"财政是行政的血液",公务消费支出是一个国家或地区实施政治统治、提供公共服务的必要成本。公务机构和公务人员开展公共服务,必须具备一定的经济基础,否则公务活动就会沦落为一种虚假的承诺而难以为继。公务支出曾经一直是官府的重要机密,具有一层神秘的色彩。改革开放以后,国家治理的理念渐趋转变,开始注重公众知情权的提升。特别是加入世界贸易组织以后,经过一系列制度改革,我国的财政透明度不断提升,成为国家治理现代化水平提升的重要标志。公务消费支出作为财政支出的重要组成部分,逐渐被提上议事日程。伴随着经济社会的发展,国际社会和广大公众对于公务消费中隐藏的腐败问题以及公务消费自身合理与否日益关注。因而,在建设阳光政府、责任政府的时代背景下,公务消费信息公开制度建设,成为我国政府变革传统行政管理体制、建设透明政府的重要举措。作为政府信息公开制度建设的重要组成部分,公务消费信息公开,不仅承载着保障公民知情权、实现社会主义国家人民当家做主地位、充分实现人民群众的参与权和监督权的重要政治价值,而且,这一制度建设本身,同时承担着回应民众诉求、规范政府公务消费行为、预防和防止腐败现象发生的重要工具性价值。经过数年的努力,公务消费信息公开制度建设,取得了哪些成效?能否有效地控制公务消费的非理性支出?现行的制度建设还存在哪些赢弱之处?未来的制度建设急需解决哪些问题?在国家治理体系和治理能力现代化的过程中,如何合理地定位公务消费信息公开制度建设,实现其与其他治理机制的有效契合?诸多疑问不仅日益成为中国透明政府建设的研究者和实践者关注的问题,而且亦是未来治理体系改革不可回避的议题。本书力图以经验数据为基础,采用规范的社会科学研究方法,深入揭示我国公务消费信息公开内在机制中存在的问题,客观评估制度建设基本成效，以期为未来的制度建设提供有益的启示。

一、治道变革与制度重塑

作为一个拥有悠久历史传统的国家，位居四大文明古国之列的中国的政治体系曾经创造出举世瞩目的治理成效。自秦朝建立统一的中央集权国家以后，直到清朝末年，虽经过王朝更迭的战火的洗礼，但后续的封建王朝，每每能迅速重建治理体系，恢复正常的生产和生活秩序，秦、汉、唐时期，均为当世之强大帝国，宋、明的国际影响力亦不容小觑。然而，晚清末年，我国拥有看似日臻完善的封建治理体系，却因为闭关锁国的保守政策，与当时起源于欧洲文明的科学技术革命失之交臂，国势衰微。欧洲列强的坚船利炮，惊醒了国人"天朝上国"的美梦，开始开眼看世界，本着中学为体、西学为用的思想，变革行政方式，意在延续既有的治理体系。然而，世易时移，晚清政府意在固权的诸多变革，终未能挽其颓势。民国的共和制度，亦未能实现国家和民族的完全独立。中华人民共和国成立后，彻底废除了与帝国主义列强签订的各类不平等条约，为民族的复兴提供了坚实的政治前提。然而，当时师法苏联的高度集中的计划经济政治体制，压抑了民众的经济和政治活力，尽管取得了一些治理成效，但终未能实现民族复兴的大计。

改革开放以来，围绕着解放生产力和发展生产力，国家的行政体制渐趋从高度集中的、以控制为导向的治理思想中解放出来，力图在民主和法制的框架下，建立起现代的行政管理体制。肇始于服务经济发展的行政体制改革，不仅推动了经济发展，实现了经济发展主体多元化，而且，推动了建立在经济主体基础之上的多元社会主体的形成和发展，又为推动行政体制改革提供了重要的行动力量。在全球化浪潮的推动下，国外的治理理念和治理实践的相关信息纷至沓来，不仅为政府提供了可资借鉴的经验教训，而且开阔了国内民众的政治视界和理论修养。他们不再满足于自身经济利益的维护，日益关注行政体制对自身利益的影响，参政、议政的诉求不断增长，为变革行政管理体制以及行政行为方式，整合国内的政治经济力量，建立现代化国家治理体系，提供了民众基础，亦面临诸多挑战。此外，日益融入全球生产体系的国家战略,在为经济的进一步发展提供国际空间的同时,亦使国家的治理体系深深嵌入全球化的政治格局和国际规则之中;全球民族国家之间的相互依赖,削减了传统主权国家权力自主行动的空间,不仅通行的国际惯例会限制行政权力的使用,而且,国际组织和其他民族国家,亦会基于自身利益的考量,试图影响行政权力的运作。一言蔽之,国内外政治经济形势的变化,急需深入变革我国传统的行政管理体制,重塑制度,提升治理能力,以积极应对深刻的社会变革。为顺应这一治道变革的趋势,中国共产党审时度势,立足国情,积极引导政府转变治理理念和治理方式,积极探索具有民族特色的治理道路,逐渐转变了建国初期效法苏联的治国理念,批判性地借鉴世界先进政治文明理念,根植于民族政治文化的深厚传统,革故鼎新,逐步形成了以法治为基础、全方位推进的透明政治理念,积极推进党务公开和政府信息公开建设。

(一)社会转型与理念鼎新

现代意义上的政府信息公开理念,源自于欧洲资产阶级对抗封建王权的需要。当时资产阶级政治思想的代表人物洛克指出"无论国家采取什么形式,统治者都应该以正式公布的和被接受的法律,而不是以临时的命令和未定的决议来进行统治"。[①] 显然,这种法治主张统治者应公开管理的依据,并为管理对象所熟稔,才能实施和法律的统治。事实上,这种信息公开的法治理念,绝非欧洲资产阶级的创举,它只是欧洲法治文明传统在新的历史条件下的凸显。在古希腊和古罗马的自然法观念中,就有主张民众臣服于公开的法律而不是统治者欲望的冲动和恣意的傲慢行为。"为了避免重蹈柏拉图描绘'最完美的'以及'次优的'国家蓝图的覆辙,亚里士多德把一个以法律为基础的国家假设为达到'善'唯一可行的手段。他认为,达致善生活乃是政治组织的主要目标。"[②]即使在相对黑暗的中世纪,欧洲的思想者,亦主张统治者以公开的法令作为管理的基础。毋庸讳言,欧洲国

---

① 洛克.政府论:下篇[M].叶启芳,瞿菊农,译.北京:商务印书馆,1996:85-86.

② E.博登海默.法理学:法律哲学与法律方法[M].邓正来,译.北京:中国政法大学出版社,2004:12.

家经过资产阶级革命，政治公开的理念已经内在于其各项政治制度之中，并且随着社会经济形势的变化，以及公众诉求深化，而日趋完善，有效地保证了公民知情权的实现。

从世界范围内来看，保障公众的信息权和知情权，已经成为当代政治发展的潮流。"行政公开是第二次世界大战后行政发展的一个新趋势，我国称这种趋势为加强行政的透明度。"①第二次世界大战后，1946 年，由战胜国组建的国际组织——联合国，在其第一次会议通过的第 59 号决议中，庄重申明："信息自由是一项基本人权，而且……是被联合国视为神圣的所有自由权利的试金石。"联合国 2000 年的人权委员会的年度报告中，再次指出"信息权不仅对民主、自由极为重要，对参与权和实现发展的权利也同样重要"。信息权和知情权，不仅成为反对腐败和政府不端行为的重要工具，而且成为良好治理的重要基础。"公众有权监督领导人的行为，并对他们的行为展开充分和公开的辩论。他们应该能够了解政府的执政情况，而这取决于能否获得有关经济、社会制度及公众关心的其他事务的信息。对待不良治理，尤其是长期持续的不良治理，最有效的方式是展开公开的、以充分的信息为依据的辩论。"②知情权能否实现善治，当然存在一定的争议。然而，愈来愈多的国家制定并颁布同类法律表明，现代政府拒绝赋予公众知情权，以保护国家秘密为名，行保护治国者和官僚集团狭隘私利之实的暗箱政治，在民主化、科学化、透明化政治发展浪潮的冲击之下，已愈发难以获得国际社会的认可和国内民众的认同。

任何一个国家的政治经济发展，都不能置身于人类发展的潮流之外。我国的透明政府建设，正是在此国际背景下国内政治和行政发展的产物。但是，如若把透明政府建设完全视为外邦的政治理念，则是无视民族文化和国内政治现实的肤浅之见。从民族文化的角度出发，国人在论及透明政治之时，常常引用"民可使由之，不可使知之"的论断，言必称民族的政治文化中缺乏公开与透明的传统。诚然，为维护封建王朝的统治和中华帝国的

---

① 王名扬.美国行政法[M].北京:中国法制出版社,2005:945.

② 托比·曼德尔.信息自由:多国法律比较[M].龚文库,译.北京:社会科学文献出版社,2011:3.

稳定,历史上特定的时代,不乏对外闭关锁国、对内严控各种信息的极端时期,但是,这绝非封建政治发展的常态,封建王朝的统治绝非没有公开政令的政治基因。群经之首的古代文化典籍《周易》在离卦中,上爻为"上九,王用出征,有嘉","象曰:王用出征,以正邦也"。宋儒程颐分别将其解释为:"九以阳居上,在离之终,刚明之极者也。明则能照,刚则能断。能照足以察邪恶,能断足以行威刑,故王者宜用。如是刚明以辨天下之邪恶,而行其征伐,则有嘉美之功也。征伐,用刑之大者"……"王者用此上九之德,明照而刚断,以察除天下之恶,所以正治其邦国,刚明居上之道也。"①《周易》成书久远,其文湮晦,其意含混,上古书写之人的原意,固然难以酌定;然后世儒者,对其所做注解中,主张明刑罚以治邦国的理念,个中却也有主张公布政令的朴素公开意识。再者,昔日封建政治绝非仅凭"天子"的金口玉言、率性恣意妄为所能维持和巩固的,"如何选拔、任用、管理和控制官吏,便永远都是君主们处心积虑、意欲解决的基本问题……在历代的典章制度里面,官制总是占有突出地位的根由"②。古时之官法,如若不昭告天下,则官吏丧失行为规则,民众无成例可循,势必危及天下秩序。秦朝的《置吏律》《效律》,清朝的《大清律例》,都是朝廷广布天下的律法,尽管其立意在于维护君权而不在于民众的利益,但完全将既有的统治传统武断判定为暗箱政治、缺乏公开的传统,却也失之偏颇。

新中国成立后,百废待兴,各项制度亦处于重建之中,以实现人民革命的使命。新中国的第一部宪法——1954 年《宪法》第 17 条规定:"一切国家机关必须依靠人民群众……接受群众的监督。"尽管该规定未明确人民的知情权,但接受人民群众监督的规定,无疑潜在地赋予了人民获得政府相关信息的权利。然而,后续一系列历史事件的影响,加上缺乏明确的制度规定,公众获取政府信息、监督政府和公务人员的权利,并未有效实现。十一届三中全会后,为推动社会主义市场经济的发展,遏制寻租和腐败现象,在制度竞争的压力下,政府信息公开的理念开始在政府内部普及和发

---

① 程颐.周易程氏传[M].王孝鱼,点校.北京:中华书局,2011:173.
② 梁治平.寻求自然秩序中的和谐:中国传统法律文化研究[M].北京:商务印书馆,2016:69.

展,行政公开制度建设逐渐提上议事日程,尽管当时许多公开的内容局限在办事制度和相关法律、法规方面,但是,毕竟转变了政府的执政理念,不再以实行阶级专政为由,任意将政府信息视为国家秘密和工作秘密,为后续的政府信息公开建设提供了一定的经验基础,降低了政府工作人员对公开管理信息的畏惧和抵制情绪。

伴随着改革开放的深入开展,保障人民当家作主的权利,增强政府管理的透明度和公众参与度日益成为社会关注的热点问题。为此,20 世纪90 年代以来,在党的领导下,中央政府进行了诸多透明政府建设的努力。加入世界贸易组织后,其章程中的透明度原则,为政府信息公开工作的推进,提供了国际动力;为此,政府不仅清除了一批与通行的国际规则不相宜的管理规定,而且开始大幅度地公开与经济管理相关的法规和政府信息,政府信息公开工作迈上了一个新的台阶。然而,在对内事务的管理方面,政府机构的进展缓慢,表现出明显的保守性,囿于部门利益或社会秩序的考量,在许多事关人民群众管理方面的事务上,政府机构仍然讳莫如深,惮于公开本应属于民众知晓的相关信息,以维护自身狭隘的私利和管理的便利,即政府工作人员将政府信息公开与行政管理活动视为零和博弈的游戏,认为公开自身掌握的信息会影响行政管理的效率,视暗箱行政为掌握权柄的关键所在。事实上,我国的政府信息公开制度,起源于乡镇层面,2000 年 12 月 6 日,发出了《中共中央办公厅、国务院办公厅关于在全国乡镇机关全面推行政务公开制度的通知》(中办发〔2000〕25 号),同时规定城市中的街道参照本条例执行,增强基层治理的透明性,缓解当时比较严重的社会矛盾问题。但是,整体而论,不仅该项政策执行效果不佳,而且局限于基层政府层面的政府信息公开,最终也难以唤醒民间和政府部门的重视。

然而,爆发于 2003 年的“非典”危机,以严酷的现实,使各级行政官吏知晓掩盖信息的弊端。在非典型肺炎爆发的初期阶段,各级政府为了维护民众的情绪,降低群众因疫情传播而引发的恐慌心理,掩盖患病人数,拖延对外发布信息。但是,事与愿违,由于非典型肺炎的高致死性特征,在缺乏官方真实信息的情况下,恐惧的情绪难以舒缓,社会的稳定性受到了极大的挑战,疫情的控制遭遇了前所未有的难题。为扭转这一被动局面,在国务院的指导下,地方各级人民政府建立了疫病上报和信息发布制度,每日公布疫情的基本状况,不仅消除了民众的恐慌情绪,而且在防控疫情方面,获得了群众的理解和支持,有力地支持了非典型肺炎疫情防控工作。这一经验用铁一般的事实,展示了政府信息公开工作,在现代环境下对于提升行政管理工作效率和获得民众认同的重要性,公开政府掌握的信息,保障民众的知情权,绝非零和博弈格局,而是一种共赢的理性选择。从此之后,各级政府虽然仍有所保留,但普遍认识到了公开政府信息的必要性和优势,政府的信息公开制度取得了长足的进步。相关研究指出:"从 2003 年开始到 2006 年,我国已有 80 多部法律、行政法规包含有关政府信息公开的规定,12 个省和 16 个较大的市制定了专门规范政府信息公开活动的地方性法规或规章,25 个国务院部门出台了政府信息公开方面的规章和文件。"①

现代化条件下行政管理的复杂现实,终于促使各级政府认识到传统管理方式的弊端,以及公开政府信息的必要性。推进政府信息公开,建设阳光政府,开始见诸政府领导人的讲话以及政府文件中。显然,政府信息公开制度建设,开始成为行政改革的重要议题。各级政府摒弃了"法藏官府"的落后理念,有效地推动了各级政府的治道变革。诚然,其时各级政府的信息公开行为,带有强烈的工具主义的倾向,虽然部分满足了民众的知情权,但是,在公开的范围和频率上,多半基于实现管理目标的考虑,裁量公开与否的首要标准,在于官僚组织自身的利益,而非民众的知情权。由于缺乏法定的规则,政府信息公开行为呈现出强烈的随机性和自利性,尚未实现法治化和规范化,政府信息公开制度建设,有待于进一步深化。

(二)治理诉求的革故鼎新

尽管政府信息公开制度建设的法治化程度不高,但是,其规范化程度不断提升。因为,建设法治国家、依法行政早已成为执政者建构现代中国治理体系的重要目标选择。虽然"法治"的理念滥觞于西方社会,但是"法治"建设有益于所有的人的观念,早已在全球层面获得广泛的共识。作为

---

① 向佐群.政府信息公开制度研究[M].北京:知识产权出版社,2007:122.

一种全球治理理想，"对法治的支持并不为西方所专有。它受到不同社会、文化、经济和政治制度国家政府首脑的推崇"①。尽管作为一种现代政治合法化的治理理想，当代中国法治建设的具体内容，与西方国家相比差异明显。但是，规范权力的使用，保障民众的基本权利，防止其受到权力主体专横意志和恣意行为的戕害，以维护国家长期的政治稳定，则已经成为建设现代国家治理体系的重要目标。以法治手段推进政治建设，早已成为当代中国政治发展的应有选项。在此时代背景下，政府信息公开的法治化水平经过了一个渐趋提升的发展历程。

事实上，早在 2004 年 3 月 22 日，我国政府就颁布的《国务院关于印发全面推进依法行政实施纲要的通知》(国发〔2004〕10 号)，正式确立了全面依法行政的思想。在其"全面推进依法行政的指导思想和目标"中明确提出，经过 10 年左右的努力，达到"政府提供的信息全面、准确、及时，制定的政策、发布的决定相对稳定"。不仅确立了政府信息公开制度建设的法制地位，而且对政府公开信息的质量做出明确的规定。2005 年 3 月 24 日《中共中央办公厅、国务院办公厅关于进一步推行政务公开的意见》(中办发〔2005〕12 号)以规范文件的形式强调推行行政公开的指导思想、基本原则和工作目标，充分体现了高层治理者对行政公开的认识。而颁布于2007 年的《中华人民共和国政府信息公开条例》，则是在此基础上将行政公开规范化、法治化的一种尝试。尽管其法律的位阶较低，仅以行政法规的形式现世，而且在具体规则的设计方面，具有保守性的倾向，为官僚组织和行政人员提供了大量的自由裁量空间，潜在地制约了政府信息公开的制度效力。比如回避了公众的知情权的保护议题，并规定官员可以因担忧影响稳定而拒绝公开相关信息。然而，自该条例颁布实施以来，"未有官员对政府的选择做出解释，但是其背后的原因，绝非难以辨识。即在当下的政治和经济环境下，许多领导者坚信如果条例过于激进和深入，势必危及社会稳定，甚至引发动荡。《政府信息公开条例》的现有版本，承载着当权者、

---

① 布雷恩．Z.塔玛纳哈．论法治：历史、政治和理论［M］.李桂林，译．武汉：武汉大学出版社，2010:2.

改革派和保守派的共同利益,比较容易为各方所接受。"①但是,诸多的缺陷难以掩饰其历史进步性,《政府信息公开条例》的颁布实施,委实为我国行政公开制度建设的重大突破,我国的政府信息公开获得了初步的操作性准则。其在执行过程中遭遇的问题,亦为后续的人大立法积累有益的经验基础和政治考量。

在政治和行政层面,《政府信息公开条例》颁布实施后,作为最高行政机构的国务院,每年均针对执行过程中出现的问题,制定年度政府信息公开的重点工作,契合中国的行政管理特色,逐渐推动了政府信息公开的深度和广度,政府信息公开建设水平获得了明显提升。然而,植根于中国政治现实特征的考虑,探讨国内的公共行政问题,作为执政党的中国共产党的大政方针,是一个无可回避的话题。现行《宪法》在序言中肯定和确立了中国共产党在社会主义建设阶段的领导地位,其大政方针对调整中国行政管理体制和行政行为方式,具有非常深刻的引导作用。既有的诸多行政管理研究,因为效法西方的研究范式和研究思路,研究风格和研究内容多以西方国家的政治体制为参照,多半忽视了中国政治体制的基本特征,对作为执政党的共产党影响行政管理行为的模式,缺乏基于经验基础的分析。这一研究取向不仅影响了相关理论的现实性,而且忽视了影响中国公共行政的关键性因素,导致了其理论成果的苍白,这是后续行政管理理论必须予以转变的重要议题。本书将充分重视执政党的影响,将党的方针政策纳入研究视野,以期真实地反映国内公共行政的现实。

自从改革开放以来,中国社会经历了一系列深刻的变革。为适应社会变革和推动政治发展的需要,作为执政党的中国共产党,深处国内外的变革大潮之中,面对国外政治思潮的冲击,审时度势,在吸取历史经验教训的基础上,积极借鉴国外政治文明的成果,提升国家治理体系的现代化水平。其中,健全权力运作制约和监督体系,保证权力的公开运作,可谓具有重大意义的战略选择。十八大报告明确提出:"推进权力运行公开化、规范化,完善党务公开、政务公开、司法公开和各领域办事公开制度,健全质询、问

---

① Yong Tang. "Feeling for Rocks While Crossing the River": An Analysis of the Statutory Language of China's First Freedom of Information Law［J］. Journal of Information Policy,2014(4):370-371.

责、经济责任审计、引咎辞职、罢免等制度,加强党内监督、民主监督、法律监督、舆论监督,让人民监督权力,让权力在阳光下运行。"这一选择强化了行政体系推动政府信息公开的决心和动力,标志着建设阳光政府,将成为政治体系建设的一个非常重要的维度,也预示着信息公开将逐渐在各个政治机制的组成部分中加以展开。客观而言,执政理念的这一转变只是为推动政府信息公开工作提供了动力,如若缺乏具体的实施机制,则其推动能力必将受到极大限制。

然而,十八大召开以后的新的领导集体,不仅在宏观层面上,提出"四个全面"的战略布局,厘定了新的历史时期治国理政的总体框架,即全面建成小康社会、全面深化改革、全面依法治国、全面从严治党。其中,全面依法治国、全面从严治党,更为健全政府信息公开制度,提供了直接的政治支持。而且,尤其值得强调指出的是,于 2016 年 1 月 1 日,开始实施的新版《中国共产党纪律处分条例》第一百一十一条规定:"不按照规定公开党务、政务、厂务、村(居)务等,侵犯群众知情权,对直接责任者和领导责任者,情节较重的,给予警告或者严重警告处分;情节严重的,给予撤销党内职务或者留党察看处分。"这一规定为党务公开提供了惩戒规则,更重要的意义在于,它与既有的《政府信息公开条例》形成合力,更为有效地推动政府信息公开工作。因为在既有的政治体系下,行政系统实行"党管干部的原则",政府机构的许多重要领导岗位是由共产党员担任的,纪律处分条例的这一规定,使得负责政府信息公开的行政领导同时面临党纪与国法的双重约束。而且,在当下因司法独立审判权不足、司法机构对政府监督乏力的情况下,这一党纪监督规定,无疑强化了政府工作人员推动政府信息公开的责任;在全面从严治党的政治背景下,其对推动政府信息公开工作的积极意义,不容小觑,标志着我国政府信息公开工作实现了法治与政治的有效结合,是典型的中国模式。

(三)建立公务消费信息公开制度的价值

公务消费信息公开,正是在建设阳光政府背景下,在预算管理领域的一个重要展现。公务消费作为行政成本的重要的组成部分,是一个国家或其民众为获得公共服务必须支付的成本。在某种意义上,公共消费支出可以视为一个国家行政机构运行的"血液",其必要性是不言而喻的,没有任何一个国家的政府,可以脱离公务消费支出而维持国家机器的运转。然而,公务消费支出作为预算支出的一部分,如果缺乏有效的监管和控制,则必将挤压可以直接用于提供公共服务的财政资源。2012 年 6 月 26 日,财政部公布了 2011 年中央行政单位(含参照公务员法管理的事业单位)、事业单位和其他单位用当年财政拨款开支的"三公经费"决算支出,合计93.64亿元。如果加上全国各级政府的公务消费支出,必将是一个非常庞大的数据规模。即使财政部门公布的数据是真实的,官方掌握的信息也只是冰山一角。事实上,由于中国财政管理体制的缺陷,以及经济体制的特征,可以用于公务消费支出的途径是多元的,财政部的数据只是各级政府一般预算支出中,用于公务消费支出的部分,专项资金的支出,以及其他地方性盈利支出的资金规模,更是无从得知。而且,中国经济财政管理体制和经济体制的这一特征,亦为真实地推进公务消费支出信息公开设置了诸多障碍。关于这一问题的详细论述,本书将在公务消费信息公开的绩效评价部分,予以全面的阐释。总之,公务消费的高额支出,不仅挤压了公共服务预算支出的空间,而且严重影响了政府的形象,成为腐败现象发生的温床。

公务消费信息公开,作为政府信息公开制度建设的一部分,正是党和政府顺应国际公共行政发展潮流以及尊重民众知情权和监督权的具体体现。作为一个具有"民可使由之,不可使知之"威权行政传统的国家,推行政府信息公开,必然遭遇既有观念和体制因素的制约;同时,作为一种新型的公共服务类型,亦对政府的管理能力和公务员的素质,提出了新的挑战;加之重点建设的公务消费信息公开制度,肩负着规范公务消费支出、控制公务消费非理性支出、预防和防止公务支出腐败的时代使命,注定其制度建设的复杂性和艰难性。由于该项制度建设是我国政治治理体系拥抱国际潮流,积极回应国内民众利益诉求的重要举措,制度建设的成效,关乎治理体系现代化目标的实现,对于塑造高效、为民的务实政府形象,具有重要的实践价值。具体而论,主要体现在以下几个方面:

第一,公务消费信息公开,有助于规范公务消费支出,防止公务消费领域中非理性消费和人情消费现象蔓延,减少公务支出腐败现象。诚如上文所言,公务消费作为公共服务成本的必要的组成部分,其存在具有一定的合理性。但是,基于经济理性的原因,如果公务支出行为缺乏有效的控制和约束,则具有支出权限和支出机会的公务人员,易于在机会主义动机的驱动下,滥用国家公共资金,满足自己的贪欲或损公肥私。在"八项规定"的高压政策之下,不时有公务人员以身犯险,违反公务消费支出规定,即公务消费支出易于诱发腐败现象的明证。公务消费信息公开制度,能够使得潜藏、分散的公务消费行为,以信息化的方式,呈现在公众和社会面前,可以凸显公务支出规模及其标准以及是否存在过度消费和铺张浪费的现象,并通过社会压力形成倒逼机制,压缩公务机构和公务人员在公务支出领域的自由裁量空间,规范公务支出行为,预防和减少利用公务消费机会侵害公共利益、浪费国家财政收入的行为。

第二,控制非理性公务支出,有助于提升政府的公共服务能力。一个国家的公共服务成本主要由两个部分组成:其一是公务消费支出,属于一个国家公共服务的间接成本;其二是公共服务的直接成本。显然,在国家财政收入一定的条件下,公务消费支出过高,必将削减国家提供公共服务的直接费用的空间,影响公共服务能力的提升。长期以来,我国公务消费支出过高,造成国家财政资金的浪费,尽管近年来国家高层治理者采取了高压措施确保公务消费支出只减不增,但是,这些措施并未能将公务消费支出控制在合理的范围之内,亦难以保证实际的公务消费支出是否真的控制在既有的水平之下。确立公务消费信息公开制度,细化公开的规则,全面曝光公务消费支出行为,则可以使不当消费无所遁形,从而有效削减公务消费支出中的不合理消费,减少公务支出合理性幻觉,从而使得公务消费支出回归到合理的水平之内,切实起到降低公务消费支出的目的。在特定的财政年度内,压缩公务消费支出的空间,意味着扩展了用于直接提供公共服务资金的空间,有利于公共财政资金的合理使用,从而有利于提升政府的公共服务能力。

第三,建立公务消费信息公开制度,有利于增强民众认同,提升政府的形象。公务消费支出的资金,属于公共财政支出的范畴,而公共财政支出主要来源于一个国家公民的税收,根据现代公共财政的基本理念,政府在使用公共资金的过程中,是一个国家公民的代理人,依据委托代理的原则,代理人必须对委托人负责,而且代理人具有强烈的动机,背离委托人的利益,因而,必须设立控制机制,约束代理人的机会主义行为。公务消费信息公开,正是为控制作为公众代理人的政府机构在公务消费领域的失信行为所创制的现代制度设计。事实上,"政务公开作为一种政治现象,是人类社会发展到一定阶段的产物。'政务公开'的思想可以追溯到古希腊的政治法律思想。亚里士多德在《政治学》中专门论述了国家权力的目的就是实现公共利益的正义性这一'善德'。为此,国家权力必须公开行使,'只有看得见的正义才是公道的','社会有权要求全体公务人员报告其工作'"。[①]建立公务消费信息公开制度,迫使政府机构向社会公众公开其支出财政资金的行为,有利于公众知情权的实现,可以增强民众当家做主的获得感,保障权力及其运行置于全体社会和人民群众的监督之下,消除民众对政府机构和公务人员的猜疑,保障公共支出行为规范,提升公务体系的廉洁程度,从而赢得公众的信任,提升政府机构和政府管理行为的可信度。

第四,建立公务消费信息公开制度,是增强国家治理能力,提升治理体系现代化的内在要求。公务消费信息公开,属于预算信息公开的范畴,而预算信息公开则是一个国家预算管理体系的重要组成部分。预算管理体系,涉及国家预算的分配、使用和监管,其规范程度如何,不仅影响预算资金的合理使用,而且也涉及一个国家治理绩效提升的各个方面。首先,健全的预算治理体系,能够有效遏制各级政府机构和政府公务机构的机会主义行为,为实现财政资金效益的最大化提供制度基础。但是,健全的预算治理体系,显然是一个复杂的政治问题,它表面上涉及财政资金的分配和使用,然其深层原因则是一个国家政治权力分配和政治博弈平衡的重要体现,展示着一个国家或地区政治现代化的水平和政治文明的程度。在封建专制制度中,政府的财政收支从来只是皇室和官府的秘密,普通公众甚至一定级别的官吏,均难以知晓一二。这样的制度安排实质上是服务于封建王权的贪欲和任性,而包括公务消费预算信息公开在内的预算信息公开制度,则是财政资金接受公众监督、赋权于民、建立现代民主政府的内在要求和体现,该项制度的建立自身即一个国家政治文明的重要体现。其次,建

① 蔡伟民.政务公开:理论与实践[M].北京:中国农业出版社,2009:1.

立包括公务消费支出在内的预算信息公开制度,有助于规范和控制政府收支行为,亦是高层治理者强化对行政体系约束能力、有效履行自身职责的政策工具。它对于规范政府收支行为、强化预算约束、加强对预算的管理和监督、保障经济社会的健康发展均具有重要的政策影响。建立这一现代化的治理制度,可以通过制度之矩,约束不当之举,既发挥各级政府机构的自主性,同时又能通过社会监督的形式,规范其支出行为,避免上级政府过于关注下级政府机构的日常行为,提高行政效率。因而,建立公务消费信息公开制度,实为国家治理能力提升的内在要义,有利于提升一个国家治理体系的现代化程度。

第五,建立公务消费信息公开制度,有利于提升国际形象。公务消费支出作为预算支出的一部分,极易诱发腐败,同时,一个国家公务消费支出所占财政支出的比重,也是一个国家政府公务系统廉洁程度的重要标志。建立公务消费信息公开制度,无异于将一个国家或地区的公务支出呈现在世人面前,接受包括国际社会在内的诸多行为主体的监督和评判。倘若一个国家的公务消费行为存在较为严重的浪费现象,腐败横行,则必然缺乏公开其支出行为的动机。因而,建立公务消费信息公开制度,不仅具有重要的规范功能,保证公务消费支出的合法性与合理性,同时,它亦是一个国家治理体系制度自信的体现,是一个国家公务支出行为规范程度较高的标志。因此,世界上诸多发达国家都将包括公务消费信息公开制度在内的"阳光政府"建设,作为国家软实力的重要体现,彰显其治理成效,提升其国际地位。此外,当代的重要的国际组织,如国际货币基金组织、国际预算合作伙伴协会(IBP)、OCED(经济合作与发展组织),纷纷制定自身的透明度指标体系,测量世界上诸多国家的财政透明度,并公开发布其研究成果,在推动"阳光政府"建设的同时,也成为大型跨国公司、投资者选择资本取向的重要参考,从而对区域经济的发展产生了非凡的影响。因而,伴随着我国国家实力的增长和政府治理规范程度的提升,建立公务消费信息公开制度,不仅有利于提升我国在世界舞台上的影响力,而且有助于提升国家形象,是国家道路自信和制度自信的重要标志。

二、公务消费信息公开制度沿革

毋庸讳言,公务消费信息公开制度的滥觞和完善,实为近年全面依法治国理念之下的行政管理体制改革的成效。然而,作为其制度之基的公开理念,则具有复杂的历史面向。1840 年之前,由于中国传统文化和传统政治统治模式的影响,法藏官府,密而畏民,权术愚民,是封建统治的常态。尽管在其威权统治的罅隙中,间或透漏出一点开明的思想,张榜公开些行政信息,亦是出于管理和统治的需要,而非赋权于民,制约其统治和管理的掠夺之手。爆发于 1840 年的鸦片战争,西方国家的坚船利炮不仅击破了紧闭的国门,而且或由国人主动效法西洋的制度变革所致,间或西方在军事侵略和经济掠夺之下的文化渗透所致,政务公开的理念开始在处于三千年之变局中的华夏大地传播,郑观应、康有为均对开放言论、公开政情的现代政治理念持同情和支持的态度。国民革命先行者孙中山,亦积极倡导开放民权、政治公治的现代理念,并在其建国实践中,予以实施。然而,民国政府的政治实践,因其腐败蔓延,丧失民心,终为历史所抛弃。真正现代意义上的政府信息公开制度,是 1949 年新中国成立之后的制度创举。尽管由于传统文化的制约和政治思潮的冲击,政府信息公开的现代理念曾经出现过短暂的中断,但是,在中国共产党的领导下,自由、民主、共和的现代政治理念和时代潮流,最终在改革开放以后,在国内政治发展的主导之下,在全球化的国际力量的推动之下,以法治的形式,获得其合法地位,政府信息公开,建设透明政府和阳光政府,成为执政党提升治理能力的重要制度举措,各类公开的细则,如雨后春笋,生机勃发。公务消费信息公开制度,正是在此深厚的历史背景和当代复杂的行政环境下,循序渐进地依照国内行政发展的需要建立和发展而来的。

(一)公务消费信息公开制度溯源

尽管公务消费信息公开制度的确立是新近之为,诸多理论研究者简单地将其归功为国际行政发展趋势所致,而忽视了这一制度在国内确立的政治基础,无视国内治理体系面向组织外部环境时的能动作用,亦有研究者受制于晕轮效应的影响,将其产生归结为改革开放后,社会经济主体多元化和价值观念多元化的促进所致。事实上,尽管上述二者的判断均具有一定的理性基础和经验支持,但是,公务消费信息公开制度的确立,委实为国内外多重因素的影响,其中,国内政治发展和行政改革的推动,则为制度确立的关键所在。任何政治发展和行政改革,均必须具备一定的思想基础,公务消费信息公开制度的确立的思想基础,绝非简单地源于新近引入的西方的知情权思想,虽然这一思想对推动国内的政府信息公开以及公务消费信息公开制度的确立,具有一定的积极作用,但是,根本而论,国内公务消费信息公开制度确立的思想基础是主权在民,即中华人民共和国的一切权力属于人民。

早在新中国成立以前,党的领导人毛泽东、周恩来就非常重视信息公开工作。1948 年 4 月 2 日,毛泽东在山西省兴县发表的《对晋绥日报编辑人员的谈话》中提出"(党的政策主张)都应当在报上发表,在电台上广播,使广大人民群众都能知道"。新中国成立初期,政务公开工作旋即获得制度化的基础,1949 年 12 月 9 日,当时的政府中枢组织政务院颁布了《政务院关于中央人民政府所属各机关发表公告及公告性文件的办法》,但是,后来受"文革"的影响,这一颇具现代政府管理意义的制度设计受到很大的冲击,直到实现拨乱反正,确立改革开放的基本国策,政务公开制度建设才重新回到健康的轨道上来。1997 年 9 月 12—18 日,中国共产党十五大胜利召开,明确提出"依法治国,建设社会主义法治国家"的目标后,政务公开的范围和影响日益扩大,1998 年,中共中央办公厅、国务院办公厅印发了《关于在农村普遍实行村务公开和民主管理制度的通知》,2000 年 12 月 25 日,中共中央办公厅、国务院办公厅下发了《关于在全国乡镇政权机关全面推行政务公开制度的通知》……客观而言,这些制度实践,虽然不是公务消费信息公开制度创立的先决性条件,却为政府系统和广大公众提供了制度实践的经验,使政府信息公开理念深入人心,消除了潜在的恐惧和冷漠思想,间接促进了政府信息公开制度向纵深发展。在公众对公务消费腐败现象深恶痛绝、迫切需要通过制度创新遏制非理性支出恶性增长的情况下,加之国际范围内财政透明度建设趋势的推动,建立公务消费信息公开制度,无疑是顺应国内外时势的必然选择。

（二）公务消费信息公开制度的确立

公务消费作为行政机制运作的必要成本，无疑是任何国家或地区的民众必须支付的公共服务费用。但是，如果公务消费支出缺乏必要的、有效的监管，则必然走向奢侈和腐化。长期以来，尽管国家多次强调节俭公务支出，但是，由于缺乏具体的监管措施，公务支出长期居高不下，腐败现象愈演愈烈，甚至有地方政府提出"接待就是生产力"的荒诞口号；一些基层政府为博得上级领导或政府部门的好感，以获得项目审批和放松监管的利益，费尽心机，提升接待标准；同级部门之间为了维护良好的关系，在业务发生关联之时，在公务支出方面，亦不惜慷国家财政之慨，侵害公共利益。在公车消费方面，超标配备和使用车辆、公车私用等腐败现象，这种公众可视的腐败，在浪费国家巨额财政收支的同时，严重影响了党和政府的形象。客观而言，公务消费支出腐败引发财政成本和政治成本之高，以至于国家高层治理者不得不将其纳入政策议程，治理思路亦从思想教育向建章立制，实现制度化约束的转变。

2012年11月8—14日，十八大在北京召开。时任总书记胡锦涛在报告中，直面社会领域的腐败问题，提出腐败有亡党亡国的危险；必须坚持用制度管权管事管人，保障人民知情权、参与权、表达权、监督权，是权力正确运行的重要保证，并向全党、全军庄严承诺："推进权力运行公开化、规范化，完善党务公开、政务公开、司法公开和各领域办事公开制度，健全质询、问责、经济责任审计、引咎辞职、罢免等制度，加强党内监督、民主监督、法律监督、舆论监督，让人民监督权力，让权力在阳光下运行。"这一政治决策为公务消费信息公开提供了强大的政治支持。在这一政治背景下，以习近平和李克强为首的新一届政府高度注重公务消费信息公开工作，国务院总理李克强在上任伊始，在新闻发布会上对全国人民承诺本届政府公务支出只减不增，并多次在廉政工作会议上予以强调。

在第一次廉政工作会议上要求"建立公开、透明、规范、完整的预算制度，把政府所有收入和支出都纳入预算"；针对政务公开工作要求"深化细化预算决算公开和'三公'经费公开⋯⋯要逐步实现县级以上政府公务接待经费公开。公开的形式要通俗。要让老百姓看得懂，可以有效地监督政府"；要求严格公务用车、机关办公室使用标准等，推进公务用车服务市场化。2014 年在第二次廉政会议上，现任总理更是突出强调"政务公开作为一项重要的监督措施，重点推进财政预算决算公开，中央本级'三公'经费预算和部门预算同步公开，31 个省（区、市）全部公开省级预算决算和省级部门预算，创造条件让人民群众监督政府，促进权力运行更加规范"。同时，要求从预算制度、会计制度、审计监督制度方面，保证公开工作的推动和效果。《当前政府信息公开重点工作安排的通知》（国办发〔2013〕73 号）相关条文，亦非常关注公务消费公开工作，推进财政预算决算和"三公"经费公开。2017 年 10 月 18 日，习近平总书记在党的十九大报告中，再度重申了社会主义建设进入新时代全面从严治党的政治要求和制度建设承诺。提出把党的政治建设摆在首位，思想建党和制度治党同向发力，统筹推进党的各项建设，抓住"关键少数"，坚持"三严三实"，坚持民主集中制，严肃党内政治生活，严明党的纪律，强化党内监督，发展积极健康的党内政治文化，全面净化党内政治生态，坚决纠正各种不正之风，以零容忍态度惩治腐败，不断增强党自我净化、自我完善、自我革新、自我提高的能力，始终保持党同人民群众的血肉联系。同时，积极完善监督和控制体系，在行政管理制度建设层面，加快完善社会主义市场经济体制。建立全面规范透明、标准科学、约束有力的预算制度，全面实施绩效管理，强化对公共财政资金的支出和管理。同时，完善基层民主制度，保障人民知情权、参与权、表达权、监督权。健全依法决策机制，构建决策科学、执行坚决、监督有力的权力运行机制。再度强化了公务消费信息公开制度建设的政治和制度保障。

但是，公务消费预算信息公开正式确立的标识，则是《关于推进省以下预决算公开工作的通知》（财预〔2013〕309 号）的发布。该项通知要求"三公"经费预决算公开单位范围包括向同级财政部门编报部门预算的部门及其所属行政单位、事业单位（含参照公务员法管理事业单位）、社会团体、企业等。除涉及国家安全等特殊部门，各公开地区和部门原则上都应向社会公开本地区汇总"三公"经费预决算，以及部门"三公"经费预决算情况，各部门"三公"经费预决算应分别随同部门预决算一并公开；各省内开展相关工作的时间应保持一致，每年集中时间将财政预决算、部门预决算及"三公"经费预决算、汇总"三公"经费预决算等内容向社会公开，上述公开工作原则上应于每年 10 月 31 日前完成。在时间部署方面,国务院要求各省应于 2015 年之前在省内所有县级以上政府开展包括财政预决算、部门预算及"三公"经费预决算、市(县)级汇总"三公"经费预决算等方面在内的公开工作。其中,2013 年各省应至少选择 20% 的地市级和县级地区开展"三公"经费预决算公开工作。这一通知的各项具体的规定,使得公务消费公开成为地方政府的一项日常工作,公务消费预算信息公开获得了制度化的基础。

当然,获得初步制度化基础的公务消费信息公开制度,并不表明当下的政府公务消费信息公开制度,已经足以保证公众的知情权和监督权可以有效地规范和约束政府机构的公务消费行为。首先,该项制度是一种政府单方面的行为,各级政府在其中享有较大的自由裁量权,公开的数据是否真实,缺乏审计监督等必要的检查机制;其次,既有公开规则的模糊性,对政府信息公开的范围和细化程度,亦缺乏具体的要求,甚至有地方政府在公务消费信息公开的过程中,内外有别,在面向公众公开的过程中,隐匿已经掌握的信息,造成公务消费信息公开的数据质量低下,违背了公务消费信息公开制度的初衷。关于公务消费信息公开质量的负面影响,本书将在公务消费信息公开数据质量中的政治部分予以详细说明。在后续的制度完善过程中,尽管在公开细节上有所细化,比如要求公开出境的团队人数、费用等,但是,整体而论,国内的公务消费预算信息公开制度,仍然难以赋予公众切实、有效的判断空间和监督能力,公务消费预算信息公开,在很大程度上仍然是政府自导自演的独角戏,公众的参与空间有限,政府亦不肯在此领域建立互动机制,有效回应民众的诉求,真正地实现权为民所用,而不是权为上级所用。因而,存在很大的提升空间,公务消费预算信息公开的制度建设,依然任重而道远。

(三)公务消费预算信息公开制度的法治化

依法治国和依法行政,是当代政府的重要基础。尽管政治家和学术研究者的法治观常常存在模糊和冲突之处,甚至,更有政治家怀叵测之心术,以倡导法治理想为幌子,谋求专断政治之野心,致使法治过度意识形态化,失去其应有的价值功效。然而,法治早已弥漫于国家治理的话语之中,即使善恶难分，真假莫辨，政治治理的法治化语境仍然不失为国家治理体系和国家治理能力现代化的必要前提。政府在提供公共服务的过程中，如果缺乏法律基础，则更易于陷入专断的权力和易变的政治情势之中，而难以彰显法治的确定性、公定力和约束力，因而，公务消费预算信息公开行政规则的建立，不足以充分地保障制度的权威性和稳定性。2014 年新《预算法》的颁布和实施，确立了预算公开的原则，有效地削减了公务消费预算信息公开制度面临的不确定性。作为财政预算的一个组成部分，公务消费预算信息，委实在新《预算法》的约束之下。因此，我国的公务消费预算信息公开制度，不再是简单的行政管理规则，而是上升到法律的层面，成为国家治理体系现代化法治建设的重要内容。

事实上，《预算法》早已成为我国预算管理的法律基础，何故将新《预算法》作为公务消费预算信息公开法治化的标识呢？个中缘由绝非简单的喜新厌旧的思虑冲动，而是基于法条更新的理性基础及其社会目标之导向。所谓旧《预算法》，实为颁布于 1995 年的《预算法》，其立法导向具有强烈的行政管制色彩，其立法的目的在于配合当时的增强中央政府权威的国家能力建设，强调预算收支管理的宏观调控能力，克服当时普遍存在的地方预算支出管理自由裁量权过大、管理混乱、中央政府约束力有限的被动局面；加之当时政府尚未将"阳光政府""透明政府"作为国家建设的目标，旧版的《预算法》从立法理念到法条设计，并未虑及预算公开之问题；这一立法导向清晰地反映在其《总则》第 1 条的立法说明中："为了强化预算的分配和监督职能，健全国家对预算的管理，加强国家宏观调控，保障经济和社会的健康发展，根据宪法，制定本法。"相比之下，修订于建设透明政府之背景下的新《预算法》则于《总则》第 1 条规定："为了规范政府收支行为，强化预算约束，加强对预算的管理和监督，建立健全全面规范、公开透明的预算制度，保障经济社会的健康发展，根据宪法，制定本法。"明确将"公开透明"作为预算立法的基本目标。在相关法条设计方面，第 92 条第 3 款规定：未依照本法规定对有关预算事项进行公开和说明的，对负有直接责任的主管人员和其他直接责任人员追求行政责任。从而为预算信息公开确立了责任准则。基于上述的法条分析，新《预算法》明显强化了公务消费预算信息公开的法治基础，标志着公务消费预算公开获得了稳定的法律基础，从而为其制度效力和规则完善提供了稳定的制度性激励。

（四）党纪监督与公开规则权威的强化

政党作为当代政治生活中重要组织形态,在现代国家治理过程中,发挥着无可替代的作用。"从最广泛的意义上来说,政党有助于政治体制的运行"[①],"在民主体制和专制体制下,政党承担着许多重要的功能,以帮助整合政治体制并使其保持运作"[②]。具体而论,在当代社会,政党在连接民众与政府、实现利益聚合,整合政治体系、政治社会化、动员具有选举资格的选民,以及组织政府方面,均功不可没。中华人民共和国是全国人民在中国共产党的领导下,经过艰苦卓绝的军事和政治斗争建立起来的,我国《宪法》规定:"中国共产党领导的多党合作和政治协商制度将长期存在和发展","我国将长期处于社会主义初级阶段。国家的根本任务是,沿着中国特色社会主义道路,集中力量进行社会主义现代化建设。中国各族人民将继续在中国共产党领导下,在马克思列宁主义、毛泽东思想、邓小平理论、'三个代表'重要思想、科学发展观、习近平新时代中国特色社会主义思想指引下,坚持人民民主专政,坚持社会主义道路,坚持改革开放,不断完善社会主义的各项制度,发展社会主义市场经济,发展社会主义民主,健全社会主义法治,自力更生,艰苦奋斗,逐步实现工业、农业、国防和科学技术的现代化,推动物质文明、政治文明、精神文明、社会文明、生态文明协调发展,把我国建设成为富强民主文明和谐美丽的社会主义现代化强国,实现中华民族伟大复兴。"《宪法》的上述规定,从法理上确立了中国共产党在我国的政治生活中的核心领导地位,探讨和分析中国公共管理问题,如果片面使用西方话语模式下的分析框架,回避其领导地位及其对日常公共管理的深刻影响,无疑是罔顾现实的蒙昧之举,难以真正有效地解释我国的公共管理实践。在现实的政治架构下,中国共产党的领导是全方位的,不仅整合公共意志,通过法定程序制定法律和法规,而且,通过党管干部、纪律

---

① 史蒂芬·E.弗兰泽奇.技术年代的政党[M].李秀梅,译.北京:商务印书馆,2010:13.

② 迈克尔·G.罗斯金,等.政治科学[M].林震,等译.北京:中国人民大学出版社,2014:194.

约束等手段,影响日常的公共管理。鉴于党组织在政治生活和公共管理过程中的重要作用,党纪监督一直在地方的公共管理活动中发挥着无可取代的作用。特别是在法律制度约束薄弱、司法易遭到行政干预、司法监督乏力的地方政治生态环境下,党纪监督对政府机构,尤其是对领导干部,具有更高的权威。

鉴于腐败蔓延的严重形势和新政治生态环境下的执政挑战,十八大召开以后,党中央积极部署从严治党的战略谋划,强调党要管党,从严治党,党纪严于国法,修订《中国共产党纪律处分条例》,以增强党组织的战斗力和凝聚力再度凸显了党纪监督对于贯彻依法治国和依法行政国策的权威性,这一政治行动无疑有助于强化公务消费预算信息公开制度的约束力;即使地方领导人和行政机构,可以借助自身掌握的财政手段和用人权力干涉司法监督,使法律监督流于形式,但在党纪监督强调全体党员遵守法律法规的约束下,其任性利用权力的冲动必将受到较强的抑制。2017 年 10月,习近平总书记在十九大报告中,直面党内存在的思想不纯、组织不纯、作风不纯、腐败现象等突出问题尚未得到根本解决的现实,敦促各级领导干部要增强民主意识,发扬民主作风,接受人民监督,当好人民公仆。提出要在政治上改进党的领导方式和执政方式,保证党领导人民有效治理国家;扩大人民有序政治参与,保证人民依法实行民主选举、民主协商、民主决策、民主管理、民主监督;让人民监督权力,让权力在阳光下运行,把权力关进制度的笼子。强化自上而下的组织监督,改进自下而上的民主监督,发挥同级相互监督作用,加强对党员领导干部的日常管理监督。深化政治巡视,坚持发现问题、形成震慑不动摇,建立巡视巡察上下联动的监督网。而且,十九大以后国家监察体制的改革,积极组建国家、省、市、县监察委员会,同党的纪律检查机关合署办公,实现对所有行使公权力的公职人员监察全覆盖。这一制度变革,扩大国家监察对象的适用范围,有利于将政府机构之外的公职人员的日常行为纳入监管之列,在一定程度上,突破了《政府信息公开条例》的限制,凸显了党纪监督的权威性和全面性。

此外,新修订的《中国共产党纪律处分条例》对政府信息公开规则权威的强化,除却其《总则》第三条"党章是最根本的党内法规,是管党治党的总规矩。党的纪律是党的各级组织和全体党员必须遵守的行为规则。党组织和党员必须自觉遵守党章,严格执行和维护党的纪律,自觉接受党的纪律约束,模范遵守国家法律法规。"非常值得指出的是,其第 9 章第 111 条,关于信息公开的特别规定,"不按照规定公开党务、政务、厂务、村务等,侵犯群众知情权,对直接责任者和领导责任者,情节较重的,给予警告或者严重警告处分;情节严重的,给予撤销党内职务或者留党察看处分。"公务消费信息公开制度建设,显然处于这一特别规定的约束之下;因此,我国的公务消费信息公开制度,除却《政府信息公开条例》《预算法》的法制监督,党纪监督亦是非常重要的法治基础。这是中国特色的政治制度决定的,在某种意义上而言,这是中国制度或中国模式在国家治理中的体现,以国外制度为圭臬的社会科学研究者,常常忽视这一制度建设的重要纬度和关键作用,一味强调民意代表机关的作用,实则为无视中国政治生态环境现实的肤浅之见。鉴于党在政治生活中的关键性作用,上述党纪监督的规定,为政府公务消费信息公开的制度建设,提供了党内行为规则,必将积极促进公共服务领域的积极变革,提升公务消费信息公开的透明度,强化其管理规则的约束力。

三、制度变革与研究意义

公务消费预算信息公开制度建设,表面上是规范和控制公务消费支出的财政管理行为,但是,如若将其置于历史发展的潮流和时代的背景之下,则是国家治理体系回应社会制度变革压力,顺应国内外政治和行政发展潮流的治道变革之举,其创立和逐步完善的成就,实质上是社会价值观念和治理方式转变使然,深刻折射出中国社会的深刻变革,是这个拥有五千年文明古国适应全球化、信息化、科技化国际发展潮流的具体体现。首先,建立公务消费预算制度,属于财政透明度或预算透明度的范畴,这一范畴早已成为责任政府的标志,无论是发达国家还是发展中国家,均将其视为政治开明、与民共治的政治合法性基础,基于国力增长、在国际舞台上声誉日隆、积极投身于国际治理体系建设的泱泱大国,如若财政透明度或预算透明度低下,势必影响其国际形象,制约国家软实力的提升。其次,从国内公共事务治理的角度出发,公务消费预算制度的建立,不仅有助于规范和控制公务消费支出,而且是国家治理体系和治理能力现代化的重要体现。因为,公务消费信息公开,接受公众的社会监督不仅打破了国家治理的暗箱传统,体现了国家治理规范化水平的提升,亦是制度自信和道路自信的明证,而且,建立在法治基础上的公务消费信息公开制度,有助于保障公众的知情权,实现社会治理过程中的公众参与,可以消解政府和公众之间的隔阂,建立二者之间的信任。在提升政府治理合法化的同时,增强了国家治理体系应对危机和社会震荡的能力。

但是,公务消费信息公开制度毕竟是一项全新的制度实践,在缺乏传统政治文化支持的同时,如何将该项制度嵌入既有的制度框架之中,真正地实现制度理想,必然面临诸多挑战。从既有的治理实践来看,尽管政府的公开之举获得了广泛的赞誉,但是,公开伊始社会的批评就如雨后春笋,并伴随着其制度完善的过程。公开的细化程度不足、数据的真实性难以保证,数据质量难以有效满足公众充分知情以监督公务消费行为的需要等呼声,均对该项制度的效率与合法性提出了挑战。公务消费信息公开制度,颇有符号性公开的嫌疑,并且有学者将政府的公开行为定义为技术官僚的控制技术,显然有悖于公务消费信息公开制度建设的制度初衷,背离了国家治理体系和治理能力现代化过程中建设透明政府和阳光政府的战略意图。因而,研究公务消费信息公开制度的内在机制,可以在总结既有制度建设经验的基础上,找出其中存在的真实性问题,并根植于国家治理转型和治理体系现代化的现实需要,提出完善制度建设的可操作性建议。从理论上和实践上,均具有重要的现实意义,可以有效发挥哲学社会科学的"智库"功能。

在理论层面,本书力图在既有理论研究的基础上,采用规范的社会科学研究方法,走进公共行政的田野,以贴近官僚组织及其工作人员的视角,理性分析公务消费信息公开制度在建设过程中的实践行为,试图发现制约财政透明度或预算透明度建设的具体而微的制度环境,总结公务消费信息公开制度建设,在具有威权治理传统国家实施过程中取得成效的经验和制度模式,彰显我国在国家治理体系现代化过程中取得的成效,从而在全球化竞争的时代,为捍卫社会主义国家的话语权、反对西方的制度霸权和话语霸权提供理论支持。在国内层面,本书旨在从建设性的角度出发,改变既有研究批判性的研究导向,对这崭新的制度建设抱有充分的同情和关怀。尽量将其置于国内政治制度建设的现实,深入剖析各类问题产生的根源,尝试从公众和政府两个角度,探讨完善公务消费信息公开制度建设成效的路径与策略。既注意借鉴西方国家财政透明度或预算透明度的经验,又坚持批判性吸收的立场,坚持理论自信和道路自信,不简单地膜拜西方话语体系而忽视国内的政治现实,不肤浅地指责阶段性的问题而丧失理性的深入思考。力争从可操作性、信息化、理性化三个侧面,提出完善公务消费信息公开制度建设的思路和良策。此外,本书的价值不仅体现在方法论的规范层面,整项研究坚持标准的研究方法,探究公务消费信息公开制度建设问题,判断以经验数据为基础,理论提升以合理的政治导向为准绳。可以弥补既有研究罔顾经验现实,诉诸道德和情感判断的研究不足。最后,本书系统地从数据质量、预算制度、法治机制等众多方面,全面审视了既有的政府公务消费信息公开制度建设,增强了理论研究的系统性和全面性。客观而言,对于唤起人们从综合的角度,探讨公务消费信息公开制度建设,具有一定的启示意义。

四、研究思路与研究方法

(一)研究思路

公务消费信息公开制度作为透明政府或"阳光政府"制度建设的重要组成部分,是高层治理者审时度势,顺应时代发展潮流和国内整肃贪腐行为,增强政治合法性的制度性努力之举,因而具有强烈的实用主义色彩,或者说具有一定的功利导向。作为政治精英主动选择的制度变革,该项制度在创始之初,就带有一定的权威主义色彩,这与其在西方所谓民主国家的制度设计和制度权威的来源,均带有较大的差异。在某种程度上,可以视其为在保持国内治理体系自主性的同时,援用西方国家治理技术的努力。因而,这一制度实施,必然面临着本土化过程中制度契合的问题。至少深入分析既有的制度设计,它在效法西方制度实践的基础上,仍然秉承"中学为体,西学为用"的制度移植思路,具有形式主义的倾向。因为本书的目的在于完善公务消费信息公开的机制设计，提升制度的治理绩效，所以，研究的重点内容在于制度的绩效，以及影响制度绩效的制约因素。根据公务消费信息公开制度的特征，根植于中外制度环境的差异，特运用定量研究与"质"性研究相结合的混合主义途径，在测量公务消费信息公开制度治理绩效的基础上，分别从行政、政治、法律三个制度主义途径，具体而微地探究影响公务消费信息公开制度绩效的诸多因素。公共行政学的研究原本具有强烈的行为主义导向，国内研究者颇为乐意在问题分析后，提出具体的对策建议。但是，既然公共行政学隶属于社会科学的范畴，社会科学的首要使命在于解释现实世界，弥补既有知识的不足；再者，公共行政作为一个复杂的行动体系，治理者面临复杂多变、多样化的治理环境，其治理者面临的潜在约束，常常是社会科学研究者难以根本穷究的。所以，本书无意越俎代庖，脱离具体的行动环境，为实践者提供具体的行动方案。只是在结束语部分，植根于研究发现，提出若干解决问题的思路，并结合当下国家治理体系和治理能力现代化面临的挑战，粗略分析了其间需要关注的三个重要议题，以启发更为深入的研究。

（二）研究方法

公务消费信息公开制度作为一种全新的实践，众多理论研究者已从多个角度对其不同的侧面进行了研究。但是，整体而论，许多研究停留在问题的表面，未能深入其背后的机理。首先，这突出表现在诸多研究往往指责政府公务消费信息公开的数据过于简单，未能满足公众的知情权，而对其背后的原因和机理，缺乏深入探讨的勇气；其次，多数理论研究多是基于自我认同价值的推理，从应然层面分析该项制度实施过程中存在的问题，未能深入公共行政的田野，从相关行为主体的立场和视野，分析其间存在的问题，不知晓也不了解行政管理者面临的问题与潜在的约束，所做结论往往浅尝辄止，难以产生入木三分的分析；再次，从社会科学的角度出发，既有的研究多半是片段性的观察和分析，未能运用规范的定量研究技术，评估公务消费信息公开制度建设的成效，亦不能客观地测量和评估，诸种实施机制之间相互作用的路径及成效。上述研究缺失与研究误区，在制约公务消费信息理论研究质量的同时，也为该项理论研究提供了广阔的研究

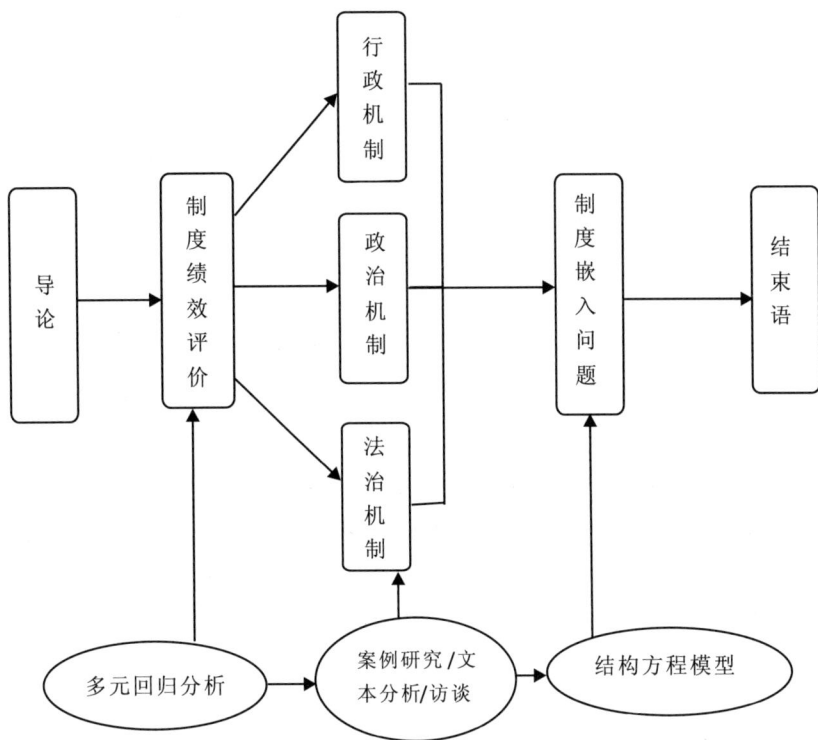

图 1-1 研究思路框架图

空间,这尤其体现在方法论和具体研究方法的选择方面。客观而言,2007年以来,伴随着大批在海外接受过规范社会科学研究方法教育的博士研究群体归国,以及包括重庆大学出版社在内国内出版机构在方法论著作译介方面所做的不懈努力,国内公共行政规范研究方法的意识和水平,均已得到较大的提升,《公共管理学报》《公共行政评论》等专业杂志上发表的学术论文,愈来愈得到国际同行的认可。然而,总体而论,规范社会科学研究方法的推广和普及,仍然在起步阶段,许多研究者甚至对基本的概念尚缺乏正确的认识,比如,首先,许多研究者常常把用文字分析的研究界定为定性研究,实在是误人误己。其次,许多初入公共行政研究领域的新人,常常将使用数字分析和论证的方法理解为定量研究方法,或者已经习得规范定量研究方法的研究者,意淫式地认为定量研究方法高于定性的研究方法,而忽视了方法是服务于研究问题的这一基本的社会科学观念。在公共行政的研究质量仍然难以获得学术共同体充分尊重的生态环境下，本书在努力借鉴既有公务消费信息公开制度研究的基础上，尝试使用定性研究和量化研究相结合的混合主义研究路径，根植于国内的制度环境，运用规范的社会科学方法，以问题为导向，坚持方法服务于问题，注重经验事实和基本结论之间的理性联系，分析公务消费信息公开机制存在的问题。本书采用的分析方法如下：

1.案例研究

公务消费信息公开制度的创立和执行，既属于财政学的范畴，亦属于公共管理学的范畴。公共管理学具有非常明显的行动导向，即使从财政学的视野出发，公务消费信息公开制度，亦存在一个执行的问题，政策执行的过程，是政策决策经过政策执行链条上各个中继者再决策，从而实现政策输出、影响社会现实的过程。由于执行过程的复杂性，定量研究很难适应这一研究需要，本书将案例研究作为重要的研究方法加以使用。尽管案例研究方法的性质近年来存在争议，如罗伯特·E.斯泰克认为"个案研究是定性研究最常用的方法之一，但它既不是新的也不是纯粹定性的。个案研究不是一种方法论的选择，而是对研究对象的选择"。① 案例研究方法属于"质"性（定性）研究的范畴，"质性研究的研究域并不是实验室里的人工设置的情景，而是行为主体在日常生活中的行为和互动"。② 相对于从特定预设范畴假设出发的定量研究相比，这一研究方法非常有益于发现真实世界中公共行为主体面临的特定制度约束，以及各个行为主体的主观模型，事实上，公共管理的效果正是行为主体基于自身的主观模型开展行动和互动的结果。因而，采用案例研究方法，可以充分发挥"它在不脱离现实生活环境的情况下研究当前正在进行的现象；且待研究的现象与其环境背景之间的界限并不十分明显"的特征。③ 使用翔实的、扎实的田野调查资料，充分发现公务消费信息公开在真实的执行过程中遭遇到的问题。在本

---

① 诺曼·K.邓津,伊冯娜·S.林肯.定性研究:策略与艺术[M].风笑天,译.重庆:重庆大学出版社,2013:465.

② 伍威·弗里克.质性研究导引[M].孙进,译.重庆:重庆大学出版社,2011:12.

③ 罗伯特·K.殷.案例研究:设计与方法[M].周海涛,译.重庆:重庆大学出版社,2010:21.

书中,主要运用案例分析方法,以 G 省三个地级市的实践为例,剖析制约公务消费信息公开质量的制约因素,旨在为提高公务消费信息公开的数据质量提供解决思路。此外,为分析公开消费信息公开制度在控制和规范公务消费支出过程中,存在的制度缺陷,本书还以 G 省 M 市为例,从市、县、乡三个层面出发,结合现行财政制度,探析公务消费信息公开制度的羸弱之处,以期推动制度创新,增强制度的约束力,切实把公务消费支出的行政权力,放入公开、公正的笼子之中,有效规范和控制公务消费支出。

2.访谈法

访谈法是“质”性(定性)研究中常用的一种方法,“通常情况下,访谈是指以收集信息为目的的谈话方式”[①]。在学术研究领域,尽管关于访谈的概念和性质,早已达成广泛的共识,但是,如何进行科学、合理访谈,则众说纷纭,莫衷一是。而且,访谈究竟是一种独立的研究方法,还是只是一种收集资料的方法,亦未有权威的解读。以致在使用过程中,存在着诸多含混的认知,有人将其视为一种独立的研究方法,赫伯特·J.鲁宾认为“质性访谈是一个动态的、流动的过程,而不是一套被机械运用的工具”[②]。显然已经将其视为一种独立的研究方法。然而,他又认为访谈研究方法,可以用于阐明式个案研究、民族志的诠释、理论阐明、组织文化、生活史的研究之中,又颇具工具性的色彩。莫妮卡·亨宁克则明确将访谈法视为一种数据收集方式,“深入访谈是一对一的数据采集方法,包括一名采访者和一名受访者,两人一起深入讨论特定话题。深入访谈可以视为有目的的谈话。研究人员的目的是采用半结构式的访谈提纲来研讨特定主题”[③]。关于如何界定访谈法的性质问题,国内尚未对此问题开展深入的讨论,在使用上具有一定的随意性。虑及这一方法论现状,本书将其单独列出,承认其相对独立的地位。

---

①　Bruce. L. Berg. Qualitative Search methods for the Social Sciences[M]. California: Pearson Education Company,2001:21

②　赫伯特·J.鲁宾,艾琳·S. 鲁宾. 质性访谈方法:聆听与提问的艺术[M]. 卢晖临,等译. 重庆:重庆大学出版社,2010:13.

③　莫妮卡·亨宁克,英格·哈特,阿杰·贝利. 质性研究方法[M]. 王丽娟,译. 杭州:浙江大学出版社,2015:93.

尽管如何定位访谈方法目前尚缺乏权威的结论，存在一定的争议，但是，访谈方法在"质"性研究中的功能和作用，则不言自明。作为自然主义研究范式中的具体方法，访谈法力图把社会议题的行动者，置于正常的日常环境之中，反对量化研究抽离具体行动场景的所谓抽象的科学主义范式，关注行动主题自身的主观模型和观念世界，力图理解他们在不同文化背景、不同生活情景下的思维模式和价值观念，"尽可能从被试的观点了解世界，展现其经验的意义，亦解释其所生活的世界，而不对其作出科学解释"①。公务消费信息公开制度的实施，是在现实的行政环境下进行的，在一个责任机制尚未完善、公众监督政府的途径仍然存在制度性的壁垒的转型环境之下，信息公开监督的功能无疑将受到诸多的制约；倘不深入公共行政的田野之中，必将难以发现制度实施过程中的真实问题。为此，本书选择财政部门、审计部门、预算执行单位等多个行为主体，深入开展访谈；访谈的对象既有省级财政部门的预算管理主体，市级政府的预算科科长，又有乡镇财政所的所长，尽量涵盖不同层级的政府，以最大可能获得全面的信息，以锚定公共行政真实世界的图景。当然，由于访谈方法自身的特点，加之国内政府机构略显保守的组织文化，访谈的深度受到诸多限制，访谈对象出于职业习惯的防卫意识，政府机构工作纪律的约束，以及研究者个人进入田野渠道的不足，研究者未能获得一些深层次的信息，影响了对真实世界理解的深度和复杂面向的描述，有待他者在未来的研究中予以批判与澄清。

3.内容分析

在现实的社会生活中，为了传递信息、记录行动，个人或组织难免以成文的方式，生成各类文档，以避免口头信息交流的谬误。这种标准化的人工制品，在某种程度上，反映了行为主体和特定组织的观念和思想。分析其内容，或可获得当下难以获取的重要信息，或可理解不同组织层级行为者的意图；因而，文本的内容分析，历来倍受社会问题研究者的青睐。尽管"文献并不是对事实或者现实的一种简单反映。准确地说，文档总是由某

---

① 斯丹纳·苟费尔，斯文·布林克曼.质性研究访谈[M].范丽恒，译.北京：世界图书出版公司，2013：1.

个人(或者某个机构)出于某一特定的(实际的)目的而生成的,并且具有特定的使用方法"①。从而具有一定的主观性,并非绝对客观的社会现实,但其确属文档制作者的产物,反映了特定的价值观和行为取向,亦是特定社会情景信息的固定化表象,其社会科学价值,不言而喻。其存在的问题,其他调查方法亦不能避免。因为,所有社会科学资料,均受人类主观世界观念的引导,无不受制于潜在的心智模式和思考范式的影响,并不存在类似于"上帝之眼"的绝对客观观察。

内容分析作为一种广为使用的社会科学研究方法,与访谈方法相类似,亦存在一定的争议。但是,争议的内容和方向,却迥然不同。基于上文的分析,关于访谈方法的争议,主要在于其性质,即究竟归属研究方法,还是数据收集方法。然而,关于内容分析的争议,则是其到底属于"质"性研究方法,还是属于"量化"研究方法。视其为"质"性研究方法的群体,认为其内容反映了特定行为主体,在特定情境下的思想和情愫,应该从主观的角度理解和使用其材料;而视其为"量化"研究方法的人,则认为内容分析需要收集大量文档,根据研究的需要,借助特定的范畴,严谨地对文档进行编码,构建数据库,进而采用量化技术,积极探讨不同范畴之间的关系,从而发现社会现象背后的规律和特征。

本书认为内容分析,既可以视为"质"性的研究方法,亦可以视作"量化"的研究方法,完全取决于使用的倾向和方式。如果研究者试图理解文档制作者的价值观念和其意图时,显然属于对主观世界的探讨,理应归类为"质"性研究;如果研究者试图发现同类文档中不同范畴之间的关系,以及文档创立者和使用者价值取向的变化趋势时,诚然可以将其归为"量化"研究。本书中的内容分析,主要立足于"质"性研究的导向,使用内容分析方法。主要借助政府文件,分析公务消费信息公开制度的内容,以及行政管理者的行为取向;借助法院的判决书,分析公务消费信息公开法律诉讼中法律争议产生的原因,尤其是政府、法院和起诉人针对诉讼问题的观点,力图分析司法监督机制在推动公务消费信息公开过程中,面临的制约以及存在的问题。

---

① 伍威·弗里克.质性研究导引[M].孙进,译.重庆:重庆大学出版社,2011:207.

4.定量研究方法

尽管"质"性研究方法在探索主观世界和发展理论方面,具有明显的优势。但是,定量研究仍然在社会科学研究领域占主导地位,以数学为基础的符号逻辑思考体系,仍然是当代科学研究的主流思想。由于定量研究在描述社会问题的现状、解释变量间的关系、研究结构性问题方面,具有形象化、准确化的特征,在研究需要准确测量的社会问题方面,其功能和价值,"质"性研究,难以取代,所以本书亦非常注重量化研究方法的使用。根据具体研究问题的需要,本书采用了量化研究的多元同步回归分析方法和结构方程模型分析方法。具体如下:

(1)多元回归分析

"回归分析系利用线性关系来进行解释与预测。如果研究者使用单一解释变量去预测依变量,称为简单回归,但通常一个研究中,影响依变量的解释变量不止一个,此时需要建立一套包含多个解释变量的多元回归模型,同时纳入多个自变量来对依变量进行解释与预测,称为多元回归模型。"[①]多元回归分析可以同时分析多个自变量,非常有利于通过科学的数理方法,澄清公务消费信息公开制度的实际功能。尽管国家设立公务消费信息公开制度的目的,在于顺应国际发展潮流,通过信息公开,建立"阳光政府",在充分实现公众知情权的同时,倒逼政府机构节约开支,规范支出行为。而且,十八大以来,公务消费非理性增长的局面,确实得到了有效地控制。但是,在当下的行政管理体制下,公务消费支出受到多重制度的约束,能否将公务消费支出的控制成效简单地归因为公务消费信息公开制度,委实是一个值得深入研究的问题,呼吁科学的定量研究,给出符合社会逻辑的答案。因而,本书采用多元回归分析的方法,将诸多影响公务消费支出的制度和政策纳入自变量的分析范畴,以防止基于简单主观判断的谬误,而且多元回归分析,可以以数字的方式,显示各项制度和政策的具体影响,亦有利于为完善公务消费管理制度,提供科学的决策信息。

(2)结构方程模型

尽管多元回归模型可以科学地测量各项制度的实际影响,但是,它难

---

① 邱皓政.量化研究与统计分析[M].重庆:重庆大学出版社,2009:258.

以衡量出各种不同制度之间相互作用的模式和作用大小,因而,本书引入了结构方程模型。结构方程模型是当代社会科学领域,研究社会行为的重要量化统计研究方法,同时具有"因子分析"和"线性回归分析"的优势,可以在社会科学理论假设的基础上,进行模型的辨识、估计与测量验证。结构方程模型,亦称共变结构分析,英语简称为 SEM(Structural Equation Modeling)。"SEM 基本上是一种验证性的方法,通常必须有理论或经验法则支持,由理论来引导,在理论导引的前提下才能建构假设模型图。即使是模型的修正,也必须依据相关理论而来,它特别强调理论的合理性。"①公务消费信息公开制度,作为一种新近创立的制度,必然面临一个制度的嵌入问题,即它必须在实际的行政管理过程中,与诸多直接或间接与公务消费支出相关的管理制度互动,才能发挥其制度效力。既有的理论研究尚缺乏对这一重要研究问题的关注,结构方程模型自身的优势和特点,为这一理论研究提供了合适的、有力的分析工具。因而,本书将其运用到公务消费信息公开的制度控制绩效的研究之中,在科学检验公务消费信息公开制度实际效果的同时,厘定公务消费信息公开制度在真实的社会环境中如何与其他直接或间接的相关制度相互衔接,以期为深化公务消费信息管理制度深层次社会问题的认识。

---

① 吴明隆.结构方程模型:AMOS 的操作与应用[M].重庆:重庆大学出版社,2010:2.

第二章　公务消费信息公开治理机制整体绩效评估[①]

自人类进入文明时代以来，不同形式的公共生活就如影随形。伴随着国家和政府的出现，人类的公共生活进入一个新的阶段，为解决不同个体和不同群体之间的"共和"问题，专门的统治者或管理者开始出现，至今为止，尚未出现减弱或消亡的趋势。尽管从抽象意义上讲，政府是一个社会科学概念，但在现实的社会生活中，政府则是一个由自身利益的个体组成。基于人性本身的缺陷，合理地控制权力，使其服务于公共目的，一直是人类文明发展的方向，亦是政治和公共管理研究永恒的话题，西方国家现代的政治制度设计，试图通过权力分立、互相制衡实现这一初衷。"野心必须用野心来对抗。人的利益必然是与当地的法定权利相联系。用这种方法来控制政府的弊病，可能是对人性的一种耻辱。但是政府本身若不是对人性最大的耻辱，又是什么呢？如果人都是天使，就不需要任何政府了。如果是天使统治人，就不需要对政府有任何外来的或内在的控制了。在组织一个人统治人的政府时，最大困难在于必须首先使政府能管理被统治者，然后再使政府管理自身……用相反和敌对的关系来补足较好动机的缺陷，这个政策可以从人类公私事务的整个制度中探究……按这样的方式来划分和安排某些公职，以便彼此有所牵制——使各人的私人利益可以成为公众权利的保护者。"[②]具有丰富政治和行政管理经验的美国联邦党人，对于构

---

① 本章部分内容曾以《公务消费预算信息公开、治理绩效与协同治理机制建构——基于公务人员感知测量的经验研究》为题目，发表在《兰州学刊》2019 年第 1 期，此处略有修改和调整。

② 汉密尔顿，杰伊，麦迪逊. 联邦党人文集[M]. 程逢如，等译. 北京：商务印书馆，2010：264.

建一个好政府关键困境的论述,凸显了建构廉洁政府的困难和无奈。政治治理和公共管理至关重要,"虽然你(对政治)不感兴趣也不参与,但其他人会,而且他们会去影响那些支配你的生活的决定"①。伴随着工业化、城市化进程加快,在全球范围内,各个民族国家的公众生活的质量,愈来愈多地依赖于其公共管理机制的好坏和公共服务质量的高低;与此同时,人类社会亦必须承担与之相应而生的制度成本。在一个充满稀缺的人类社会,公务消费支出正是公共事务治理成本的重要体现,而且是最为外在和客观化的体现。

毋庸讳言,合理的公务消费支出,对于维持行政体系的运行发挥着无可取代的功能。所谓兵马未动、粮草先行,如果没有人力和物力的支持,任何人类行为都会因缺乏可持续性的基础而难以为继。幻想没有成本的政府,正如幻想无政府可以获得善治相同,均是政治知识缺乏的体现。然而,基于人性的弱点,从事公务活动的政府成员,由于狭隘的自身利益,可能滥用其支出功能,以公共为名,满足自身的一己私利。加之公务消费支出项目复杂,且动态多变,欲实现有效监管,绝非易事,致使其间的腐败行为,屡见不鲜。然而,这一挑战并未能阻止人类社会试图治理这一问题的努力。尤其是进入 20 世纪以来,在国际社会和本国民众的积极推动之下,各个国家的政府,无不建章立制,强化对公务消费的监督和管理。公务消费信息公开制度建设,正是这一政治文明建设的产物。

一、治理绩效评价与制度变革

客观而言,就国内情况而言,具有威权治理传统的精英主义政治治理模式,一向主张贤能政治,比较注重治理者道德素质的提升,而轻视制度的约束与制约。因此,公务消费信息公开制度建设,绝不可能发轫于中国的政治环境之中,它属于典型的制度移植产物。尽管改革开放以来,公务消费支出一直是我国财政支出的重要组成部分,而且增长势头异常迅猛;在

---

① 迈克尔·G. 罗斯金,等.政治科学[M].林震,等译.北京:中国人民大学出版社,2014:4.

管理体制和传统文化的纵容之下，公职人员利用公务消费支出的"灰色"空间，弥补正式收入相对微薄的制度激励，早已成为公开的秘密，亦是公务消费支出增长过快、长期居高不下的重要原因。过高的非理性公务消费支出，在挤压政府提供真实公共服务的资金空间的同时，其间的腐败行为亦严重影响了政府和执政党的合法性。伴随着全球化进程的推进，在世界范围内，建设透明政府的发展趋势和普遍进展，为改革国内公务消费支出管理制度，不仅提供了新的革新思路和政策工具，稀释和软化了"民可使由之，不可使知之"的暗箱行政传统，而且赋予了民众有效监督政府的观念。在国内层面，伴随着教育水平的普遍提高和现代政治理念的普及，民众对公务消费支出尾大不掉、公务人员奢侈腐化的现象日益不满，成为诟病社会和政府的一个重要议题，严重损害了政府的形象。在此社会背景之下，国家相继出台了诸多措施，遏制公务消费支出的非理性增长和腐败行为的产生。其中，借鉴西方国家制度设计的理念和经验，试图通过透明制度建设，保障公众的知情权，倒逼政府机构和公务人员削减公务消费支出，优化公共服务的支出结构，实属水到渠成之举。在《政府信息公开条例》颁布实施之后，我国政府先后采取了包括修订《预算法》在内的一系列措施，提升公务消费支出的透明度。明确要求中央政府和地方政府，公开公务消费的预算和决算的相关信息，以监督和约束政府机构的公务消费支出行为。提升财政透明度、公开包括公务消费支出在内的财政信息，业已成为国家规范公务消费支出的重要政策工具；公务消费信息公开，亦成为国内学术研究关注的热点问题。

诸多的理论学者均把公务消费信息公开的成就，以及其在实施过程中存在的问题，作为分析的重点。然而，由于这项制度创设之初各类因素的制约，既有公开数据存在较大的缺陷，许多理应公开而尚未公开的数据，影响了制度的声誉。对于该项政策，社会公众在赞许之余，质疑和批判的声音，亦不绝于耳。其中，有人将其视为政府的形象工程，甚至借用新制度经济学的概念，称其为"符号性"制度，徒有形式，缺乏实质意义。诚然，作为一种新生的移植制度，其制度的生命力尚未获得完全的释放，制度的细节存在许多更新的余地。但是，作为国家治理体系和治理能力现代化的创举，其政治意义和管理意义，不容抹杀。短期内制度化努力的挫折，只能作为制度完善的基础。从积极进步的立场出发,停留于个体主观感受的直觉性判断,不足以扼杀制度创新的意义和价值。但是,从社会科学的立场出发,公务消费信息公开制度,是否起到了预期的社会功能,仍然是一个有待深入研究的问题。从公共管理的实践角度出发,为完善制度设计,亦必须对制度成效具有清醒的认识。所以,借助现代的社会科学研究方法,避免个体主观性判断的误区,客观评价其制度功能,具有非常进步的学术价值。此外,规范公务消费支出,涉及除公务消费预算信息公开的多项制度设计,其表面上的成就,可能并非其制度功能的体现,这均凸显了公务消费信息公开机制制度绩效评价的学术价值。

　　"政治制度(不管这个命题是怎样有时被忽视)是人的劳作;它们的根源和全部存在均有赖于人的意志。"①密尔认为政治制度并不是自行运作的产物,他是人意志的体现。公务消费信息公开制度,亦概莫能外。但是,如何使其有效发挥作用,必须建立在理性判断的基础之上。因而,评价其制度绩效,为后续的制度完善提供智识支持,理应成为公务消费信息公开机制研究的起点和基础。"绩效考评致力于提供关于项目和组织绩效的各种客观的相关信息,这些信息可以用来强化管理和为决策提供依据,达成工作目标和改进整体绩效,以及增加责任感。"②客观的绩效评价,可以激励政策研究者和实践工作者,理性对待制度建设中存在的问题,为改进绩效在正确的道路前行。由于全面获取公务消费信息公开的客观数据较为困难,主要是基于论者的经验判断,政府公开的数据多存在一定的弄虚作假的嫌疑,因而看似客观实则主观。公务消费信息公开机制的制度设计目的,在于约束公务人员的支出行为,因而,本书立足于对公务人员政策效果感知的测量,采取大规模问卷调查的研究方法,在全面评估公务消费各项控制政策影响力的基础上,检验信息公开对公务消费支出行为的实际影响力。

---

①　J. S. 密尔. 代议制政府[M]. 汪瑄,译. 北京:商务印书馆,2008:4.

②　西奥多·H. 波伊斯特. 公共与非营利组织绩效考评:方法与应用[M]. 肖鸣政,译. 北京:中国人民大学出版社,2005:4.

二、财政透明度治理绩效的理论探讨

公务消费信息公开制度，属于预算透明度或财政透明度的范畴。客观而言，财政信息透明，对实现政府责任发挥着关键作用，可以有效缓解因信息不对称引发的责任机制弱化问题。政府出台相关政策的主要目的，在于通过财政支出透明度的提升，强化公众对政府支出行为的监督，从而达到有效规范财政支出行为的目的。自 20 世纪 90 年代以来，建设透明政府，提升财政透明度，在世界范围内得到广泛的重视，2008 年肇始于美欧的经济危机，再度凸显了信息公开、建设透明国家的重要性，众多国际组织纷纷将其作为实现"善治"的标准，予以推广和普及。英国著名行政学者胡德（Hood）认为"在政府民主化建设和公共服务供给改革进程中，透明度成为核心问题的根源，在于信息开放和减少秘密被视为预防腐败和实现公共责任的前提条件"。[①] 但是，亦有人质疑财政透明度的治理价值，认为它未必能起到所鼓吹的功能。而且，透明度是一个具有多重维度的概念，"这一术语常被过度使用——有时或许被滥用"[②]。在看似单一的概念之下，其实涵盖着各种可能的信息公开水平，何谓透明，是一个难以测量和准确定义的术语。伴随着透明度实践影响的扩展，学术研究者早已不再简单地驻足于理念和价值的推广，开始从实证的角度，探讨财政透明度的实际功效，以检验其真实的治理功能。根据既有研究功能价值指向的分野，既有的理论研究大致可以划分为三个类别。评估既有的理论研究，可以帮助我们理解财政透明度治理功能的作用范围及其启发意义。

（一）财政透明度与财政支出优化

财政透明度的一个重要功能，在于削减公众和官僚组织成员之间的信息不对称问题，有效缓解委托—代理的责任机制问题，防止政府机构利用

---

① C. ，Hood. Transparency［M］//P. B. Clarke, J. Foweraker. Encyclopedia of Democratic Thought. London：Routledge，2001：700-04.

② Jens Forssbaeck，Lars Oxelheim. The Multi-Faceted Concept of Transparency ［C］. IFN Working Paper，No. 1013，2014：1.

信息的隐蔽性，追逐自身特定的目的，而侵蚀公共利益的实现，从而凸显公共财政的价值，起到优化财政资金支出结构的作用。因而，财政透明度对财政支出的优化作用，一直是学术研究关注重要内容。古德弗兰科（Goldfrank）与施奈德（Schneider）[①]、布里丁（Boulding）与沃普耳（Wampler）[②]、特克顿（Touchton）与沃普耳（Wampler）[③]以及格兰沃弗斯（Gonalves）[④]的研究，属于该领域内极具影响的作品。他们在研究结论中指出财政透明度可以外显政治家的支出偏好，强化责任机制，削减政治家和官僚组织人员数量，压缩在财政资金使用过程中的灰色空间，提升公共资金和公共政策目标设立和资金投向的合理性，从而提升财政资金的使用效率。然而，他们的研究多以巴西、智利、秘鲁等南美国家的实践为基础，采用的经验数据具有极大的地域局限性。在财政管理制度层面，这些国家的预算制度，多属公众参与型，即公民可以参与到预算和财政资源的分配过程中，而不是简单地由官员在事后公布相关的财政信息。因而，此类国家的财政透明度，明显高于其他国家或地区。然而采取参与式预算制度的国家，并不十分普遍。其研究结论的可推广性，受到很大的限制。财政透明度能否影响其他预算制度类型国家的财政支出结构，尚未得到充分的经验检验。

而且，一个国家的财政支出受到多种因素的制约，并非单一因素作用的结果。参与式预算在其中影响因子的大小，亦备受质疑。布鲁特格曼（Brutigam）[⑤]在其研究中明确指出：参与式预算的影响，存在被歪曲或夸

①　Goldfrank，B.，Schneider，A. Competitive Institution Building：The PT and Participatory Budgeting in Rio Grande Do Sul [J]. Latin American Politics and Society ，2006，48(3)：1-31.

②　Boulding，C.，Wampler，B. Voice，Votes，and Resources：Evaluating the Effect of Participatory Democracy on Well-Being [J]. World Development，2010，38(1)：125-135.

③　Touchton，M.，Wampler，B. Improving Social Well-Being through New Democratic Institutions [J]. Comparative Political Studies，2014，47(10)：1442-1469.

④　Gonalves，S. The Effects of Participatory Budgeting on Municipal Expenditures and Infant Mortality in Brazil [J]. World Development，2014 53(1)：94-110.

⑤　Brutigam，D. The People's Budget? Politics，Participation and Pro-Poor Policy [J]. Development Policy Review，2004，22(6)：653-668.

大的嫌疑，它可能是此类国家获得统治权的左翼政党，利用政治权利实施自身政策偏好的结果。事实上，上述研究者关注到的财政资金支出结构的改善，在很大程度上源于独立而有效的审计机构和舆论自由制度的功效，而非财政透明度之功。同时，这一研究表明财政透明度功能的发挥，或许取决于其他制度机制功能的发挥，在科学测量财政透明度的过程中，亟需注意其与其他制度的互动作用。

（二）财政透明度与腐败控制

腐败控制是世界性的难题，即使是鼓吹充分实现民主治理的欧美发达国家，媒体不时揭发出的腐败行为，亦令人瞠目结舌。"阳光是最好的防腐剂"，一直是学术界倡导的治理理念，亦是胸怀沟壑、口蜜腹剑的政治家常常提及的政治用语。人们普遍认为提升财政透明度可以强化政治责任机制，从而有利于控制腐败现象的发生。为了为这一理念正名，理论研究者开展了一系列的实证研究，并且他们的研究结果均支持这一理论判断。巴斯蒂达（Bastida）与本尼特欧（Benito）[①]、瑞尼卡（Reinikka）和塞文森（Svensson）[②]以及艾尔特（Alt）[③]等人的研究，都以扎实的经验数据，有力地证实了财政透明度在降低财政欺诈行为、减少腐败行为、强化财政纪律约束方面的功能。然而，必须强调指出的是，这些理论研究在其结束语中的政策建议中，均提出应理性地对待财政透明度的腐败控制功能、注重财政透明度发挥作用的制度环境影响。换句话说，即财政透明度功能的发挥，可能取决于问责机制等其他治理工具功能的发挥，不惟财政透明度制度的影响。纷纷强调有必要引入更为高级的数理分析方法，科学甄别财政透明度的影响，不能将控制腐败的效应完全归功于财政透明度的影响。

---

①　Bastida，F.，Benito，B. Central Government Budget Practices And Transparency：An International Comparison [J]. Public Administration，2007，85(3)：667-716.

②　Reinikka，R.，Svensson，J. The Power of Information in Public Services：Evidence From Education in Uganda [J]. Journal of Public Economics，2011，95(7-8)：956-966.

③　Alt，J.，Lassen，D. D.，Wehner，J. It Isn't Just about Greece：Domestic Politics，Transparency and Fiscal Gimmickry in Europe [J]. British Journal of Political Science 2014，44(4)：707-716.

（三）财政透明度与治理质量

治理质量是一个工商管理领域常用的概念，近年来，愈来愈多地出现在公共管理问题的讨论中，主要用来讨论政府提供公共服务能否充分满足于民众的需要、化解社会矛盾。部分研究者认为由于财政透明度，在优化支出结构、控制腐败行为的同时，能够保障公众获得政府信息，增加政治的合法性，进而缓解社会矛盾。所以，财政透明度还具有一定的优化政治治理效果功能，从而有助于政府治理质量的提升。古德弗兰科（Goldfrank）与施奈德（Schneider）[1]、本尼特欧（Benito）与巴斯蒂达（Bastida）[2]、艾尔特（Alt）与罗葳蕤（Lowry）[3]等人的研究，基本从正面肯定了财政透明度的政治治理功能；此类研究认为由于财政透明度强化了政治责任，保证了公民的知情权，从而增强公众的政治信心，提升政治参与度，改善了治理质量。但是，公众的政治信心、政治参与度等社会属性，亦可能是其他治理机制的产物，因而，引发了质疑财政透明度治理效应的研究，迫使理论研究者不得不以更加坚实的数据和更为复杂科学的方法，力图证实财政透明度的治理效应。

艾斯尔曼（Islam）[4]在研究财政透明度与政府治理质量之间的关系时，提出二者之间存在着自相关的嫌疑，明确提出不能简单地将政府治理的质量，归功于财政透明度，财政透明度可能是政府治理质量提升的结果，而不

---

① Goldfrank，B.，and A. Schneider. Competitive Institution Building：The PT and Participatory Budgeting in Rio Grande do Sul ［J］. Latin American Politics and Society，2006，48(3)：1-31.

② Benito，B.，and F. Bastida. Budget Transparency, Fiscal Performance, and Political Turnout：An International Approach［J］. Public Administration Review 2009，69(3)：403-417.

③ Benito，B.，and F. Bastida. Budget Transparency, Fiscal Performance, and Political Turnout：An International Approach［J］. Public Administration Review 2009，69(3)：403-417.

④ Islam，R. Does More Transparency Go Along with Better Governance? ［J］. Economics and Politics，2006，18(2)：121-67.

是财政透明度促进了治理质量的提升。循此研究思路，奥肯（Olken）[1]、菲尔兹（Ferraz）[2]的研究则具体分析财政透明度与政府治理质量之间的关系，他们认为公务财政数据式样的财政透明度建设本身并不能提升治理效果，它依赖于审计机制功能的发挥，如果一个国家的审计机制，难以保证政府机构诚实守信，公布真实的数据，财政透明度就会沦为粉饰统治的工具。林德斯德特（Lindstedt）与南瑞（Naurin）[3]以经验数据说明，财政透明度的治理功效，取决于一个国家或地区媒体的自由程度，以及选举机制的功效，只有实现主权在民的政治制度，才能发挥财政透明度的治理功能，似乎带有强烈的意识形态色彩。瑞尼卡（Reinikka）与塞文森（Svensson）[4]的"质"性研究则试图说明，许多社会治理功效的实现，可能是治理者在提升财政透明度的同时，引入新的政策工具和外在政治环境变化，共同发挥推动作用的结果；尽管他们并未完全否定财政透明度的治理功能，但是无疑仍对其持怀疑态度。关于财政透明度与治理质量的学术理论探讨，为我国的财政透明度或透明政府建设，提出了一个比较复杂的课题，即如何改革治理机制、完善治理工具，才能充分发挥财政透明度的治理功能。显然，财政透明度制度建设，并不是化解国家现代化进程中复杂政治问题的唯一途径，甚至不是最为重要的途径。

　　整体而论，既有理论研究存在的不足，主要表现在以下几个方面：首先，在如何测定透明度方面，尚未达成应有的共识；透明度的测量与使用，存在多个指标体系，致使研究结论之间缺乏必要的对话基础。其次，研究

---

① Olken，B. Measuring Corruption：Evidence from a Field Experiment in Indonesia[J].Journal of Political Economy，2007，115(2)：200-249.

② Ferraz，C.，and F. Finan. Exposing Corrupt Politicians：The Effects of Brazil's Publicly Released Audits on Electoral Outcomes. Quarterly Journal of Economics，2008，123(2)：703-745.

③ Lindstedt，C.，and D. Naurin. Transparency is Not Enough：Making Transparency Effective in Reducing Corruption[J]. International Political Science Review，2010，31(3)：301-322.

④ Reinikka，R.，and J. Svensson. The Power of Information in Public Services：Evidence From Education in Uganda[J]. Journal of Public Economics，2011，95(7-8)：956-966.

对象不一致,尽管上述研究的指向均为财政透明度的效用,但是,作为研究对象的国家和地区存在较大的差异,常常是在不同的制度环境下探讨看似相同的问题,研究结论无法进行客观的比较。最后,尽管已有文献注意到审计、媒体和选举机制对财政透明度效应的影响,但是,既有研究所引入的工具变量仍显简单,忽视了政治组织内部管理规则和媒体等社会监督机制的影响。为科学评价我国公务消费信息公开的治理绩效,必须尽量消除上述缺陷,对研究结果可信性的影响,以提升研究的质量与研究结论的真实性和可信性。

三、治理绩效检验的理论模型与变量测量

既有理论分析表明财政透明度,作为广为推崇的"善治"工具,其影响力在全球拓展的同时,如何合理地看待其功能和价值,正日益引起广泛的讨论。整体而论,尽管众多研究仍然对其在改善财政资源使用效益、预防和控制腐败以及提升治理质量方面,持肯定态度。然而,愈来愈多的研究者,开始采取规范的方法,引入其他制度因素和工具变量,力图更加合理地测量其真实影响。毫无疑问,这些研究成果,深化了对财政透明度治理功能机制的理解,转变了无视其与其他治理机制之间复杂互动关系的简单判断。同时,这一理论动态启示我们为科学评价公务消费信息公开制度的影响,必须采用更为合理的测量方式,并考虑其他治理机制的影响,防止一叶障目、不见森林的狭隘思维模式,以偏概全地扭曲社会现实,而难以提供正确的知识产品。为解决既有理论研究缺陷,根据我国行政管理体制的特点,本书采取问卷调查的方式,实际检测财政信息公开对公务人员的实际压力以主观感知度替代既有看似客观,实则存在较大不确定性的测量方式,引入包括内部管理规则、媒体监督、内部监督等更为全面的控制变量,以消除制度自相关问题对研究结论的影响,并全面检测各项公务消费支出管理制度的实际影响。

（一）回归分析模型

为科学检验公务消费信息公开政策对公务消费行为的控制功能,在汲

取既有理论研究有益经验和教训的基础上，本书特引入多元回归分析模型，假设公务消费信息公开机制和其他制度变量均对公务消费支出行为产生控制作用，衡量公务消费信息公开的政策效应，必须虑及其他制度变量的约束作用，使它们接受统计分析的数据检验。此外，由于本书是基于主观感知数据的测量，调查对象自身的属性亦会影响其对政策效果的判断。所以，调查对象的属性，亦被纳入回归方程之中。回归模型的结构如下：

$$ZX = \alpha + \beta_1 * PET + \beta_2 * LP + \beta_i * PCi + \beta_j * RLj + \beta_k * PSk + \beta_h * ICh + \varepsilon$$

其中 ZX 代表政策效果，PET 代表公务消费支出的透明度，LP 代表法律监督，PCi 代表政治监督，RLj 代表规制监督，PSk 代表舆论监督，ICh 代表个体属性，ε 为误差项，β 为系数。由于公务消费支出和法律监督只有一个测量变量，其系数是单一数值。规制监督、舆论监督和个体属性，则采用多个测量变量，因而其系数为多复值，其中 i 的取值范围为 1～2，其中 j 的取值范围为 1～5，其中 k 的取值范围为 1～3，其中 h 的取值范围为 1～3。从而将所有影响公务消费支出行为的制度因素和样本自身因素涵盖其中。

（二）相关变量说明

非理性的公务消费支出，一直是国家治理者致力于解决的问题。为此，国家出台了包括预算信息公开在内的各项专门规则，寄希望将其约束在合理的范围之内，并规范其支出行为。诚如上文国际学术界相关理论者所言，作为提升财政透明度重要举措的财政信息公开制度，深深嵌入在国家的其他治理机制之中。因而，科学评估公务消费预算信息公开的效应，必须根据国家治理监督体系的自身特征，将同样对公务支出行为产生约束作用的其他监督力量的影响纳入分析之中。本书认为政治控制机制、行政监督体系、法律监督和舆论监督，同样制约了公务支出行为。本书对这些控制机制的监管效果，采取主观测定的途径。由于公务人员身处体制的各类监管体系之中，对各类监管力量的实际影响力有着直观的感受，因而，相对于所谓的客观数据，这一测量方法，更能反映各类制度的实际约束力，更容易挖掘出社会的真相。因为研究变量是以主观感知的形式出现的,所以特采取5级里克特量表的形式,并赋予特定的数值,以测定公务人员对各类监管力量的认同程度,以确认相关规则的实际影响力。

1.治理效果

治理效果(ZX)是本书研究唯一的因变量。公务消费预算信息公开政策的主要目的在于控制公务消费支出的恶性增长,规范日常支出行为。客观而言,如实测量治理效果,需要获得政府部门削减公务支出的资金数据。然而,基于目前官方数据缺乏必要的独立审核,数据质量存在严重的问题,李占乐的研究指出,政府公务消费信息公开存在"口径偏窄,涵盖机构范围不一,概念含混不清,界限模糊,缺乏审查核实"等问题。[①] 政府公开的所谓客观数据,可能夸大了实际的规范和控制功能。在制约数据质量的政策性因素和体制性因素尚未消除的情况下采用官方数据,客观衡量治理效果,实难获取社会之真实图景。因而,本书采用主观感知的测量方法,相对衡量公务消费支出控制的政策成效,并且,笔者认为这种看似主观的数据,更具有客观性,更能反映出国内行政管理的真实情况。

2.公务支出透明度

公务消费信息公开是政府提升财政透明度的重要举措,财政透明度的重要性已被广为接受。然而,对于如何测量财政透明度,并未达成广泛地共识。英国学者赫德(Heazd)指出:"尽管透明度具有清晰、公正、易懂、明晰、明确、准确和精准的初始内涵。然而,(财政)透明度迅速衍生出与其初始内涵相差甚异的含义,使其含义渐趋含混、晦涩、模糊、暧昧、空洞和混沌。"[②]在众多概念中下属概念引用最为广泛,亦最为全面。财政透明度"是指普通公众可以获取政府结构和功能、财政政策意图、公共部门账户和项目信息。此类信息容易获取、可信度高、综合全面、及时、易懂,并且,利于对政府行为进行国际比较,选举者和金融市场能够准确地评估政府的财

---

① 李占乐.中国政府"三公"经费公开的现状、问题与对策[J].云南社会科学,2012(2):106-107.

② David Heazd. Fiscal Transparency:Concept,Measurement and UK Practice[J]. Public Administration. 2003,81(4):744.

政状况、政府行为的真实成本和收益,及其他们对经济和社会当下和未来的影响"①。在财政透明度的科学测量体系中,当下影响最大的两大测量指标:国际货币基金组织(IMF)的 ROSCS 和世界预算透明组织的 IBP 之间,亦存在较大差异,从而引发了测量财政透明度的许多问题。

就国内的情况而言,尽管国家治理者业已将财政信息公开,作为重要的治理工具予以使用,新修订的《预算法》特意规定了预算透明的基本原则,并在实施条款中予以明确。然而,基于历史传统的影响,以及现行政治体制的制约,国内财政透明度的提升,仍然处于起步阶段,甚至处于准备阶段。举个例子,参照国际货币基金组织和世界预算透明度组织的测量体系,实现财政透明度,必须做到预算过程公开,而且财政信息经过独立机构的审核。显然,目前中国的财政管理制度,与这一要求相比,相差甚远。客观测量财政透明度,尚存难以逾越的制度障碍。因而,本书测试主观感知的方法,测量公务支出透明度(PET),以取代模糊、含混的客观测量方法。公务人员日常在各类监管体系中开展工作,他们的感知数据,相对而言,更能准确地折射出公务消费信息公开制度约束能力的实际影响。

3.政治控制

根据国内政治制度的特征,人民代表大会制度是我国的根本政治制度,政治协商制度是我国政治监督体系中的一项基本政治制度。预算监督权是人民代表大会作为立法机构监督政府的重要工具。各级人民代表大会,作为国家的权力机关,有权力审查行政机关的财政行为。在全面建设国家治理现代化体系的改革背景下,提升人民代表大会对预算监督的权威性和有效性,是全面建设法治国家的重要体制体现。尽管人民代表大会在预算监督制度建设方面,只拥有整体通过权或整体否决权,"在法律上没有就预算草案的部分内容提出修正案的权力"②,从而严重影响了人大预算审议能力的发挥,但是,伴随着社会的发展,人大对预算的监督权却有所增长,不容忽视。林慕华和马骏的研究指出:"在地方层面,人大预算监督的基本制度框架已经建立起来,并在许多环节和许多方面取得了比较显著的

---

① Kopits and Craig. Transparency in Government Operations [J]. Occasional Paper 158. Washington DC. International Monetary Fund,1998.

② 陈仪.强化人大预算审议权的路径选择[J].法学,2009(9):81.

进步。而且,一些地方人大已经积极地采取行动来加强预算监督。一方面,许多地方人大开始主动地在预算过程各个阶段加强监督行动,不少地方人大正逐渐向实质性监督转型。"①基于理性预期人民代表大会制度的预算审查功能,必将对政府机构的公务消费支出行为产生一定的压力。因而,非常有必要将人民代表大会对公务消费的监管功能,作为重要变量纳入分析之中。

政治协商制度,是社会主义协商民主的重要形式。所谓协商民主"是基于人民主权原则和多数原则,强调理性交往和参与的现代民主体制,其中,自由平等的公民,以公共利益为共同的价值诉求,通过理性地公共协商,在达成共识的基础上赋予立法和决策以合法性"②。社会主义协商民主建设,力图通过各种形式的协商,广泛听取各种意见和建议,接受来自人民群众的批评和监督,吸纳人民群众参与国家各个层级的公共管理活动,集思广益,为国家治理目标的实现建立广泛的民意基础。中共十八届四中全会强调:"加强社会主义协商民主制度建设,推进协商民主广泛多层制度化发展,构建程序合理、环节完整的协商民主体系",人民政协的提案制度,已经成为各级政协参与国家治理、强化民主监督、规范和约束权力的重要制度形式。规范公务消费支出,作为当下国家治理的重要目标,人民政协理当有所作为。因而,本书将其作为重要控制变量,纳入公务消费政治控制的分析框架之中。

4. 规则约束

现代社会对规则具有较大的依赖性。传统权威的式微,以及陌生个体之间相互依赖性的增强,需要大量规则协调利益冲突,以实现公众的共和和公共产品的提供。"在一个由相互依赖的个人构成的社会中,规制可以而且也常常被发觉能够增进自由。"③非规范性地公务消费,同公众的公共利益,存在持久的冲突。基于人性的贪婪,简单地依赖政治信仰和道德自觉,势必难以治理公务消费支出居高不下、违规消费屡禁不止的顽疾。为

---

① 林慕华,马骏.中国地方人民代表大会预算监督研究[J].中国社会科学,2012(6):90.
② 陈家刚.协商民主与当代中国的政治发展[J].法学,2008(6):13
③ 弗里德曼.选择的共和国:法律、权威与文化[M].高鸿钧,等译.北京:清华大学出版社,2005:90.

规范公务消费支出的非理性行为，相关行为主体强化了规则控制体系：在技术控制层面，明确要求将"公务消费支出"纳入财政预算和决算工作，为公务消费总额设立前置性限制。在支出管理方面，新规则要求在预算编制中，将公务用车购置和运行费分开列出，明确公务消费的标准，并积极推动公车改革，从源头上减少公务消费支出的随意性。在监督机制方面，为解决以往公务消费信息公开工作，因缺乏有效监督而引发的恣意行政问题；高层要求公务接待活动必须定期汇总本部门国内公务接待情况，报同级党政机关公务接待管理部门、财政部门、纪检监察机关备案。亦有地方政府，要求下级政府逐年降低公务消费支出。

然而，规则之治，未必是有效之治，在国家治理过程中，尤其在基层政府的治理过程中，规则常常被悬置，乃至被无视，有令不行，一直是国家治理的顽疾。而且规则本身也具有一定的政治性，未必以真正解决问题为出发点。"规则是通过自利的参与者讨价还价的谈判达成。此类谈判的结果被经济组织的研究者们看作是一组明确或含糊的契约。"①由于既有控制公务消费的规则，具有一定的模糊性，加之此类规则的实施，主要是由行政控制体系实现的，控制和掌握行政体系的官僚成员，很可能利用其自由裁量权，致使规则失去应有的效力。因而，作为复变量的规则约束（RL）效果，亟需经验数据的检验。

5.法律制裁

依法治国是政治现代化的重要体现，也是建设现代化治理体系的重要基础。作为国内治理体系中，最具有领导力量的执政党的中国共产党，早已将其作为治国理政的重要途径。十八大报告指出："党领导人民制定宪法和法律，党必须在宪法和法律范围内活动。任何组织或者个人都不得有超越宪法和法律的特权，绝不允许以言代法、以权压法、徇私枉法。"②尽管在贯彻依法治国的过程中，还部分存在执法不严、以言代法的现象。但是，整个国家的法治化水平，业已取得了突出的效果。作为唯一合法执政党的

---

① 詹姆斯·马奇，马丁·舒尔茨，周雪光.规则的动态演变：成文组织规则的变化[M].童根兴，译.上海：上海人民出版社，2005：12.

② 中国共产党第十八次全国代表大会工作报告[M].北京：人民出版社，2012：24.

中国共产党,将人民代表大会制度,党的领导和以法治国作为国家治理的中国模式的三大基本柱石,可见,依法治国在国家治理体系,以及高层治理者心目中的重要地位。

但是,依法治国仅仅停留在理念和概念层面,显然是不够的,它不仅需要司法机制的支持,而且,在具体的行政管理领域,必须有法可依。依法治国具体到公务支出领域,主要体现在公务支出法律责任构建方面。《中华人民共和国信息公开条例》中,关于公开责任和主动公开范围的规定,对行政机关的支出行为,业已确立了相应的基础;修订于2014年的《预算法》,更是着力将规范政府收支行为、强化预算约束、加强对预算的管理和监督作为立法目的,公务消费支出,作为预算支出的重要组成部分,显然受此法律规定的约束和节制。在《预算法》关于法律责任的条文中,第十章的第93条之第1、3、4、5条款,明确规定:"未将所有政府收入和支出列入预算或者虚列收入和支出的;截留、占用、挪用或者拖欠应当上缴国库的预算收入的;违反本法规定,改变预算支出用途的擅自改变上级政府专项转移支付资金用途的","对负有直接责任的主管人员和其他直接责任人员依法给予降级、撤职、开除的处分"。此类法律规定明确了对违规使用预算资金的处罚责任。本书假设这一法律制裁(LP)措施,将进入公务人员的决策函数,从而影响其决策行为和公务支出行为。

6. 舆论监督

舆论监督(PS)作为规范公务支出的重要组成部分,不仅可以避开行政体系监管不足的顽疾,而且,可以发挥公众监督主体分布广泛、监管覆盖面广的特点,对不当公务消费支出实施更为全面和主动的监管。群众监督多半通过向媒体曝光的形式予以实现的,因此,基于当代媒体发展的特征,我们将其分解为官方媒体和自媒体的监督。官方媒体监督,无疑受到体系内管理规则的诸多限制,经常停留在事后通报状态,公众常常向其投以怀疑的眼光,其公信力受到很大的影响。然而,互联网背景下自媒体监督的兴起,有效削减了政府机构控制信息传播渠道的垄断性地位,尽管仍然受到很大的限制,但公众在一定程度上,拥有了确立舆论议题、自主发布消息的能力。至少在不触及政治敏感背景的前提下,可以很大程度上积极行动,有所作为,从而扩大约束了公务人员的便捷性和自主性,极大增强了公众监督的权威。此外，由于公共部门的内部成员，具有获得真实内情和充足信息的便利条件，本书亦将其视为社会监督的重要组成部分。因而，我们从官媒监督、自媒体监督和公务人员内部举报三个分项目指标，检验社会监督的实际效果。

7.个体属性变量

毋庸置疑，调查对象的主观认知必将受到个体属性的制约，从而会影响其对各类策略效果的判断。因此，本书基于理性判断，选择工作年限和单位行政级别，作为个体属性（IC）变量，将其纳入分析模型之中。在个体属性变量的选择过程中，尽量选择对公务消费信息公开控制绩效产生影响的个体属性，以减少数据噪音的影响。其中，工作年限为调查对象在政府机构工作的实际工作时间，以年为计量单位。本书认为，工作年限越长，越有机会获得实施公务消费信息公开之前的隐形"福利"，越能体验到该项政策的治理效果。单位行政级别，则为调查对象所在工作单位的行政级别。由于本书问卷调查的对象，多在省级以下的公务部门工作，特将其单位行政级别划分为 4 级，并将行政级别的高低，分别赋值如下：科级（赋值为 1），处级（赋值为 2），厅级（赋值为 3），省部级（赋值为 4）。本书认为，单位行政级别越高，越有机会获取变相公务支出的隐形"福利"。因而，如果实施公务消费信息公开的治理效果显著，则公务人员所在单位级别越高，越能感知到公务消费支出的控制效果。

四、数据来源与描述性统计分析

本书实证研究的数据，为通过问卷调查获得的第一手资料，具有一定的可信性。问卷调查的目的，在于获得现职公务人员对公务消费信息公开政策效果的评价，以及了解各类约束规制的实际效力；为减轻其他因素对调查结果的不当影响，问卷调查的对象均为在读的 MPA 学员。首先，由于 MPA 学员在政府部门，至少拥有 3 年以上的工作经验，且受到过良好的本科教育，正处于事业的上升期，属于安东尼·唐斯所指的"攀登型"公务员，对政策和制度规定，相对比较敏感。其次，年轻的公务人员在高等学校学习期间，脱离了其所在单位政治压力的直接影响，相对而言，更能如实地反映他们的真情实感。因而,以之作为调查对象,有利于调查目标的实现。此外,为增强样本的代表性,我们选取了广东、海南、湖南、福建、贵州、江苏等6个省份、7所高校的 MPA 学生作为问卷调查对象,调查对象的范围涵盖东部、中部和西部三类地区,并以东、中部为主。问卷调查的时间为 2015 年 3 月至 9 月,在此期间,研究者共发放问卷 560 份,回收 542 份,其中有效问卷为 515 份。在 515 份有效问卷中,就样本的性别分布而言,男性占 43.5%,女性占 56.5%;就样本的年龄分布而言,30 岁以下年龄段所占比例为 54.5%,31～40 岁的占 33.4%,41～50 岁的占 1.9%,50 岁以上的样本仅 1 人,所占比例为 0.2%;就样本所在地区的经济发展程度而言,来自东部地区的占 70.5%,中部地区的占 28%,西部地区的仅占 1.6%,可能对研究结果具有一定的扭曲作用,实属于未来研究中有待消除的不利影响。

　　表 2-1 中的数据为各个分析变量的、单变量统计分析结果。其中,规则成效的平均值为 3.52,相对于最大值为 5 的效果设定标准,现行控制公务消费支出各类措施,似乎成效显著;同时,这一数据的方差,仅为 0.771,表明在对政策效果的认知方面,获得了广泛的共识,公务人员个体之间,不存在较大的差异,提升了调查结果的可信性,削弱了西部调查样本较少的不利影响。数据显示调查对象的平均工作年限接近 7 年,表明调查对象在公共部门,具有长期工作的经验,其对公务消费支出控制政策效果的认知评价,具有相当高的可信度。在相关的政策控制变量中,八项规定的政策效果平均值为 4.41,接近最大赋值 5,不仅在所有政策变量中,拥有最大的平均值,而且,在所有政策控制变量中为最小,方差为 0.479。表明该项政策不仅治理效果明显,而且共识度最高,实属比较理想的状态。相对而言,人大约束和政协监督两项政治控制机制效果,在调查对象之间则存在较大的分歧,方差分别为 1.075 和 1.221。形成这一问题的原因,可能在于不同行政辖区之间的地方政治发展存在一定的差距,致使两种控制机制的实际效果存在较大的差别,从而对来自不同区域的公务人员,产生不同的认知影响。表 2-1 中的数据显示,在所有控制机制中,政协监督的控制效果最差,其次是人大监督。人大约束的控制效果,均值为 3.23,政协监督的控制效果,均值为 3.07。这一测量数据,不仅符合人大监督权威,大于政协监督的理性预期的政治常识,而且,符合在实际的政治生活中,人大和政

协监督羸弱,难以切实有效监督行政部门的现实情况,再度折射出本书数据的可信性。同时,这一实证数据,表明在规范公务支出方面,人大和政协监督仍有较大的改进空间。

表 2-1　分析变量特征的描述性统计

变量名称	极小值	极大值	平均值	标准差	方差
规则成效	1	5	3.52	.878	.771
工作年限	1	27	6.86	4.126	17.020
单位行政级别	1	5	1.87	.832	.692
八项规定	1	5	4.41	.692	.479
人大约束	1	5	3.23	1.037	1.075
政协监督	1	5	3.07	1.105	1.221
预算制度	1	5	3.73	.930	.865
公务卡结算	1	5	3.63	.951	.904
信息公开	1	5	3.75	.970	.941
纪检监督	1	5	4.01	.852	.725
普通群众举报	1	5	3.90	.914	.836
新媒体监督	1	5	4.18	.790	.624
审计压力	1	5	3.89	.881	.776
内部人员举报	1	5	3.33	1.009	1.018
国库统一支付	1	5	3.60	.938	.879
会计规则	1	5	3.77	.913	.834
法律制裁	1	5	3.91	.959	.920
上级政府压力	1	5	3.70	.933	.870
明确消费标准	1	5	4.00	.864	.747
思想教育	1	5	3.28	1.111	1.235
单位强化管理	1	5	3.67	1.034	1.070
责任追究机制	1	5	3.75	1.003	1.006
官媒曝光	1	5	4	.844	.712

同样值得注意的是,思想教育、单位强化管理和责任追究机制的政策效果,其方差分别为 1.235,1.070 和 1.006。相对于其他控制变量,方差值

较大,表明这些控制机制在不同的地域和单位之间存在着较大的差异。其中,思想教育控制机制的方差 1.235,为所有规范机制中的最大值,而其效用均值为 3.28,处于较低水平。显然,这表明思想教育功能的控制绩效不佳,愈来愈多的公务人员开始质疑其实际功能,并且思想上的认知,未必能转化为实际的行动。这一分析结果启示政策设计者,理应注重更具有操作性和实质性的控制机制,单纯依赖思想教育,已难以获得管理对象的认同。

五、回归分析模型及其理论解释

基于前文的理论分析和研究假设,公务消费支出控制的政策效果,是多种政策结果的影响。公务消费信息公开政策,是否起到应有的政策效果,亟需采用更为科学的分析策略,控制其他变量的实际影响,方能避免简单化判断的认知误区。因而,本书借助 SPSS 软件的计算功能,采用多元回归分析的同步回归技术,以合理测量公务消费的实际效果,表 2-2 如实展示了计算机统计分析的结果。由于各个变量之间可能出现共线性问题,表格还汇总了各个变量的容忍值和 VIF 的值,以消除共线性问题的不当影响,提升分析结论的可信性。然而,表 2-2 中的相关数据所示,进入回归模型的各个解释变量之间并未出现严重的共线性问题,回归分析的结果,可信性较高,能够用以说明各项政策的实际情况。

如表 2-2 的相关数据所示,回归模型的效果明显($F_{(22,492)} = 2.369$,$p = .000$),具有显著的统计效应。但是,整个模型的解释力较差,R^2 为 0.096,整个模型仅能解释依变量的 10%,调整后的 R^2 为 0.055,这一数据表明,仍有较为重要的解释变量,未能纳入分析模型之中。研究者认为,这些变量可能为公务人员所在单位的预算额度,或预算外可以用于公务支出的资金来源。至于这一判断是否属实,则尚需在后续的研究中予以探究。然而,由于本书的研究目的,并非在于构建一个具有高度解释力的模型,而是测量各个政策变量实际约束力的显著性程度。因而,模型的解释力较差,并不影响本书研究目标的实现。多元回归分析的结果,可以再现公务消费各项政策的实际约束力。

表 2-2 公务消费支出控制多元回归分析结果与模式摘要

	未标准化系数		Beta	t	p	共线性	
	B	SE				容忍值	VIF
常数	1.914	.322		5.947	.000		
单位行政级别	.038	.047	.036	.807	.420	.927	1.079
工作年限	.002	.009	.008	.176	.860	.928	1.077
八项规定	.146	.061	.115	2.397	.017*	.794	1.259
人大约束	.007	.072	.009	.101	.919	.257	3.895
政协监督	−.070	.072	−.088	−.983	.326	.227	4.403
预算制度	−.036	.056	−.038	−.640	.522	.525	1.905
公务卡结算	−.057	.054	−.062	−1.053	.293	.533	1.878
信息公开	.070	.051	.077	1.358	.175	.574	1.743
纪检监督	.094	.057	.091	1.635	.103	.595	1.680
普通群众举报	.006	.056	.006	.102	.919	.540	1.853
新媒体监督	−.106	.067	−.095	−1.579	.115	.507	1.971
审计压力	.061	.059	.061	1.034	.302	.530	1.886
内部人员举报	.051	.052	.058	.979	.328	.520	1.923
国库统一支付	−.021	.063	−.022	−.326	.745	.403	2.480
会计规则	.054	.061	.056	.881	.379	.453	2.209
法律制裁	.105	.052	.115	2.030	.043*	.578	1.731
上级政府压力	−.028	.056	−.029	−.494	.621	.526	1.900
明确消费标准	.055	.060	.054	.905	.366	.521	1.918
思想教育	−.050	.050	−.064	−1.002	.317	.458	2.185
单位强化管理	−.003	.062	−.004	−.050	.960	.342	2.922
责任追究机制	.060	.063	.068	.944	.346	.353	2.835
官媒曝光	.022	.058	.022	.384	.701	.584	1.713
整体模型	$R^2 = 0.096$ adj $R^2 = 0.055$ F(22,492) = 2.369(p = .000)						

注:*p<0.5,表示变量在 5% 的显著性水平上显著。

首先,在纳入分析模型中的众多解释变量中,公务消费信息公开,这一提升财政透明度的重要解释变量,其 Beta 系数为 0.077,t(492)=1.358,p=0.175,未能达到显著性水平,这一统计分析数据表明,该项制度对公务消费支出的控制性效果没有明显的解释力。这表明在公务人员的主观世界中,公务消费信息公开政策,并未成为其行动的主要约束函数,该项政策的实际拘束力有限。本该有力约束公务支出行为的信息公开政策,效果乏力,可能是现行公开政策的内在缺陷所致,亦可能与该项政策尚未获得审计监督等治理机制的支持或配合有关。至于究竟是何种复杂的机制,致使公务消费信息公开的现行政策不能有效地制约公务支出行为,需要进一步的研究,才能确认,并将是本书后续章节讨论的问题。于此,不再赘述。

其次,在分析模型纳入的众多解释变量中,仅有八项规定和法律制裁两项政策,对控制公务消费支出政策效果的解释,达到了显著性水平。其中,八项规定的 Beta 系数为 0.115,t(492)为 2.397,p=0.017,法律制裁的 Beta 系数为 0.115,t(492)为 2.030,p=0.043,在二者之中,又以八项规定的显著性最强。这一数据揭示出,在真实的行政环境中,八项规定的政策影响力,明显大于相关法律制裁的约束力,这亦与表 2-1 中描述性统计分析的结果相契合,再度彰显了本书结论的可信性。最后,值得强调指出的是,八项规定和法律制裁两项政策的共性,在于其均具有一定的惩罚性措施。研究者认为这一重要特征,可能是其政策效力最为重要的力量之源。其政策启发意义在于:包括信息公开在内的各项规范政策,理应设立权威性的惩处机制和处罚措施。对于违反规定的行为,必须实施具有一定威慑力度的惩罚,否则,可能在制度的执行过程中,被各级公务人员漠视,从而难以发挥制度的效率。此外,八项规定政策是由执政党的纪律检查部门负责实施的,具有较强的政治权威,由其执行的政策,具有显著的效果,较为符合国内的现实情况。这启示政策设计者,公务消费信息公开政策效果的提升,亟需在实际治理过程中引入具有实际权威的政策行动者。如果条件许可,可以考虑将纪检部门作为信息公开政策的主要监督主体,毕竟,契约没有刀剑,等于一纸空文,政策缺乏权威,如何令行禁止?

六、提升治理机制绩效的初步思考

自20世纪90年代以来，财政透明度作为一种"善治"标准，愈发受到国际社会的关注，其影响力日渐隆盛。诸多国家均将以其为目标的财政透明度准则和预算透明度实践，奉为提升财政制度建设和国家行政改革的圭臬。为控制和规范公务消费支出行为，我国高层治理者明确要求将公务消费支出行为纳入预算控制的框架之下，并须公之于众。这一政策设计的初衷，在于推行权力运行公开化、规范化，兑现保障人民知情权、参与权、表达权、监督权的政治承诺。这一颇具现代意义的制度实践，不仅顺应了国内政治发展的需要，而且也遵循了国际政治发展潮流，是建设责任政府的重要体现。国内的学术研究者，紧密跟踪这一政策实践，围绕着如何提升财政透明度，如何测量财政透明度，开展了大量的研究工作。但是，诸多理论研究者，仍然简单地赋予了财政透明度过高的治理功能和政治价值。

然而，在国际范围内，伴随着对财政透明度效应研究的深入，愈来愈多的理论研究，开始质疑其可能被夸大的治理功能。相关经验研究表明，财政透明度功能的发挥，需要其他治理机制配合，更有学者指出财政透明度是一个国家政府治理质量的外在体现，而非重要原因。这一学术发展动向，还未引起国内学人充分的重视，遑论政策实践者的关注。本书结合国内政治体制的特征，借鉴国际学术同仁的研究成果，借助多元回归分析工具，通过经验研究，提醒国内学人和国家治理者，亟需关注财政透明度治理功能的限度，以及其对其他制度环境的深度依赖。正如上述经验数据分析显示，尽管国家的公务支出行为控制措施成效显著，但这一治理成效绝非公务消费预算信息公开制度之功，而是更具有政治权威、更具有惩处措施的包括八项规定的其他治理政策所致。个中原因，除却制度效力的发挥需要时间沉淀以实现累计效应外，最为重要的原因，可能在于公务消费预算信息公开尚未达到财政透明度的基本条件，尽管其以财政透明度的话语出现。而且，研究认为政府的信息公开行为，如果只是行政机构自我发布数据的独角戏，不愿意引入有效的外部监督，则其制度效力必然难以实现。

同时，上述的经验数据表明，许多旨在规范行政权力运作的制度实践,如预算约束、人大和政协的监督功能,均未通过显著性检验。制度质量的负面影响,显然制约了公务消费信息公开功能的发挥。值得注意的是,通过回归分析显著性检验的八项规定和法律制裁策略,均对违规行为设有明确的惩罚性措施。这一重要的研究性发现,启示国家治理者,不能将制度绩效的实现悬置在理念的倡导之上。在细化规范性规则的同时,亟需引入有威慑力的惩罚性的机制,才能强化信息公开的制度权威。当然,由于上述研究关于公务消费治理效果的测量,是以公务人员的主观感知为基础的,缺乏客观的衡量政策效果的指标,可能会影响研究结论的可信性。本书的研究样本尽管数量可观,但是从样本的数据分布来看,中西部的样本偏少,亦可能扭曲研究结果。但是,整体而论,数据分析的结果表明我国的公务消费信息公开制度尚未实现预期的目的,既有的治理成效只是具有惩处措施的纪律检查监督机制的效果。为有效提升公务消费信息公开制度的治理绩效,首先,必须引入适度的惩处措施,明确具体的责任机制,才能发挥其应有的效果。其次,必须重视公务消费信息公开制度与其他治理机制之间复杂的互动关系,在提升预算透明度的同时,提升或强化其他治理机制的功能,关注制度质量,才能在未来治理体系现代化过程中,为提升财政透明度治理绩效提供良好的制度环境。但是,其他治理机制是如何影响公务消费信息公开制度的治理绩效的?在国内的政治话语体系和政治制度之下,公务消费信息公开制度在建设过程中,遭遇了哪些具有中国特色的问题?从事实际工作的政府机构和官僚组织成员,又是如何看待公务消费信息公开制度的?将是下述章节重点探讨的主题。

第三章 政策过程视野下公务消费信息 公开数据质量与制度绩效^①

公务消费信息公开制度，作为预算透明度或财政透明度制度建设的一个重要组成部分，其制度绩效的发挥在很大程度上取决于政府机构公开的数据，能否真正如实地反映出政府公务消费的实际支出。倘若政府机构或公务人员在公开信息的过程中，或者因为公开的范围不全面，或者缺乏必要的惩处机制，致使相关数据难以如实地反映出公务消费的实际支出，则势必难以产生必要的约束作用，甚至难以形成必要的舆论压力以约束支出行为。因此，伴随着财政透明度制度实践的推进，数据质量问题成为其制度绩效的关键所在，以至于国际货币基金组织，制定了专门的数据治理评估框架，以提升财政透明度的制度约束力，发挥其应有的制度约束功能。公务消费信息公开制度建设，作为财政透明度制度建设的重要组成部分，如果缺乏必要的数据质量标准，则其预期的制度功能，必将成为镜花水月。借鉴国际货币组织的数据质量评估框架，本书认为所谓公务消费信息公开的数据质量，是指政府公务消费信息公开数据在真实性、详细性、完备性和可用性方面的可靠程度。公务消费信息公开的制度设计，只有确保相关数据在真实性、详细性、完备性和可用性等维度的质量，才能从根本上实现此类信息公开的目的。而在现行的公务消费信息公开制度实施过程中，官方所提供的相关数据，多是一些汇总性的整体数据，缺乏细化的分类说明，在真实性、详细性、完备性和可用性方面，存在着严重的不足；形成了"内行人

---

① 本章内容曾以《规则软约束：地方政府公务消费信息公开数据质量中的政治》为标题，发表在《公共行政评论》2015 年第 2 期，感谢匿名审稿人宝贵的修改建议对研究质量提升的帮助。

看不懂,外行人看不明白"的不利局面,稍具财政知识和现代政治学知识的公众,纷纷质疑其真实性和社会价值。诸多新闻媒体报道中的政府虚假行为,亦为普通民众提供谈资,侵蚀了制度的公信力。相关部门未能如期或按规则规定公开相关数据的"爽约"行为,以及掩盖自身部门或所在地区真实消费数据的行为,更引发了公众的强烈质疑。

　　针对公务消费信息公开制度在发轫过程中存在的问题,高层治理者采取了一系列相应的措施,为公务消费信息公开工作提供政治、技术和制度层面的支持。在政治层面,新一届政府在实现权力的平稳过渡后,并未因官僚组织以及既得利益者的抵制而延缓行动,从而为相关制度建设提供了有利的政治环境。① 在技术层面上,为解决公务消费信息公开面临的技术障碍,明确要求将"公务消费支出"纳入财政预算和决算工作,为公务消费总额设立前置性限制。在支出管理方面,新规则要求在预算编制中将公务用车购置和运行费分开列出,明确公务消费的标准,并积极推动公车改革,从源头上减少公务消费支出的随意性②。在监督机制方面,为解决以往公务消费信息公开工作因缺乏有效监督而引发的恣意行政问题,高层要求公务接待活动必须"定期汇总本部门国内公务接待情况,报同级党政机关公务接待管理部门、财政部门、纪检监察机关备案",同时加大了财政和审计

---

① 新一届政府高度注重公务消费信息公开工作,国务院总理李克强在执政后的两次廉政工作会议上,均对该工作提出明确的要求:在第一次廉政工作会议上要求"建立公开、透明、规范、完整的预算制度,把政府所有收入和支出都纳入预算",并且针对政务公开工作要求"深化细化预算决算公开和'三公'经费公开……要逐步实现县级以上政府公务接待经费公开。公开的形式要通俗,要让老百姓看得懂,可以有效地监督政府";并且要求严格公务用车、机关办公室使用标准等,推进公务用车服务市场化。2014年在第二次廉政会议上,现任总理更是突出强调:"政务公开作为一项重要的监督措施,重点推进财政预算决算公开,中央本级'三公'经费预算和部门预算同步公开,31个省(区、市)全部公开省级预算决算和省级部门预算,创造条件让人民群众监督政府,促进权力运行更加规范",同时要求从预算制度、会计制度、审计监督制度方面,保证公开工作的推动和效果。其主持的《当前政府信息公开重点工作安排的通知》(国办发〔2013〕73号)相关条文,亦非常关注公务消费公开工作,推进财政预算决算和"三公"经费公开。

② 2013年12月,中共中央办公厅、国务院办公厅印发了《党政机关国内公务接待管理规定》,不仅规定了公务接待的原则、范围,而且制定了具体的公务接待标准和报销要求,使得公务接待有章可循。

监督力度,明确了体制内的监督主体,并将公务接待工作纳入官员问责的范畴之中,从而为公务消费信息公开工作提供了一定的制度保障。然而,既有制度体系能否保证公务消费信息公开数据的质量,确保民众知情权的实现,仍然是一个有待经验现实检验的开放性问题,从严谨的学术研究角度出发,必须从社会科学的角度对此问题加以解释,才能体现社会科学研究在降低社会变迁成本、增进人类文明方面的价值。为有效回应上述问题,本章特选择沿海经济发达省份 G 省的政府公务消费信息公开实践为例,从政策执行过程的视角,尝试解释公开数据质量低下的制度原因。

一、数据质量与治理绩效

由于公务消费信息公开的数据质量难以真实地反映出公务部门的实际公务消费支出,不足以满足民众的知情权,难以消除民众对政府公务支出的疑虑和有效规范公务消费支出的目的。而且,形式上的公开,或者说治理绩效有效的既有制度建设成效,可能营造出问题已经得到解决的假象,转移国家政策制定系统和高层治理者的注意力,降低其强化此类制度约束的激励,使得绩效不彰的现行制度续存下去,致使公务消费信息公开制度,嬗变为一种符号性的行政行为,从而影响国家治理能力的提升。自2011 年中央政府单位公开各自的公务消费数据后,社会各界对公务消费信息公开的关注点,逐渐从公开的必要性转移到公开数据的质量问题方面。因而如何健全公务消费信息公开机制,提升政府机构公务消费信息公开的质量,确保公务消费信息公开的准确性、详细性、完备性、可用性,预防公务消费支出行为中腐败现象的发生,成为一个备受社会关注的话题,亦在一段时间内成为学术探讨的一个重要议题。然而,相对公众对公务消费信息公开高度关注的社会现状而言,国内关于公务消费信息公开的研究文献相对较少,专门论及公务消费信息公开数据质量的文献,更是付之阙如。

在既有的理论研究文献中,只有少量文献论及公务消费信息公开效果质量欠佳的政治性因素。部分研究认为缺乏必要的财政监督和审计监督,是导致政府机构公布的相关数据在真实性和准确性方面缺乏根本保证的主要原因。主张强化监督体系建设,突出审计监督在提升公开效果方面的关键功能。然而,该类研究的理想化色彩浓厚,未能虑及审计监督独立性不足以及政府部门之间复杂的政治关系。亦有研究认为公务消费信息公开数据效果不彰的原因在于行政主体的信息公开能力不足,倡导明确公开主体,加强行政能力建设,但是,伴随着相关政策的完善,公务消费信息公开主体,业已明确为财政部门,该类研究的学术使命已经实现。

由于现行公务消费信息公开,是以预、决算公开的形式予以实施的,非常有必要将影响国内财政透明和预算透明政治性因素的相关文献纳入文献综述的范围之内,以拓展本书的理论对话基础,深化对研究问题的认识。西方学者的理论研究表明,一个国家包括政府责任机制、政治稳定性、政府效果、管制压力、法制状况、腐败控制能力在内的政治性因素,对其国家的预算透明度具有明显的影响。国内学者同样注意到国家制度等政治性因素对预算透明度的影响。立足于政治责任的理论研究认为:微弱的选举体系、人大预算权的软弱,导致社会公众和人大机构缺乏全面、真实、详细的预算信息,是致使财政透明度低下的基本原因。

相关法律制度的缺陷,同样制约了预算透明度的提升。研究认为颁布于 1988 年的《保密法》,尽管在 2010 年经过修订,但仍倾向于扩大国家秘密的范围,致使政府机构定密的随意性倾向未能受到有效地制约。加之推动透明政府建设的《政府信息公开条例》,其法律位阶低于《保密法》。因而,当二者之间的规定出现矛盾时,必然以《保密法》的规定为准则。相关法律规则的缺陷,赋予了政府机构在公开相关数据时,享有适当的自由裁量空间,可以任性地隐蔽自身不愿公开的数据,从而制约了预算公开数据的质量,直接影响到公务消费信息公开制度的成效。

综合而论,公务消费信息公开绩效不佳的原因,已经引起国内研究者的重视。相关学人分别从监督体系、政治责任和法律缺陷三个方面,分析公务消费信息公开数据质量低下的政治原因,并提出了一些有见地的研究结论。然而,既有理论研究的局限性,亦非常明显,相关研究基本停留在初始阶段,既有研究多局限在宏观性的制度性层面,"质性"数据缺失,未能贴近地方政府的实际运作过程,分析制约公务消费信息公开数据质量的微观政治因素。因而,非常有必要在既有理论研究的基础上,采用规范的"质性"研究方法,深入探讨真实经验世界中制约公务消费信息公开数据质量的相关制约因素。为弥补既有理论研究存在的不足,提供具有政治理性、能够符合国内行政管理机制需要的、可操作性的理论建议,研究者特选择G省作为案例研究对象,从政策执行过程的视角出发,探讨制约地方政府公务消费信息公开数据质量中的政治因素,以及在执行过程中面临的实际问题。在既有理论研究的基础上,深入探讨何种因素制约了公务消费数据质量,数据质量又如何影响公众知情权的实现以及制度的治理绩效的问题。

二、规则软约束与数据质量

规则软约束是一个由研究者借助"预算软约束"的概念构建的分析概念,它不仅可以解释国内公务消费信息公开数据质量低下的原因,亦可以解释现代社会的许多规则,尤其是公共管理规则难以起到有效的约束作用致使治理目标难以实现的原因。但是,何谓规则软约束呢？为理解这一问题,必须首先理解规则为何常常难以起到预期的治理功能和治理目标。伴随着工业化、城市化进程的加快,在全球范围内,人类逐渐走出传统的农业文明,日益进入一个动态多变的现代化社会。现代社会是一个传统权威衰落而陌生人相互依赖的时代,众多的人口脱离了农业文明相对应的熟人社会,传统靠血缘和地缘机制建立起的信用机制和秩序维护机制,丧失了应有的功能,在相对陌生的现代环境中,社会个体极易出于机会主义动机,侵犯其他社会个体的利益,因而涌现出大量公共管理的问题,而且社会公共管理问题具有一定的技术复杂性,超出了传统社会整合机制的能力。"在每一个国家之中,一种经济变革都在不断地发生,这种变革的特征可以用一句话来进行简短的概括,即在几乎每一个活动的领域之内,民族经济都逐渐地在替代家庭经济。所伴随的结果是,同一个社会群体中的人们更加增强了互相依赖,即使是出于他们日常的和基本的需要……因此,确保这些联系得到持续便逐渐成了政府的事务。"①为维护合理的社会秩序,"现代政府承担了错综复杂而且技术性又很强的任务,而这些任务并不适宜于

---

① 狄骥.公法的变迁[M].郑戈,译.北京:中国法制出版社,2010:44.

有魅力的、有感召力或赤裸裸的权威来承担;它们要求更规范和更常规的方法,要求秩序和文官政治(科层制)",①因而,现代公共管理与官僚组织息息相关。"在复杂的现代社会,政府只有将大量的自由裁量权授予给机构才能存活下来,这些机构的人员都是由未经选举的专家行政官员组成。同时,不能保证对这些行政官员进行合法限制将会动摇宪政秩序和我们对法治的承诺。"②这种对官僚组织的不信任和现代社会的复杂面向,使得规则与现代治理过程相伴而生,以约束官僚组织成员的自由裁量行为。在理想的环境下,规则能够理性地、明确地、有效地约束组织成员。然而,在现实的政治环境下,"规则是通过自利的参与者讨价还价的谈判达成。此类谈判的结果被经济组织的研究者们看作是一组明确或含糊的契约。"③因而,看似理性、规范的各项管理规则,实质上存在诸多的弱点,实际运行中的规则中的模糊性和潜在的利益冲突,常常诱发官僚组织成员的策略性政治行动,致使规则的治理能力低下,难以真正地起到实现预期的目的。以上述理论为背景,研究者提出规则软约束的概念,用以揭示这一普遍存在的社会现象。

所谓规则软约束是指规则制定者受有限理性、政治利益等复杂因素的影响,致使规则的准确性和详尽性不足,从而难以有效地约束行为主体的实际行为,为规则约束对象提供了大量的自由裁量空间,规则约束对象在不违背规则要求的条件下,可以采取机会主义行为谋求自身利益,从而导致制定和实施规则的目的"悬置"。

规则软约束这一概念,不仅可以用来理解当代社会规则治理乏力的诸多问题,更能有效解释地方政府公务消费信息公开数据质量低下的原因。首先,当下政府公务消费信息公开的规则,只要求公开公务消费的数额,并未对公开的格式、数据的真实性和具体责任进行详尽的说明。因而,各级

---

① 弗里德曼.选择的共和国:法律、权威与文化[M].高鸿钧,等译.北京:清华大学出版社,200:46.

② 杰克·雷斌,等.公共管理学手册[M].张梦中,等译.广州:中山大学出版社,2006:738.

③ 詹姆斯·马奇,马丁·舒尔茨,周雪光.规则的动态演变:成文组织规则的变化[M].童根兴,译.上海:上海人民出版社,2005:12.

政府只需给出一个数字，即可满足规则的要求，为政府部门提供了足够的自由裁量空间，导致公开过程中的机会主义行为泛滥。而且，具体、明晰执行规范的缺失，导致其他监管部门在实施监管时缺乏明确的评价标准，软化了监管的威慑力。其次，在现行的官僚治理体系中，尽管现行规则规定了相关组织的监管责任，但这种责任亦缺乏明确的约束条件和相应的责任机制，致使相关的监管主体可以恣意地使用监管权力。以形式化的监管方式，放弃要求政府部门如实、全面、详细地公开其公务消费信息账单的职责，再度削减了规则的实际约束力。

根据现代社会治理复杂相依的内在属性，规则软约束所指的规则，不仅包括特定政策本身的规则，还包括特定政策嵌入其中的其他治理规则。由于在国内现行官僚式治理体系中，官僚组织及其成员责任机制羸弱、权责不明。除少数"一票否决制"事务，诸多行政权力缺乏切实的责任机制。具有监管责任的相关行为主体，即使放弃监管责任，亦不用为由此带来的负面影响承担责任。因而，公务消费信息公开数据质量低下，实质上是两种类型的规则软约束相互作用的结果。规则软约束这一概念，不仅可以解释公务消费信息公开数据质量低下的问题，亦可以解释其他类似的政策执行乏力的问题。当然，其可推广性和适用范围，有待后续研究的发展和验证；同时，这一概念的科学性和合理性，亦有待社会科学研究同仁的批评与指正。

三、公务消费信息公开规则
软约束的政治分析理论框架

国内公务消费信息公开制度的建构过程，属于公共利益共享性制度变革，必然具有此类改革特有的共性，即"改革的失利者不会毫无反抗地消失，新的行为主体将会粉墨登场，他们将会重启改革以推进自身的议程。政策变革不是一次性的静态事务，它必须被视为一个动态的进程，在此进程中,致力于推动公共利益改革的政治势力或将招致反对势力的抵制。"①
作为一项制度改革,公务消费信息公开制度建设,旨在遏制非理性的公务
消费,是一项使广大受众获益的改革,对于中国这样一个具有浓厚封建传
统的文明古国,意义非凡。但是,这种改革亦极易产生集体行动的逻辑问
题。在国内特有的官僚式治理权威结构下,这场改革的发起者和主要的执
行者,均属体制内成员,而公务消费信息公开制度力图革除的正是体制内
成员的非正当利益,改革的困境和阻力不难设想。

　　在此改革情势下,作为具有改革动机,致力于建立廉洁政府和高效政
府的高层治理者,预期通过相关政策和法规的出台,缓解社会压力,从而增
强执政的治理绩效。但是,"上有政策,下有对策"一直是官僚式治理的顽
疾。伴随着高层治理权威的层级递减,在权力链条底端的基层政府,往往
可以有效地迟滞政策的执行效果。而最能直接监督制度效力的基层民众,
则囿于现行管理体制的弊端,缺乏有效的参与机制和压力产生机制。在这
种上级监管能力受阻、民众监督乏力的体制背景之下,官僚组织成员在政
策的执行过程中,无疑具有相当大的政治行动空间。

　　为深入分析地方政府层面公务消费信息公开数据质量中的政治问题,
本书拟采用美国政治学者罗伯特(Robert)和弗兰克(Frank)提出的分析框
架②,从政策制定、政策执行和政策评估三者之间的相互关系,评估影响财
政部门数据公开行为的微观政治因素。罗伯特和弗兰克认为政策执行中
的政治,并不局限于执行本身,政策制定与政策评估中的政治性因素,也是
诱发政策执行政治空间产生的重要原因。图 3-1 为根据罗伯特和弗兰克
政策执行分析理论绘制的政策执行中政治的分析框架③。由于不同学者
对"政治"概念的认知存在一定的差异,有必要厘清本书对"政治"这一概念
的理论认知。"'政治'以社会权力在约束条件下的行使为基本特征……分
析这些约束条件(包括它们的来源、运作方式以及政治代理人如何在这些

---

　　① Eric M. Patashnik. Reforms at Risk：What Happens After Major Policy Changes Are Enacted[M]. New Jersey：Princeton University Press,1980：3.

　　② Robert T. Nakamura, Frank Smallwood. The Politics of Policy Implementation [M]. New York：St. Martin's Press,1980.

　　③ 改编自原书中的"影响政策执行的环境分析图"。

约束条件中进行的活动)，才是政治研究的核心。"①因而，本书分析主要关注的是制约财政部门和监督部门的微观政治约束条件。

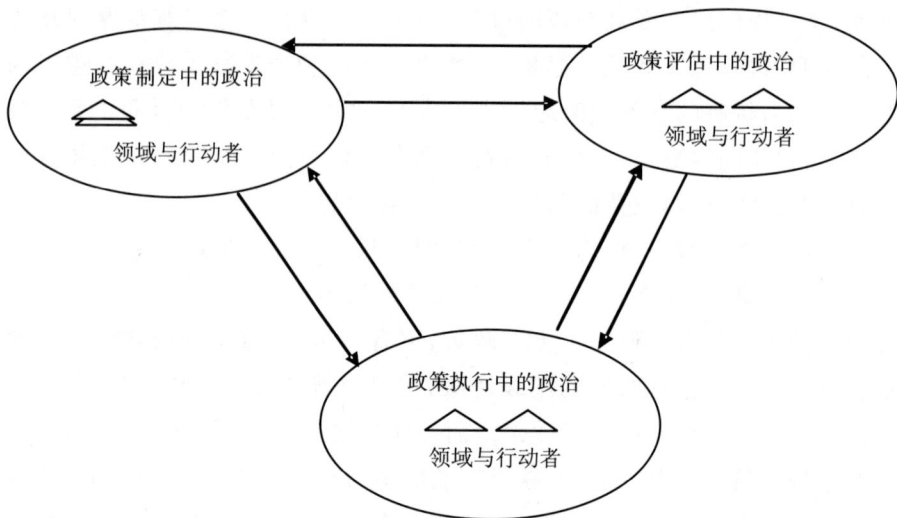

图 3-1　政策执行中的政治分析框架

(一)政策制定本身预设的"政治空间"

清晰地向执行主体传达政策目标和实现目标的方式是政策获得良好执行的先决条件。然而，囿于决策者"有限理性"和政治因素的限制，公共政策的制定者往往难以向执行对象传达清晰而准确的政策信息，这些限制性因素包括："技术缺陷——缺乏足以实现目标选项的完备知识和信息；概念的复杂性——无力充分地理解或界定问题；建立政治联盟的考量——为稳健获得政策通过而做出必要妥协的限制。"②政策制定者面临的这些限制，常常使公共政策缺乏准确的目标和明晰的实现方式，导致责任不清、目标不明，从而为政策执行主体采取策略性的行动、回避政策目标的实现提供了政治行动的空间。包括王绍光在内的诸多国内学者亦关注到政策制

①　Robert T. Nakamura，Frank Smallwood. The Politics of Policy Implementation [M]. New York：St. Martin's Press，1980：8-9.

②　Robert T. Nakamura，Frank Smallwood. The Politics of Policy Implementation [M]. New York：St. Martin's Press，1980：33-34.

定过程中政治性因素的影响,但这些政治性因素所滋生的政策缺陷及其对执行过程产生的潜在影响,尚未引起国内政治研究者的重视。由于受研究进入可能性限制和事务政治敏感性的影响,研究者难以探究国务院在公务消费信息公开政策制定过程中面临的制约性因素。但是,国务院政策文本自身存在的"技术缺陷",是非常明显的。因而,本书将深入分析公务消费信息公开规则缺陷,为地方政府提供的政治空间,及其对公务消费信息公开数据质量产生的影响。

(二)政策执行中的"博弈空间"

在政策执行环节存在三类主要因素,影响执行的实质性内容,分别是行动者与领域,组织结构和官僚规则,以及沟通网络和遵从机制。[①] 这三类因素并非相互独立、截然分开,而是存在某种联系,共同构成政策执行的政治空间。政策执行的参与者,决定了谁在执行过程中具有发言权,而参与者之间的组织结构和官僚规则,不仅约束着各个行动者的博弈空间,而且影响着各个行为主体对政策议题关注程度的权重配置。官僚规则影响执行过程的第三个因素,则为执行组织成员的心理因素和组织规范,美国学者唐纳德(Donald)与卡尔(Carl)基于人性假设和对公共政策过程的实证分析,明确提出"对政策持有深度负面评价的(行动者)可能反对或公开鄙视政策目标……而稍微缓和的执行者可能试图采取诡秘的转移或回避策略"[②]。公共政策的遵从机制,亦是诱发执行主体策略性行动的重要原因。当公共政策的目标或手段模糊时,遵从机制羸弱,执行主体极易通过符号性的行动回避公共政策的实质性执行。

公共政策执行过程中的博弈现象,早已引起国内研究者的重视,并且获得了广泛地研究。既有的理论研究重点分析了在政策执行过程中,非正式关系运作、隐蔽违规、政策空传等博弈方式的具体实施过程,其中丁煌教授发表了一系列的论文讨论这一问题,揭示了执行主体进行政策变通的主

---

① Robert T. Nakamura, Frank Smallwood. The Politics of Policy Implementation [M]. New York: St. Martin's Press,1980:46.

② Donald S. Van Meter and Carl E. Van Horn. The Policy Implementation Process: A Conceptual Framework[J]. Administration and Society,1975,6(4):473.

观原因。政治执行外部环境对选择性执行行为产生的诱导功能，亦得到具体而微的细致剖析；此类研究多对政策执行者持有一种理解和宽容的态度，呼吁政策制定者关注执行环境复杂而多元的现实，以提升政策的可行性。这标志着国内理论研究者开始关注政策制定质量与政策执行博弈之间的内在联系。然而，国内学者对执行过程中，组织结构、官僚规则、组织心理、政策遵从机制等微观政治环境因素，对执行主体的约束作用，仍然未予以应有的重视。本书将弥补这一理论缺陷，分析公务消费信息公开执行主体所面临的官僚规则、组织心理、政策遵从机制等微观政治因素，以及对公开数据质量产生的影响。

（三）政策监督和评估的"政治影响"

在一个完整的政策系统中，政策监督和评估的效果，对于政策的延续性、相关的资源配置、执行者政治责任的确立，发挥着提供判断标准的功能。然而，由于旨在"客观"的技术性评估，面临政策目标准确性和清晰度、评估标准体系的完整性和客观性、数据的可获得性和真实性三类因素的制约，致使其亦难以独立于政治因素的影响。"如果技术评估者希望实现'客观'评估的目标，他们必须解决两类潜在的问题。首先，他们必须具备以可测量的、量化的标准进行衡量的技术能力；其次，他们必须能够抵制来自政策制定者和执行者试图影响评估工作的政治压力。"[①]如果政策评估者处于不利的政治环境，在潜在的技术和政治压力下，完全可能会放弃进行客观评估的职责。

在微弱的政治责任机制下，国内政策系统素来重视政策出台，漠视政策评估，相关的监管机构亦囿于独立性不足的影响，受权力掌控者的深度约束，难以客观地履行评估和监管职责。在学术研究深受政治影响的氛围之下，国内关于政策评估对公共政策制定和执行政治影响的研究，付之阙如，遑论基于监管机构微观政治对政策评估的研究。因此，本书力图分析公务消费信息公开监管机构因独立性和权威性不足而面临的微观政治制

---

① Robert T. Nakamura，Frank Smallwood. The Politics of Policy Implementation [M]. New York：St. Martin's Press，1980：76.

约,及其对公务消费信息公开数据质量的影响。同时,基于上述原因,这一具有探索性的社会研究,必然受制于政治责任机制和政策环境,影响其研究深度的展开。但是,有所探寻,必然有所启发,聊胜于无。

"他山之石,可以攻玉",罗伯特和弗兰克从政策制定、政策执行以及政策评估之间的内在联系,分析公共政策执行中政治的分析思路,非常适用于探讨国内公务消费信息公开数据质量中的政治问题。由于现行的公务消费信息公开规定,未能制定出细则明确、范围准确的公开标准,前置性地为地方政府提供了充足的自由裁量空间,造成衡量数据质量有效标准的缺乏。这一政策制定过程中预设的政治空间,极易为熟知官僚政治规则的各个行为主体捕获,从而在政策执行过程中,利用政策本身提供的自由裁量空间和自身组织的各类政治资源禀赋,与中央政府和民众博弈,延续或扩大政策衡量标准缺失的政治约束,以减少公务消费信息公开规则对自身的"负面"影响。最后,政策执行中的博弈性规避行为,如若为政策执行的监督者和评估者所获悉,并向政策制定者传递,则政策制定者必然强化规则约束,削减公务消费信息公开过程中的博弈空间。然而,在现行公务消费信息公开政策的执行体系中,承担监督和评估职责的官僚组织,不仅自身的独立性严重不足,而且责任机制不健全。因而,缺乏足够的动力,甄别其他官僚组织的违规行为,亦不愿向政策制定者提供强化规则约束的行动建议。致使公共消费信息公开制度建设,不能形成一个有效的反馈和纠错机制,造成公务消费信息公开制度规则的软约束,制约了公务消费信息公开数据质量的提升,进而侵蚀公民的知情权,难以有效地监督权力。下文将采用案例研究的研究方式,具体而微地分析数据质量中的政治博弈。

四、执行过程视野下公务消费数据质量的制约机制探析

(一)案例背景与社会调查过程

基于国内关于公务消费信息公开研究处于初始阶段的现状,以及在国内开展公共管理实证研究获取内部资料比较困难的现实,量化研究公务消

费信息公开诸多问题，必然面临信息的可获取性问题。因此，本书采用案例研究方法，从经验层面探讨官僚组织成员，在执行公务消费信息公开过程中，博弈空间产生的原因及其方式。基于"质"性研究立意抽样的考虑，本书选择 G 省为研究对象，G 省地处沿海开放地区，其政府信息公开工作成效显著。在上海财经大学发布的地方财政透明度的比较研究中，其财政透明度连续多年位居前列，预算和决算工作的透明度较高。而且，G 省财政部门的知情人士透漏，早在 2010 年，G 省已经要求地方市、县，编制地方层面的公务消费信息报表，用于内部统计，但其时并未向社会公开。因而，公务消费信息公开工作，在 G 省拥有良好的实践基础和行政经验，对其行政实践进行研究，更有助于发现现行公务消费信息公开制度，在执行过程中存在政治博弈问题。选择 G 省作为个案研究对象，亦有现实方面的考虑，本人与该省多个地级市财政部门的工作人员比较熟悉，容易获得实践部门的信任，可以有效避免因研究者进入而引发的"干扰"效应，亦可有效解决质性研究田野调查过程中的"进入"问题。毋庸置疑，这样的进入方式，可能带来"敏锐度"丧失问题。为解决这一问题，研究者在开展研究时，通过浏览其他省份相关新闻报道和政府财政部门网站的形式，降低地方性观念对研究的潜在影响。此外，在选择访谈对象时，按照当地经济发展程度的差异，分别访问三个地方政府部门的官员，通过扩大信息来源渠道的方式，控制被私密关系提供信息误导的风险，以提升理论研究的信度。

国际知名的案例研究专家应国瑞认为"在案例研究中，理论不仅能够帮助你制定合适的研究设计、方便你收集研究资料，而且也是你对案例研究资料进行归纳分析的重要工具"①。为提升研究的质量，聚焦研究问题，本书根据确立的理论分析框架，选择政策执行中的政治，作为研究设计、数据收集和分析的理论基础。在数据收集过程中，为提升研究的可信性，本书按照经济发展水平和政府建设质量方面的差异，分析选择 F 市、M 市和 P 市作为调查对象，力图全方位揭示 G 省地方政府在执行公务消费信息公开过程中面临的问题。然而，由于在国内做田野调查的质量，依赖个人关

---

① 罗伯特·K.殷.案例研究：设计与方法[M].周海涛，等译.重庆：重庆大学出版社，2012：45.

系的私密程度和研究对象的合作意愿。在对三个城市的调查过程中发现，中等发达程度的 M 市，效果最好，相对落后的 P 市稍次，而经济发展水平较高和政府建设质量最高的 F 市，调查效果反而不好。表明研究对象并不相信研究人员保守秘密的承诺，亦表明该项工作潜藏着诸多隐而不宣的灰色区间。

在数据收集方面，研究者注重使用"三角检验"的基本准则。"三角检验的一个方面就是运用多种方式和渠道收集资料。你的结论可能只是反映了系统的偏见或只限于特定渠道或方式，三角检验不但降低了这种方法策略不足所带来的危险，而且让你对研究问题获得一个更加广泛而正确地理解。"[①]为了实现资料来源的多重性，本书主要采用访谈作为数据收集方式，并注重文件、档案记录等数据资料的收集，以便尽可能地实现多证据来源。本书所收集的资料为财政部、G 省财政厅以及三个地市人民政府和财政部门为加强预算信息公开、公务消费管理和信息公开的专门文件，以及部分领导人讲话和内部工作汇报材料。其中，以 M 市财政部门提供的资料最为翔实，为研究提供了较大的便利，详情参见研究发现中的具体采用情况。

从 2013 年 10 月至 2014 年 4 月，研究者围绕研究问题，先后开展了 4 次访谈，访谈对象为财政部门和审计部门的工作人员。囿于人际关系和研究进入限制的影响，在三个地市中具体的访谈对象略有差异，财政部门的访谈对象基本为预算部门负责人或其业务骨干，而审计部门的访谈对象则基本为业务骨干。访谈采用半结构化的方式，予以实施。为降低访谈对象的顾虑和担忧，访谈以一对一的形式分别进行，每人访谈大概控制在一个小时之内，对于访谈中尚未获得清楚解释的问题，则在后续分析过程中，电话咨询的形式予以解决。访谈记录以录音方式进行，访谈结束后，由研究者对其进行文字转录，形成用于分析的文本，其中对于进入途径比较顺畅的 M 市，分别做了两次访谈，编号为 M-14-01 和 M-14-02；对于 F 市和 N 市各自做了一个访谈，访谈编号分别为 F-14-01 和 N-14-02。

---

①　约瑟夫·A.马克斯威尔.质的研究设计：一种互动的取向[M].朱光明，译.重庆：重庆大学出版社，2007：72.

（二）信息公开数据质量规则软约束机制的影响

自上而下的政策执行模式，一直是国内公共政策执行最为突出的特点。公务消费信息公开制度的建立，是国家遏制非理性公务消费，提升政府部门公信力的制度创新。客观而言，在中央政府的强力推进和社会公众密切关注的压力之下，这一自上而下的强制性制度变革，取得了一定的成效：中央政府、省级政府和各个地市级政府，均公开了各自的公务消费数据，在开展此项研究的过程中，县级公务消费信息公开工作，亦在推进之中。公务人员的公务消费行为，开始置于民众的监督之下。但是，公务消费预算信息公开行为，在其发轫之初，就备受媒体和公众质疑，负面评价不绝于耳。在中央层面，"许多部委所公布的三公经费资料，只有一张表格和短短的解释，既无具体使用介绍，也无人均经费等关键数据。含混不清的解释和数据，引来了社会各方的关注与猜疑。"[①]上有所好，下必甚之，在上行下效行政文化的影响下，地方层面的公务消费信息公开同样存在公开数据质量低下的问题。表 3-1 为 L 省 S 市公开的 2013 年度本级"三公"经费预、决算情况表，公众可以从中获知该市 2013 年度"三公"经费预算与支出的相关数据。[②] 然而，这样的一种公开形式，显然比较粗放，公众不仅难以从中判断公务支出的合理性与合法性，而且，相关数据的真实性亦无从知晓。既有公务消费信息公开低下的数据质量，无疑与实现建立"阳光政府""透明政府"的政策诉求，相差甚远。从 L 省 S 市公开的数据来看，通过预算控制公务消费支出的政策目标，未能得到根本的实现，实际的决算支出，远远超出了预算编制时设定的份额。

---

① 黄河."三公经费"知多少［EB/OL］．（2011-07-29）［2015-04-10］．http://www.infzm.com/content/61728.

② 为恪守对访谈对象做出的匿名性承诺保证，在此公布的数据，并不是研究者调查所在地 G 省的相关数据，而是选择 L 省经济较为发达的 S 市在其政府网站上公开的数据，以期在实现分析政策执行效果的同时，起到保护被研究对象的目的。本人非常感谢匿名审稿人提出的这条颇具智慧的修改建议。

表 3-1　L 省 S 市 2013 年度"三公"经费预、决算情况表

单位:万元

三公经费合计	因公出国(境)支出	公务接待支出	公务用车购置及运行维护费支出		
			小计	公务运行维护费支出	公务用车购置支出
120	10	80	30	30	
9171	1129	3379	4663	3159	1504

资料来源:L 省 S 市财政局网站。

G 省公务消费信息公开的基本形式,与 L 省的情况非常类似,基本处于模糊公开、形式公开的阶段。尽管为了彰显公务消费信息公开政策的成效,在贯彻中央政府的决策时,G 省省长特别做出批示,要求各级政府"从严控制'三公'经费,以 2012 年为基数,今后五年只减不增"。在此行政压力下,G 省各市在编制公务消费预算公开时,都以此为具体的行动纲领,压缩公务消费的预算支出安排,降低相关数据公开后可能引发的社会压力,并按要求公开了各自的公务消费数据。从形式上看,地方政府严格地遵循了公务消费信息公开制度的规则。

然而,既有公务消费信息公开,毕竟是一种粗放的公开,相关制度只要求公开公务消费的总额,未对公开的格式和明细做出明确的规定,亦未能明确数据失真的具体责任;在此背景下,地方政府公开的数据,是否能如实再现各地实际的公务消费情况?地方政府在缺乏明确的问责机制之下,是否会存在编造相关数据,以形式公开对抗实质性公开的行为?均是悬而未决的问题,势必制约公务消费信息公开制度的公信力。研究者在 G 省的研究表明,在规则软约束的条件下,地方官僚组织成员利用现行制度潜藏的自由裁量空间,采取策略性的行动,以形式公开应对政策压力,致使公务消费信息公开数据质量低下,难以有效地满足民众的知情权。

1.粗放式公开规则与"政策空传"

规则软约束在政府公务消费信息公开事务中,首先体现在现行公开标准的泛化,缺乏明晰的标准方面。过于粗放的公开标准,降低了政府公务消费信息公开制度的约束力,为地方政府的策略性政治行动,提供了行为空间。对 G 省的经验研究表明,在贯彻政策的过程中,G 省的主管领导和财政部门,并未针对公众的诉求依据现行政府会计制度基础创造性地执行政策,细化公开的标准,以满足公众的知情权。而是延续上级政府制定的公开标准,造成执行标准的模糊,导致"政策空传"现象。所谓"'政策空传'是指政策实施者以下述三种方式对待上级政策:一是逐级以文件传递文件,经过多级传播,中央政府文件权威性在不停地传递中效力减弱。二是政策实施者只是通过电子政务方式下载政策文本,并继续转发或复制政策文本,并未将政策任务转化为符合自身工作实际的新目标。三是尽管政策实施机关再生产了政策文本,但没有采取具体行动落实政策内容,实现政策目标。"[①]公务消费信息公开过程中的政策空传,属于第三类形式,即以泛化的政策文本,贯彻上级政府制定的政策,未能以政策精神为指引,细化公开标准,提升政策的约束力,从而逃避实质性公开面临的社会压力。

表 3-2　××××年"三公"经费决算财政拨款情况统计表

单位:万元

项　　　目	本年决算数
合　　计	
1. 因公出国(境)费用	
2. 公务接待费	
3. 公务用车费	
其中:(1)公务用车运行维护费	
(2)公务用车购置	

表 3-1 是 G 省要求各级政府及其政府部门公开其公务消费支出的标准表格,虽然将公务用车费细化为公务用车运行维护费和公务用车购置费,具有一定的进步意义。但是,整体而论,G 省的公务消费信息公开政策,只是要求提供一个笼统的汇总数据,并未从真实性、详细性、完备性和有用性等方面,细化公共政策和执行标准,这尤其体现在数据的详细性方面。而且在执行过程中,只要求各级政府及其政府部门向上级汇报数据,即使在官僚组织内部,也未进行有效的审查和核实工作;这种粗

---

① 李瑞昌.中国公共政策实施中的"政策空传"现象研究[J].公共行政评论,2012(3):63.

放的公开规则,只能对政府部门提供一个宽泛的形式约束,为下级官僚组织的形式公开,预设了"政治空间"。官僚组织可以通过瞒报数据等形式,拒绝公开真实的数据,从而逃避民众的监督。而且,这种粗放的公开规则,不利于民众精准地获取公务消费信息支出的具体信息,无从判断其支出的合理性。

事实上,细化公务消费信息公开的标准,强化公务消费信息公开制度的明晰性和约束力,具有坚实的会计制度基础。参照表 3-3 现行国家公务消费支出的会计科目与明细,在设定公务消费信息公开制度时,如果能够调整公开的具体标准和形式,要求在公开公务消费的数据时,列出各项具体明细的支出,并不难实现公开数据的详细性。以公务用车为例,如果要求在公开数据时,分门别类地要求公开领导干部专车、一般公务用车和执法执勤用车的基础上,具体公开各项支出明细,则公开行为的约束作用,必将体现得更为明显。公务消费公开的数据,在目前的会计科目中是可以细化的。关键在于需要制定明晰、严格的公开规范,替代目前笼统、模糊的公开标准,削减地方官僚组织成员的策略性空间,增强规则的合理性和针对性,有效消除"执行陷阱"的威胁。

表 3-3　现行政府公务消费支出的会计科目与明细

会计科目	科目编码	明细
因公出国(境)费用	30212	住宿费、差旅费、伙食补助费、杂费、培训费
公务接待费	30217	住宿费、交通费、用餐费
公务用车购置费	30913 31013	购置费
公务用车运行费(领导干部专车、一般公务用车和执法执勤用车)	30231	租用费、燃料费、维修费、过路过桥费、保险费、安全奖励费

2.预算控制规则的疏漏与隐蔽性支出

如果说粗放式的公开规则,从形式上降低了公务消费信息的数据质量,其所嵌入的现行预算控制规则的疏漏,则从数据的内容上,制约了公务消费信息公开制度的约束力。预算作为一种国家治理工具,其规则本身的科学性如何,从根本上制约了其作为治理工具的效能发挥。我国的预算体系经过多次改革，但过于强调国家宏观调控职能，忽视了地方政府的支出责任建设，致使其在微观层面对地方政府的约束力低下。在这种预算体系下，通过编制公务消费预算的形式，控制公务消费支出，无疑面临极大的挑战。在 G 省进行调查时发现，政府公开的公务消费数据，只是其财政部门为公务消费编制专门预算。许多隐蔽在其他预算支出中的公务消费，并未在其公开的数据中显示出来，从而造成公务消费信息公开数据的真实性不足，形成预算规则的软约束。在既有的"三公"经费管理体制中，利用预算的控制功能，限制政府的非理性公务消费的规则设计，颇具现代治理意识。然而，欲以预算控制公务消费支出的行为，则必须满足以下条件：一是政府的所有的公务消费支出，只能以年初编制的公务消费资金支付。二是预算监督到位，政府难以把公务消费支出，隐藏在其他支出项目中。三是年初的预算编制稳定，政府难以通过调整预算编制的方式，掩盖实际的公务支出行为。但是，就目前的情况而言，国内预算编制水平和管理制度，难以解决以上三个问题。一是现有预算制度的控制功能，难以杜绝政府机构将其他途径的预算资金，进行隐蔽性地公务消费。因为现有的预算编制是建立在功能性分类的基础之上的，没有进行经济上的分类，难以显示政府支出的具体流向和形式，政府相关机构完全可以将其他预算科目下的经费用于公务消费。二是政府的预算难以全面监督公务消费支出，现行政府会计明细化程度不高，政府机构可以将部分公务消费掩盖在账面上合理的其他支出种类之下。三是由于缺乏人大等有效的行政体系外监督，既有的预算制度刚性不强。立法机构的预算监督是建立责任政府的重要途径，只有一个国家的立法机构能够对政府的预算活动，具有实质性、权威性的监督权力，预算制度才能真正地约束政府的行动。然而，"整体而言，与宪法和法律所赋予的权力相比，地方人大预算监督实际的权力运作仍有很大的差距，还远远没有形成对政府预决算的实质性审查监督"[①]。这一政治现实所造就的预算软约束，致使通过预算控制公务消费支出难以取得根本的效果。有些地方政府完全可能把一部分公务消费掩盖在其他预算科目之下，造成公

①　林慕华，马骏.中国地方人民代表大会预算监督研究[J].中国社会科学，2012(6)：77.

开的消费数额低于实际的公务消费支出。

G省政府相关的政府文件规定,需要公开公务支出的范围,包括市财政部门编报部门预算的市直部门本级及其所属行政单位、事业单位(含参照公务员法管理事业单位)、社会团体、企业等。除涉及国家安全等特殊部门,各部门原则上都应向社会公开本部门"三公"经费情况,实现部门的全覆盖。但是,由于地方政府公开的公务消费的预算和决算支出,只统计由本级公共财政支付的消费支出[①],政府现行公务消费信息公开的数据,事实上,低于政府实际的公务消费支出:一是公开的数据只是"三公"经费财政拨款的预算数和决算数,即政府部门列支在其他预算项目中的公务消费支出并未公开;二是公开的数据不含政府性基金拨款以及中央和省级财政安排的拨款。

在M市调查时,相关工作人员坦言:"不排除有些单位以高明的手法将部分公务支出掩盖在其他科目下,这需要依靠更高明的审计手段来发现。"[②]全方位的预算公开非常困难,财政部门面临非常大的压力:"首先,预算公开不是单纯的预算信息和财政数据的公开,一些符合我国国情、体现政治制度、维护国家战略的重大预算支出,不适宜对外公开;其次,行政管理体制、决策机制不完善制约了预算公开的程度。现行行政体制改革相对滞后,财政承担了大量应由市场解决的支出,公开后会引发连锁效应;行政决策尚未完全科学化、民主化,预算分配中人为因素较大,在行政决策的程序和机制没有全盘公开的情况下,与之相应的预算公开,将引发社会公众对政府决策和执政能力的质疑,可能造成政府工作的被动。"[③]一个国家的预算管理,总是与它的政治体制和行政体制联系在一起的。如果一个国家在政治体制上,不能实现对行政官员的良性约束,则作为记录行政行为的预算信息,根本不可能实现充分的公开。因为在这样的体制下,不是预算控制政府,而是政府控制预算,政府可以通过编撰预算数据的形式,掩盖

---

① 《关于市本级财政预决算公开工作的有关事项的通知》(M市财政〔2013〕177号)规定:"三公"经费财政拨款预算数、决算数只统计市财政安排的公共财政预算拨款,不含政府性基金拨款以及中央和省级财政安排的拨款。

② 摘自M市的访谈记录,访谈编号(M-14-01)

③ 摘自M市的访谈记录,访谈编号(M-13-01)

真实的支出行为。

3.财政部门责任规则软约束与数据失真

在既有的公务消费信息公开的行动体系中,财政部门无疑被置于主导者的地位。如果财政部门在公开过程中,切实履行自身职责,积极推动公开数据质量的提升,则公务消费信息公开制度的效果,必然会得到良好的彰显。然而,现行公务消费信息公开制度,并未规定保证数据质量的相关责任。因而,财政部门以及财政支出单位,缺乏保证公开数据的真实性的制度激励。在责任规则约束力羸弱的制度背景下,财政部门这一负责公务消费信息公开的重要主体,完全可以放弃自身作为重要监督主体的职责,无视所在层级的相关财政单位的策略性行为,以谋求形式化公开工作的完成。事实上,即使政策文件确立了责任体系,在现实的地方政治体系中,财政部门在官僚政治压力之下,亦难以客观、独立地发挥监管职能。

G省的实证研究表明,现行的公务消费信息公开政策,将财政部门作为公开的主体,赋予其在公务消费信息公开过程中的主导地位,获得了公开的主动权。[①] 为强化公务消费支出的财政监督,在履行职责的过程中,M市建立健全了财务保障制度,严格规定"要严格按照规定范围,据实列支'三公'经费,不得将'三公'经费在其他项目列支,也不得将其他项目支出在'三公'经费中列支;不得接受或变相接受企事业单位资助,或向同级机关、下级机关和下属单位摊派、转嫁费用"。N市则通过统一会计的结算中心,切实解决"三公"经费报账过程中可能存在的问题。[②] 如若只从纸面上理解地方政府的公务消费信息公开工作,似乎执行的责任机制非常完备,可以保证公开数据的真实性。

然而,在地方现实的行政生态体系下,为实现组织化生存的目的,在官

---

　　① 财政部《关于推进省以下预决算公开工作的通知》(财预〔2013〕309 号)做出明确规定:"(公务消费)公开的主体为负责编制预决算信息的单位或部门。各级财政部门是本级财政预决算、汇总'三公'经费预决算公开的主体;各部门是本部门预决算、'三公'经费预决算公开的主体。"

　　② N 市则通过集中报账制度,让负责人签名的手段,确保公开的费用是真实的。(访谈 N-14-01)

僚政治的压力之下,财政部门时常需要有意或无意地放松自身的监管职责,尤其是财政部门的领导常常为获得自身的政治优势而牺牲公共利益,对部分违规行为视而不见,从而降低了财政管理规则的制约作用。"官僚组织同其他的官僚机构和社会结构具有一系列极其复杂的关系。由于涉及不同的维度,许多关系可能互相重叠、相互纠合在一起……在与其他官僚组织的关系中,官僚组织履行的每一项社会职能都在政策空间中有一个确定的区位。"①在不同的政策区位中,各个官僚组织的相对重要性,相差甚异。官僚组织成员经常极力抵制其他组织决策的影响,并利用在某些政策区位中的组织优势,谋求自身所在组织的相对独立性。如图 3-2 所示,财政部门尽管在公务消费信息公开的政策区位中占据优势,但是,在组织

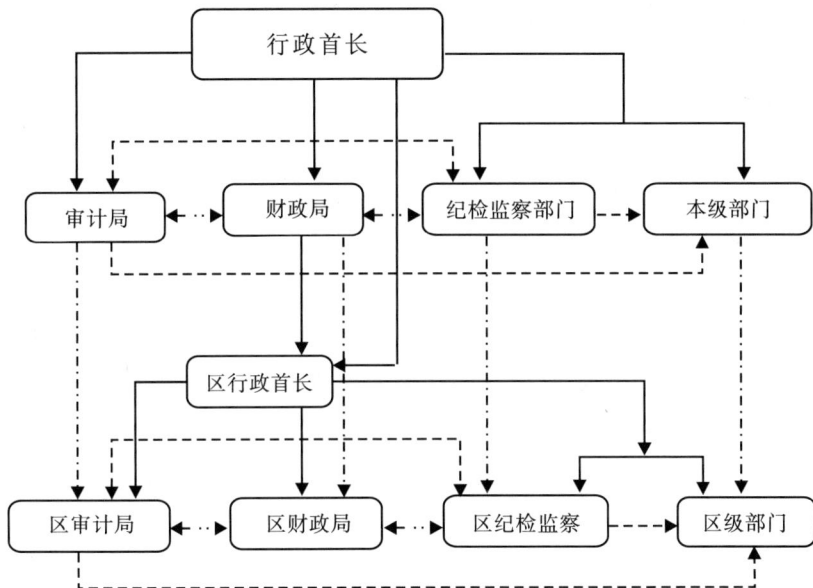

图 3-2　市级公务消费信息公开行动体系示意图

制图说明:———————▶ 层级节制关系;- - - - - - - - - - ▶ 平级监管关系;

◀- - - - - - ▶ 双向监管关系;- - - - - - - - - ▶ 业务指导关系。

---

①　安东尼·唐斯.官僚制内幕[M].郭小聪,等译.北京:中国人民大学出版社,2006:226-227.

监管的其他政策区位中则处于劣势状态。财政部门自身又处在本级行政首长的层级制压力以及审计和纪检监察部门的监管压力之下,并不能独立地履行自身职责。

在实际的工作中,同级政府可能采取两种机会主义的方式降低自身公务消费支出的数据额度,实现自身组织狭隘的部门目标,获取特定的部门利益:一是利用制度疏漏,将公务消费置于其他预算科目下,掩盖真实的支出行为;二是蓄意调低实际支出。如果财政部门严格履行监管职责,并不难发现此类行为,从而提升公务消费信息公开的制度刚性。但是,在现行的公务消费信息公开制度体系中,财政部门的工作受一级政府行政首长的节制。在中央政府"政府性楼堂馆所一律不得新建、财政供养人数只减不增、公务接待、公费出国、公费购车只减不增"的直接压力下,G省省长面对政治压力,做出了"从严控制'三公'经费,以2012年为基数,今后五年只减不增"的政治指示,①在缺乏对公布数据真实性的问责压力,以及强大公共支出的刚性压力下,行政首长面临的主要激励,在于降低公务消费公开数据的总额。如果财政部门严格执行财政支出的监管,则势必提升公务消费信息公开的数额,这显然不利于行政首长有效完成上级政府制定的政治任务。

在某种程度上,财政部门严格执行管理规则,至少在公务消费信息公开这一政策领域,是在提升行政首长的工作难度,必然面临潜在的行政压力。而且,在现行的领导干部的政绩考核体系下,地方经济发展才是行政首长的主要激励所在。如果相关机构以发展地方经济为名,掩盖一些公务消费支出。行政首长当然不愿意为公务消费信息公开的小政治,而牺牲地方发展的大政治。在田野调查过程中,相关人员透漏地方行政首长对公务公开持观望态度,不愿意细化公开标准,而不是没有意识到问题的所在。某位负责公务消费信息公开的财政部门人员称:"三公经费公开对地市财政而言,是一件非常令人头疼的事情。各地市都在等省厅的明确指示,并在互相观望中。记得前两年,我局就曾专题请示过市政府主要领导,他指

---

① 《G省财政厅关于进一步加强预算管理工作的通知》(G财预〔2013〕73号)

示:这种事情,我们决不能走前头,一定要看其他地市怎么做。"①

本级行政首长的这一思想倾向和工作导向,非常容易为本级的公务部门所领悟。加之同级官僚组织之间复杂的互惠关系,地方财政部门在履职过程中,常常放任本级政府部门,降低公务消费支出数额的策略性行为。在 M 市调查时,财政部门的业务骨干成员直言,一些财政支出部门低报数据的现象是存在的,而且确也被他们发现:"从各单位上报的数据看,与实际可能并不相符。因为我局同时也派出了'三公'经费专项检查小组,在抽查很多单位的账目中发现:一些部门把公务接待等费用都列入专项,最突出的表现,像××委、××局,他们认为这些接待费是用于向上级争取全市的资金,属全市公益性支出,不应列入本局的接待费中,因此都列入专项业务工作开支。"②在 N 市调研时,财政部门的相关人员则用隐晦的方式,暗示公开数据低估的可能性。"平时,财政部门要求单位上报的数据,有可能存在着一些误差。比如,单位可能想隐瞒一些情况或者想人为调低一些数据。因此,财政部门就想了一些办法进行控制,比如要求单位严格执行决算数,年底决算不得超过预算等办法。而单位的年度决算是必须上报财政部门进行汇总审核的。不合理的、超支的数据绝对不允许其填列。但是,这就加大了各级财政部门的审核的工作量。"③这些经验数据表明,财政部门即便发现存在不合理的公务消费,亦是通过内部沟通的方式,降低汇总上报的数据总额,而不是追究相关部门的责任,捍卫公务消费信息公开制度的尊严。由于相关部门的低报行为,并不会触发有效的问责机制,因此,调低数据无疑是其理性的选择。此外,基层的财政部门在面对组织、发改、审计、监察机构等具有一定优势地位的财政支出部门时,更是缺乏足够的权威和动力,进行实质性的审查和监督,从而降低了公务消费信息公开数据的质量。

4.专业监督机构的组织政治依附与监督规则乏力

公务消费信息公开,是一个国家财政透明度的体现。"对财政透明度来说,至关重要的是政府报告的财政数据符合能证明其质量的基本标准,

---

① 摘自 M 市的访谈记录,访谈编号(M-13-01)

② 摘自 M 市的访谈记录,访谈编号(M-13-01)

③ 摘自 N 市的访谈记录,访谈编号(N-14-01)

并且具备向立法机构和公众确保数据真实性的机制。"①囿于公务消费信息公开的特殊属性,普通公众虽然能够对公开数额的大小和变化,产生一些直觉性的认识,但专业知识的缺失和原始票据获取途径的匮乏,将严重制约公众监督的能力。因而,专门性监管机构的功能,对于确保公务消费信息公开数据的真实性发挥着关键性的作用。在现有的政府公务消费信息公开的行动体系中,审计机构和纪检监察机构肩负着特定的监管职能。

公众容易理解审计机构的监管功能,但易将纪检监察机构定位为反腐败的组织,而无视其政策监管职责。事实上,"纪委并不是人们所想象的那种专门'整人'的机构,而是一个为配合党和国家纠正改革开放过程中所遇到的许多过渡性问题的机构,它承担了大量的补救和纠偏工作。"②现行的审计机构和纪检监察机构,具有双重领导体制的特征,需要对本级人民政府和上级机关负责。然而,香港学者公婷对审计系统的研究表明:"双重领导并不意味着两者之间是对称和相等的,因为在实践中,审计机构在很大程度上从属于地方党委而不是审计系统中的上级部门。后者的角色仅仅在于为下级审计机构提供政策导向和技术支持,而地方党政领导对审计部门的干预程度更为广泛:从审计办公室的人员安排,到对其工作的界定,甚至到日常运作。"③纪检监察机构的独立性,亦受到同样的限制。

监察机构的这种组织性政治依附,导致双重领导体制异化,从而形成事实上的向本级行政首长负责,导致其独立性丧失,而独立性的丧失,则导致监管部门难以严格执行监管规则,从而导致监管乏力。监督谁? 监督什么? 发现问题如何处理? 均取决于本级行政首长在政治压力下的权益取舍,地方行政首长往往会对发现问题的监督机构施压,以维护自己治理有方的外部形象,谋求自身职位的稳固和晋升绩效的获取。

在田野调查的过程中,F市的工作人员,虽然拒绝提供自身和纪检监察机构针对公务消费公开实际执行情况的审查报告,但是,对审计监督则

---

① 国际货币基金组织.财政透明度[M].财政部科学研究所,译.北京:人民出版社,2001:81.

② 李辉.当代中国腐败治理策略中的"清理"行动:以H市纪检监察机构为个案(1981—2004)[J].公共行政评论,2012(2):86.

③ 公婷.问责审计与腐败治理[J].公共行政评论,2010(2):80.

透漏了一些信息,指出在公务消费信息公开过程中,审计等监管部门更多是帮助相关机构发现问题和整改问题,而不是公开曝光或问责相关违规行为。"在同级审计的过程中,如果审计机构披露了问题,也就间接披露了分管领导的失职。为了维护自身利益,逃避领导责任,相关领导就会施压……而现行的审计法规要求审计结果的公开,尤其是涉及重大事项的公开,必须报经本级人民政府同意,审计机构对于审计结果是否公开,如何公开,实际上看政府的脸色行事,财政预算执行与财务收支审计,事实上从未有效地公开过;有时候领导甚至要求审计机构帮助被审计单位调整账目,以使其违规行为更加隐蔽。"[1]基于公务消费信息的专业性特征,审计监督是确保公开数据质量的利剑,既有的行政依附型审计体制,显然不利于其职责的履行。而且,在既有的行政依附型审计体制之下,专业的监督机构亦缺乏足够的动机,向公众揭示现行公务消费信息公开机制中存在的缺陷。因此,"为保障我国审计机关行使权力的公正性和有效性,需提高审计机关的独立性。对此,需将当前的行政型审计模式改革为立法型审计模式,这是我国国情下的迫切要求,至少需要保证省级以下审计机构的独立性"[2]。

五、提升公务消费信息公开数据质量的基本思路

公务消费支出是政府管理的成本,同时也应是政府管理的对象。在抽象意义上而言,政府是为公众服务的国家机器。但是,无论政治理论如何渲染,政治宣传工具如何不遗余力地为公务人员的各种行为辩护,政府机构总是由具有狭隘自身利益的人类个体构成。"政府的管理是由人们的行为组成的,如果行为者,或选择行为者的人们,或行为者须对之负责的人们,或其意见应当影响和制约所有这些人的旁观者们,都只是无知的、愚蠢的和具有可悲偏见的群众,则任何政府都将搞不好。"[3]密尔对政府管理的

---

① 摘自 F 市的访谈记录,访谈编号(F-14-01)
② 蒋悟真.预算公开法治化:实质、困境及其出路[J].中国法学,2013(5):50.
③ J.S.密尔.代议制政府[M].王瑄,译.北京:商务印书馆,2008:2.

深刻叙述，具有理性分析能力，评价政府管理行为的重要性；它同时启发我们关注公共生活，对提升政府管理质量的重要性。非理性公务消费，挤压了政府提供公共服务的财政资金空间，其诱发的腐败行为亦严重影响了政府清廉形象的提升。为遏制非理性公务消费，国家治理者在完善公务消费各项管理制度的基础上，自上而下地推动各级政府公开自身的公务消费信息公开，并希望借助预算控制工具，提升公务消费的透明度。这一行为凸显了政府勇于自我革命、提升现代化治理能力的决心。然而，基于对 G 省行政管理实践的分析，客观而论，政府的这一努力并未取得预期的效果，民众的认同度不高。其中，制度规则约束力的羸弱，致使公务消费的数据质量偏差，违背财政透明度的基本原则和精神，是一个非常重要的原因。

本章内容以政策制定、执行和评估中的政治空间为分析框架，从政策过程的视角，借助规则软约束的概念，剖析了公务消费信息公开数据质量不高的政策性因素和体制性因素。事实上，在既有的政治制度和行政体系管理模式下，在政策制定环节，现行公开规则过于粗放，未对公开的格式做出明晰地规定，造成公开格式规则的软约束。这一规则软约束致使地方政府公开数据的详细性不足，导致民众难以充分了解各类公务支出的具体明细，更无从判别公务支出的合理性。希冀通过预算控制公务消费数额的制度设计，则因现行公开规则只要求公开本级财政预算数额的制度设计，而遗漏了上级财政拨款等其他种类中可能用于公务消费支出的数额，从而造成公开的数额低于实际公务消费的弊端。公开规则和其嵌入的预算控制规则软约束，为执行环节中的博弈行为，预置了行动空间，前置性地扩大了地方财政单位的自由裁量权。在政策执行环节，财政部门的责任规则软约束，非常容易诱发其在内部管理过程中，放弃内部监管职责，无视同级财政单位的作假行为，造成公开数据的真实性不足。最后，在政策监督和评估环节，则因专业监管部门独立性不足的弊端，使其难以运用自身的专业优势，确保公开数据的真实性，以提升公务消费信息公开的制度的约束力和公信力，造成整个公务消费信息公开数据质量缺乏专业性监管的支持。

为突出公务消费信息公开制度的预算控制特征，上述研究还重点探讨了现行政策借助预算编制难以实现全面控制公务消费行为的原因。因为预算制度是一个中性的概念，它并不必然带来有效地治理，"如果预算制度的理性化程度较低,那么,预算过程就无法约束政治家的行为,公共责任与资源配置效率就难以实现。"①而且,预算制度是和一个国家的治理结构联系在一起的。在一个行政责任和体制理性尚未实现的治理架构中,试图通过信息公开的方式,全面控制和约束公务消费,尽管具有一定的进步意义,但是,如若不能改变规则软约束的弊端,而通过信息公开限制非理性公务消费行为的政策目的必然难以全面实现。甚至,可能使其沦落为一种象征性的符号政策,迟滞进行制度变革的动力,降低民众对高层治理者的信任。关于预算政治控制能力弱化,难以起到预期功能的成因分析,将是下一章节深入探讨的内容,于此不再赘述。

基于 G 省公共管理实践的理论研究表明,公务消费信息公开制度的治理绩效,仍然处于一个初期阶段,其制度绩效尚未获得有效的提升,其中公开规则的宽泛和具体标准的模糊,降低了其约束能力;高层治理者应通过强化各类规则约束力的形式,削减官僚组织成员的自由裁量空间,以增强公务消费信息公开数据的质量。此外,需要特别指出的是,尽管规则软约束这一概念,是针对公务消费信息公开数据质量低下这一问题提出的,但这一概念同样可以用来解释其他治理效果不彰的行政管理现象。在国家治理过程中,现行的行政体系从来不缺规则,但缺乏责权明确、约束有力的规则。因而,全面审视各类治理规则、提升规则制定的质量,防止规则软约束现象的泛滥和蔓延,对于提升国家治理能力的现代化,无疑具有重要的理论意义和现实意义。

当然,作为案例研究,本书尽量发挥其在解决研究问题"如何"和"为什么"方面的优势。通过全面收集各类经验材料,实现证据来源的多样化,来提高研究的可信度。但是,作为一项"质性"研究,本书研究的局限性和不足,也是非常明显的。首先 G 省的情况是否符合全国的实际,有待于后续研究的验证和批判;其次,访谈对象基于工作纪律和对个人处境的考虑,在提供各项经验材料和对有关情况进行说明时,可能有意识掩盖了某些问题,而且,囿于种种原因,未能对负责此项工作的行政首长和执行部门进行

---

① 马骏,於莉.公共预算研究:中国政治学和公共行政学亟待加强的研究领域[J].政治学研究,2005(2):110.

访谈，也影响了研究的全面性和可信性。而且，鉴于国内经济社会发展的不平衡，地方政府的行政管理质量，亦存在较大的区别，甚至在同一区域，不同行政组织之间，因领导执政理念和执政水平的影响，公务消费信息公开制度的实施情况，也存在较大的区别。因而，本书所分析的行政现实，并不能代表所有行政辖区和所有行政层级政府的制度性努力，但其典型性，足以为我们理解这一问题提供良好的理论参照，有益于提升对公务消费信息公开制度建设的理性认知。

第四章 公务消费支出预算公开的
制度迷思与国内现实

公务消费支出作为一个国家行政成本的重要组成部分,在履行政府职责过程中,无疑发挥着重要作用。在建设社会主义市场经济的时代背景下,尽管我国政府在资源配置领域,仍然具有较大的影响力,甚至在某些关键性的领域,具有决定性的作用,但是,至少在日常的微观层面,政府已经不能简单地依靠行政命令直接调配和使用资源,政府机构及其工作人员,必须借助货币的媒介机制,实现其自身的目的和使命,这同样体现在公务管理活动领域。在开展公务活动的过程中,无论这种公务活动是必需之举,还是假公济私,以公共利益为名,行奢侈浪费之实抑或在正常公务活动之时,暴殄天物,浪费国家资财,政府机构及其工作人员必须支付相应的货币。显然,在现代社会的分工体系下,政府机构不是社会财富的直接创造者,它必须筹集相应的资金,用于支付包括公务消费支出在内的公共服务价格。在规范的财政体制下,用于支付公务服务价格的资金,基本来自于财政的预算收入。一个国家健全的预算管理制度,尤其是纳入法治框架下的预算管理制度,可以有效地监管政府机构及其公务人员的支出行为,正是遵循这一治理逻辑,为治理公务消费支出的乱象,国家高层治理者力图将其纳入预算控制的框架之下,并通过信息公开,克服自上而下监管的交易费用问题,从而实现公务消费支出的理性化和规范化。然而,这一看似技术性色彩较强的治理途径,效率是建立在一个国家预算管理制度的科学性和法治性之上的;如果一个国家或地区的财政和预算制度权威性不足,则其治理效果,必然难以达到预期,甚至引发非预期性的影响。

本章内容旨在通过实证分析,结合地方行政管理的经验现实,深入剖析通过预算制度控制公务消费支出面临的问题和挑战。其基本框架结构如下：首先，分析公务消费预算控制理论逻辑的谬误之处，其次，在分析国内公务消费支出预算控制的政治逻辑的基础上，说明本章问题的研究设计和方法论基础，最后为研究发现和政策建议。

一、公务消费支出预算控制逻辑的迷思

财政是行政的血液，国家职责的履行离不开行政机构及其工作人员履行公务的行动，将其支出纳入预算控制的范畴，显然有利于公务消费支出管理的规范化和法治化。但是，制度的逻辑基础在于预算控制制度自身的权威性、法治化和规范化程度。如果一个国家的预算制度权威性不足，甚至沦为权力的仆从，则其控制公务消费支出的功能，必然遭受任性权力的限制，直至失去其应有的约束功能。主张将公务消费支出纳入预算控制的范畴，以及国家将其纳入预算控制的初衷，显然是寄希望于国家的预算控制功能，这一政策思路明显受到近期国内预算研究的影响，其进步意义，自不待言。然而，直面公共行政真实世界的经验问题，这一颇具现代化色彩的理论导向和治理路径，必然将关注点引向当下预算制度能力问题，即当下国家的预算制度能否具有控制公务消费的支出功能？这不仅涉及预算资金分配和使用的"小政治"，而且涉及国家治理结构能否真实控制预算的"大政治"问题。本书认为无论在"小政治"层面，还是在"大政治"层面，当下预算制度对公务消费支出控制的功能，均受制于一系列政治因素的影响，而难以切实担负起控制公务消费支出的功能。从政治层面分析预算制度，早已不再是国内预算研究的新议题。近年来，在以中山大学马骏教授为首的一批国内预算研究者的呼吁之下，预算管理这一传统的具有计划经济学科特色的财政学研究领域，愈来愈受到国内政治学和行政学学者的关注，一批中青年专家开始从政治学或公共管理的视角，分析财政管理和预算控制问题。威达斯基的"预算的过程就是政治的过程"，希斯克的"一个国家的治理能力在很大程度上取决于其预算能力"，亦早已成为公共行政领域内熟稔的观念。国内政治学、行政学学者的南海会议共识认为："公共预算是一个国家的重大的政治问题,是国家治理结构的核心。"①宣示了从大的政治层面研究预算问题的决心。然而,这一理论研究导向方兴未艾的同时,亦有值得商榷的地方,即过度将预算制度作为国家治理的核心,而忽视了预算制度背后更为宏观或更为微妙因素的限制。例如国内知名学者王邵光、马骏认为:"无论是哪一种类型的国家,它都必须汲取财政资源并按一定的方式进行支出。一旦国家的财政制度发生改变,在很大程度上,国家的治理制度也会随之改变。因此,在国家建设的过程中,应抓住财政制度这个关键环节通过财政制度改革来引导国家治理制度转型。"②

预算制度以及涵盖范围更为广泛的财政制度,在国家治理过程中的作用,自然不容置疑,但是,以财政制度作为国家治理核心制度的思想和观点,难免失之偏颇。客观而言,预算制度或财政制度在一定程度上,可以视为一国政治的晴雨表,其支出的范围和方式,可以反映出国家治理的重心所在和政治文明的发展程度,但是,从更为宏大的政治结构分析,归根结底,预算或财政制度只是政治制度的产物,服从或服务于一国的政治实践。为突出预算或财政制度的功能,倒置国家建设和预算或财政制度的关系,既不符合现代预算或财政制度建立的真实过程,亦不符合现代预算或财政制度的真实的政治面向。倒置国家政治制度建设与财政或预算制度建设关系的理论影响,在学术研究领域潜生暗长,难免会遮蔽真实的问题所在,夸大预算制度或财政制度的社会功能,忽视预算制度或财政制度背后复杂的制约因素,从而难以锚定问题的真实根源。公务消费支出属于预算支出的范畴,亦正是这一原因理论研究者才倡导将其纳入预算控制的框架之下,以规范和控制政府机构与公务人员的支出行为,因而,从经验的角度分析这一制度在执行过程中控制功能遭遇的政治制约,有利于澄清上述倒置思想的误区,同时亦有利于发现公务消费预算控制制度的疏漏之处,为提升制度效力提供理性的智力支持。

① 马骏,王浦劬,谢庆奎,肖滨.呼吁公共预算:来自政治学、公共行政学的声音[M].北京:中央编译出版社,2008:1.

② 牛美丽,马蔡琛.构建中国公共预算法律框架[M].北京:中央编译出版社,2012:5.

二、公务消费支出预算控制逻辑的政治考量

公务消费支出作为公共服务成本的一个组成部分,是各个国家或地区的公众必须支付的服务价格,实属正常的社会现象。然而,基于传统文化和管理体制的原因,改革开放以后,伴随着经济的增长,地方政府的预算内收入和预算外收入均获得了较快的增长,政府用于支付公共服务价格的能力获得了迅猛的增长,潜在地为公共服务消费的非理性增长,提供了支付的可能性。在此社会经济背景下,传统文化中狭隘的私相授受,损公肥私思想和面子文化,公务消费支出的公共支出属性,以及陈旧的管理制度,均在公务消费支出非理性增长的过程中推波助澜,以致政府机构奢侈腐化,寻常百姓民怨沸腾,形成巨大的政治成本。

自有清晚近以来,自许天朝上国,世界中心的传统政治观念,在西方坚船利炮的进攻和威胁之下,湮没在历史的进程中,如何变革以自强,重新屹立于民族之林,成为这个拥有五千年文明的古国难以回避的问题,从而处于千年所未有的变局之中。然而,从更为深远的历史视野来看,这一变局始终嵌入在这个民族曾经引以为豪的传统文化体系之下,图谋借助西方文化观念和制度文明,乃至文化思想的改革者,总是在与传统观念的交锋中,难以游刃有余,实现革新的理想。传统文化思想中的精华与糟粕,相映成趣,互为一体,影响着历史的演进和国家制度的建设,顽强地嵌入在当下社会价值观念深处,体现在俗世的行为体系之中,尤其当现代化的正式制度,间或以各种原因弱化或无力抑制其暗中滋长之时,它总会以各种面目,或依附或并存于现代国家规则,制约现代国家规则社会功能的发挥。公务消费支出非理想增长的众多影子中,不难窥出传统损公肥私,私相授受的庸俗思想观念的影响。在清廷覆亡之前,中国长期处在封建王朝的统治之下,从国家整体到地域治理,无不建立在极端私有的观念之上:普天之下,莫非王土,率土之滨,莫非王臣,是君王的私;虽有君王为天下苍生计,但其出发点和目的,总在于维护自家的天下。修身齐家,光耀门楣,是寻常人家的私;虽有纲常伦理,倡导大公无私,但观念深处却是"各人自扫门前雪,莫管他人瓦上霜"的小农意识,难以发现真正意识上的公域观念。因此,每每

在历史的关键时刻,或在日常的社会秩序中,损公肥私,成为一种潜在的思想规范,只要不致酿成大祸,终是风行天下,违背者或招指责,或暗受排挤。

公务消费支出既以国家之名,就绝非某家、某族所有,必然受不到有效地节制,监管者若过于苛责,必为众人所不许,各类管理规则和规定,亦失去了本应有的效力。因而,在其使用过程之中,充分利用各类空间,损公肥私,超标逾矩,甚至暗使伎俩,非法套现,亦流俗广布。中央实施"八项规定"之前,无节制地公款吃喝,公车私用,公款出游,无不体现了慷国家之慨、满私欲之实的损公肥私的陈旧观念的影响,甚至于在"八项规定"的高压之下,亦不能压抑住部分蠹虫的奢侈私欲。除却极端狭隘的私欲观念的影响,传统文化中的"面子"观念亦在其中推波助澜。超标接待,超规格配车,神游海外,均是满足他人面子,以谋取或公或私的目的,抑或显现自身权威,罔顾江山社稷的狭隘私欲所致。既然支出是国家的,规则的刚性不足、缺乏问责,因而,逾越规则的制约,提升支出的水平,不失为一种损公肥私的个体理想行为,而且,愈逾矩,愈体面,愈体面,则愈忘乎所以,置国家利益于不顾,形成西方公共选择理论的"公用地灾难"局面。如此,诸多利益相关者,竞相损公肥私而忘其害,导致公务消费支出的恶性增长,挤压公共服务的财政资金空间,诱发腐败行为的发生。

相对于其他腐败形式,公务消费支出的腐败,比较容易为民众发现或发觉,尤其是部分政府机构和公务人员,在有效监管机制尚未建立的条件下,有恃无恐,巧立名目,无所不用其极,甚至利用公款支出的机会,铺张浪费,炫耀自身的权势,在民间人尽皆知。在收入分配差异日益扩大、各类社会矛盾犬牙交错、潜在冲突暗中滋生的转型时期,公务消费的腐败行为、尤为公众所关注,更能激发民众的愤懑和不满,其政治成本自不待言。其严重影响了执政党和政府的形象。虽然部分公务人员,甚至一部分研究者,以公务人员正式收入低下,正式制度激励不足为由,为这一不当行为辩护,但是,这种本位主义的解释,并不能为公务支出中的腐败行为提供正当性,普通公众难以接受公务支出的非理性增长,各类谴责的声音不绝于耳。如果执政党和政府,无力遏制日益奢侈和腐败的不当行为,必将继续损害民众和政府之间的信任。另外,在社会转型时期,尤其是老龄化现象日益严重的社会背景下,公共事务领域的转变和拓展,亦需要增加财政资金,予以积极应对,提升公共产品的质量。因此,国家的高层治理者高度重视这一问题,新一届政府总理李克强在首场新闻发布会上,做出庄严承诺,本届政府公务消费支出只减不增,有力地回应了这一社会关切。但是,如何兑现这一承诺,仍然是一个开放的问题,亟需有效的制度建设和政策设计,予以积极应对。

在政府采取的众多政策中,预算控制无疑最受瞩目。政府在将公务消费纳入预算控制的同时,承诺公开相关信息,接受国际社会和人民群众的监督。然而,正如上文对预算控制逻辑的分析所言,作为政治控制机制的预算制度,在不同政治体制下,其运作的目的和机制,均存在较大的差异。在成熟的民主机制下,公众在公共预算管理过程中,拥有终极的影响力,政府机构和官僚组织成员,虽然具有一定的自由裁量空间,可以通过成熟的政治伎俩,或多或少地实现自己的政治欲望,但毕竟需要面对公众的问责,选举机制无情地约束着他们行动的空间。正是西方国家成熟预算管理制度,在实现公众权利、有效管控财政收支方面的功效,启发了国内学人的思路,国内率先从公共管理视角研究预算管理问题的马骏教授和倪星教授,早在 2008 年,在研究国内腐败控制问题时,就提出将预算政策作为控制公务消费支出的重要途径,①倡导通过预算额度控制,约束公务消费非理想增长,规范支出行为,并通过信息公开的方式,增强公众的参与感,满足民众的知情权,从而有效缓解民众的不满情绪,重建政府和民众之间的信任。这一政策倡议显然是建立在预算控制机制控制效果显著,预算控制制度质量保障有力的假设之上的。但是,问题的关键在于尽管政府的预算控制体系经过多年的努力,其现代化的水平取得了显著的增长,然而,同西方发达国家相比,其控制政府支出的能力依然是非常虚弱的,对于省级层面以下的政府,尤其如此。这一判断当然不是否认国内预算管理体制改革取得的成就,尤其是诸如浙江温岭、河南焦作的地方政府,其预算制度的权威性和约束力,取得了举世瞩目的提升。

然而,正如詹姆斯·R. 汤森所言,研究中国政治必须注意中国文化、

---

① Jun Ma, Xing Ni. Toward a Clean Government in China: Dose the Budget Reform Provide A Hope? [J]. Crime Law Soc Change, 2008(49): 119-138.

社会和地区的多样性,受制于多重约束作用,"中国的国家政策很少可整齐划一地应用于全国,或者说无论如何也很少能产生一致的结果。旧的联合或习惯有可能在官方宣布变革之后仍然维持下来,或是反过来影响取代他们的社会类型"①。中央层面或局部行政辖区预算改革的典型性成功个案,不足以涵盖多样化的地方现实,借助预算制度控制公务消费预算支出的制度尝试,必然需要嵌入既有的政治制度和社会环境之中,从而重新将这一试图脱离政治影响的技术策略再度政治化。因而,本章研究的核心问题为公务消费预算信息公开能否遏制非理性公务支出行为,旨在强调受制于预算制度的局限性和当下信息公开规则的约束,公务消费预算控制及其信息公开政策,难以切实约束和规范公务消费支出行为。事实上,本书第二章的社会调查研究的相关内容已经揭示出,至少在公务人员的主观世界中,公务消费预算信息公开的实际约束能力有限。此处的重点在于通过"质"性研究,分析该项制度在真实的行政生态环境下,如何嵌入既有的制度体系之中,官僚政治的执行方式又如何削减了其貌似合理的治理能力。

三、公务消费预算控制理论视野中的政治问题

一如前文的分析,政府公开预算信息行为,其意在于提升预算或财政透明度。尽管关于预算透明度概念,莫衷一是,存在诸多争论,但是,从世界范围来看,预算信息公开与否,早已被视为责任政府的标志,预算透明度的水平,更是展示一个国家政府治理水平的重要指标。一般而言,政府部门具有强烈的动机掩盖自身的低效行为和失当行为,以及公共服务的真实成本。为建立责任政府,提升政府部门的效率,公众必须获得足够的信息,才能理性而准确地评估政府行为;如果缺乏透明的预算管理制度,则无从获得此类必备的信息。因而,近年来,愈来愈多的有识之士,呼吁公开预算信息,以充分满足公众的知情权,从而有利于监督政府。伴随着《中华人民共和国政府信息公开条例》的颁布与实施,以及新《预算法》的执行,在中央

---

① 詹姆斯·R.汤森,布兰特利·沃马克.中国政治[M].董方,等译.南京:江苏人民出版社,2005:22.

政府的推动下,政府部门开始向社会公开原本属于工作秘密的预算信息。在此社会背景下,国内学者非常重视这一预算制度或财政制度现代化的努力,围绕这一议题开展深入研究,为厘清预算公开过程中存在的问题,提供了理论贡献。此类研究非常有利于澄清公务消费预算信息公开中政治因素的制约。整体而论,这类文献可以划分为两大基本类型:

(一)预算透明度的政治功能

关于预算透明度的政治功能,本书绪论中已经有所触及,但主要立足于公务消费预算信息公开的角度;此处将扩展理论视野的范围,将世界范围预算信息公开政治功能的研究纳入分析的范畴,以深化对该问题的认识。预算透明度的理论学说和政治功能,虽然源于西方,但由于其理论是建立在责任政府理念之上的,比较符合国内的意识形态要求,其思想传播并未受到官方的限制,因而,关于提升政府预算透明度的优点,早已耳熟能详,主要包括良好的财政支出绩效、预防财政支出腐败,提升预算支出责任;因而,众多理论研究者赋予了预算透明度较高的价值。因为预算过程兼具经济和政治功能,所以,预算透明度的影响,绝非局限在经济领域,它同样具有较大的政治影响。预算透明度愈高,公众愈能获得政府财政支出的信息,从而可以有效地监督政府,强化政府的责任机制,提升政府治理的成效。同时,提升预算透明度,有利于消除财政幻觉和政治家的机会主义行为,降低腐败行为发生的空间。

因此,预算透明度的高低早已成为衡量一个国家或地区治理水平的重要标志;博纳蒂诺(Bernardino)和福尔斯克(Francisco)的研究表明,预算透明度指数与公民的投票率之间,具有显著的正相关关系,这意味着预算透明度能够提升政治体制的合法性,以及公众对政府的信任水平。[①]

国外预算透明度的政治实践和理论研究,在全球化的时代,无可避免地吸引了国内学人的注意,尤其是从公共管理视野出发研究预算问题更能引起学术研究群体的关注。进入 21 世纪以来,他们呼吁政府部门重塑国

---

① Bernardino Benito, Francisco Bastida. Budget Transparency, Fiscal Performance, and Political Turnout: An International Approach[J]. Public Review,2009(3):403-417.

内的预算体系,引入透明度制度建设,控制公务人员的非理性行为。① 毫无疑问,他们看到了预算透明度的政治功能,因而想将其引入国内的公共管理之中,解决中国行政管理体制存在的问题。但是,他们研究的弱点在于忽视了中西预算制度刚性的差异,其乐观的研究视野源于调查研究的疏漏,或多或少带有想象和预期的色彩,难以准确测度在现有政治体系中可能遭遇的困境。尽管邓淑莲等人的研究,甄别了提升预算透明度的制约因素,但是,既有的理论研究,并未用经验数据测量预算透明度的实际绩效。

事实上,尽管历经多次预算制度改革,国内的预算体系仍然是政府治理的工具,其主要使命在于服务政府部门和政府官员,本质上并不是社会公众控制政府的政治工具。不是预算控制政府,而是政府控制预算,这同样体现在预算信息公开方面,政府机构公开预算信息的行为,并不取决于民众的需要,而是上级政府的指令,公众并不是他们主要的负责对象,而是约束管理的对象,至少在大部分公务人员的主观世界里,这一陈旧观念并未发生实质性的改变。尽管政府公开预算信息的进步意义,无可否认,但是,这一谨小慎微的行动,只是提升预算透明度的一小步,与真正意义上的预算透明度制度建设,还存在较大的距离。在当下的政治文化和政治系统下,提升预算透明度面临着极端复杂的局面和多重错综复杂因素的制约。既有关于预算透明度政治功能的理论研究,无视预算制度背后的政治因素,单纯强调预算制度控制功能政治意义的理论现实,无助于精准锚定问题的关键所在。如果预算透明度制度建设能够提升治理绩效,那就意味着它必须制约既有权力所有者的特权或利益,而权力所有者如何能够轻易地放弃既得利益,有什么因素或何种力量迫使他们放弃自身的特权和利益,则是不能回避的问题。将预算透明度描述为一项治理技术,无视或淡化其背后的权力游戏或政治色彩,虽说不是掩耳盗铃的欺世之举,至少也缺乏直面真实现实问题的理论勇气。

(二)提升预算透明度政治制约因素

事实上,近年来,在世界范围内,预算透明度的重要性早已得到各国的

---

① Jun Ma,Xing Ni. Toward a Clean Government in China:Dose the Budget Reform Provide A Hope? [J]. Crime Law Soc Change,2008(49):119-138.

重视。但是，世界各国预算透明度的水平，并未随着这种认识的深化而得到快速的提升。个中缘由，不难理解，即使是最为纯粹的管理技术，在引入政治治理体系的过程中，也会引起权力配置和政治平衡的变化，从而嵌入既有的政治体系之中而再度政治化。美国学者达雷尔·韦斯特在论及电子政务与政府信息公开的影响时，生动地分析了管理技术政治化的影响："在电子政府的初期，将信息放置于网上有一种鲁莽的干劲。那种理念是，电子政务是技术统治论的改革，它是非政治的或非意识形态的议程，只为使政府的运转更有效率和效果。由于公众的知情权原则，政府官员努力将越来越多的信息放在网上。现在，由于关于恐怖主义威胁的党派斗争，政府网站上信息的放置和删除被视为是一种政治性更强的活动，这种活动服从于集团斗争和很多官员不同的意识形态。如同政府的其他方面一样，技术统治论的图景被很多理念的政治斗争所取代了。"①预算透明度建设，无疑面临同样的问题。无论是创建预算透明度机制，还是提升预算透明度的水平，都不是一蹴而就的管理技术变革，都绝非易事。正如凯普蒂斯（Kopits）与凯瑞格（Craig）所言，即使预算同名度概念本身，在学术界和实践部门，也未达成高度的共识，测度起来，非常不易，为预算透明度制度建设的争议，埋下了冲突的根源。②本质而言，预算透明度制度建设，作为国家预算系统的一个组成部分，是一个多维的社会问题，受到众多因素的影响，而且，这些制约因素相互制衡，交互作用明显。在多数条件下，看似使用的是同一概念，讨论的是同一问题，但参与者真正所指代的问题，则相差甚异，这均制约了提升预算透明度的政策质量。

但是，这绝非意味着预算透明度制度建设虚无缥缈，毫无客观性可言。在学术研究领域，至少在预算透明度制约因素层面，已经达成了初步的共识。既有的理论文献将其划分为三个基本类型，分别为政治因素，社会经济因素与财政收入情况。因为本书的重点在于分析公务消费预算信息公

---

① 达雷尔·韦斯特. 数字政府：技术与公共领域绩效[M]. 郑钟扬，译. 北京：科学出版社，2011:51.

② Alt.，James E.，and David Dreyer Lassen. Fiscal Transparency, Political Parties, and Debt in OECD Countries[J]. European Economic Review, 2006(6):1403-1439.

开制度建设的政治制约因素,所以,此处重点解析此类研究的基本结论和启示意义。一个国家的政治环境和政治机制,在预算透明度制度建设过程中,发挥着关键的作用。艾尔特(Alt)认为党派竞争程度,有助于提升预算透明度[①];党派竞争越激烈,预算透明度越高。瑞尼兹(Renzio)与马萨德(Masud)的研究,则强调宪政选择的重要性。[②] 此类研究认为政治竞争有助于提升预算透明度,而威权体制则伤害预算透明度的提升。尼克·安德鲁(Nicolo' Andreula)等人则用经验数据证明,一个国家的制度质量对其预算透明度,具有非常重要的影响。首次将一个国家的预算透明度与其政治制度建设,全面联系在一起。尽管其理论研究具有明显的西方价值导向,将优质的制度质量等同于西方民主体制,其所使用的分析数据,亦只来源于所谓的西方民主国家。但是,至少上述研究揭示出预算透明度制度建设,绝非只是一个预算管理技术问题,从深层次意义上而言,它其实是一个国家政治制度建设的重要组成部分,试图绕开政治议题,无视既有制度体系的制约,无助于解决深层次的问题。

毫无疑问,在分析国内预算透明度制度建设的政治议题的过程中,既要借鉴西方理论研究的真知灼见,又要避免陷入西方政治话语的窠臼之中。本着道理自信和理论自信的学术情怀,必须清醒地认识到:长期以来,在西方政治学者的视野中,他们的研究样本局限在所谓的西方民主国家的范围之内,这注定使得其理论研究具有一定的意识形态偏向,制约其理论的解释能力和科学基础。客观而言,中国的国家制度同其所谓的民主国家存在的较大的差别。但是,正是因为这一原因,我国的预算透明度建设的经验与问题,更有必要纳入理论研究视野中。伴随着《政府信息公开条例》的颁布与实施,开始有少量研究关注制约我国政府预算透明度提升的政治因素,马骏用"质"性数据证明,省级行政长官的任期,会影响一个行政辖区

① Renzio, P. and H. Masud. Measuring and Promoting Budget Transparency: The Open Budget Index as a Research and Advocacy[J]. An International Journal of Policy, Administration, and Institutions, 2011, (24)3:607-616.

② Nicolo' Andreula, Alberto Chong, Jorge Guille'n. Institutional Quality and Fiscal Transparency[R]. Inte-American Development Bank Working Paper125, 2009:1-29.

的行政透明度①,这一理论判断,虽然具有一定的经验基础和理论价值,但是将预算透明度的提升归结为行政长官的影响,未免略显苍白,至少忽视了其背后更为复杂的约束机制和制度制约。邓淑莲的研究则认为现行《保密法》《信息公开条例》《预算法》中的相关条文的不当规定,制约了预算透明度的提升②,但是其研究的局限性在于其预算透明度的界定和测量未能考虑到数据的真实性问题,极大制约了其研究结论的可信性,以及和西方学术探讨进行理论对话的能力。

　　整体而论,上述理论研究只触及国内预算信息公开制度建设制约因素的一角,基本处于起步阶段,亟需进一步的开拓和深化。首先,预算透明度的绩效研究,尚未获得经验性数据的验证,本书中对该问题的探究,仅仅是分析了其对公务人员主观世界的影响,至今尚未发现基于实际预算数据的研究理论成果;既然西方学者将预算透明度的提升,作为其所谓民主制度的标配,那么即便循其逻辑,我国预算透明度的提升,必然遭遇西方国家和西方理论研究者从未面临的问题。对此类问题进行符合社会科学研究逻辑的探讨,必将有助于扭转预算透明度研究过度依赖西方国家经验现实的缺陷,有利于预算透明度理论的建设和完善。其次,作为一个具有威权治理传统的国家,源于西方国家预算透明度制度建设,无疑将受到非常复杂的政治和行政因素的制约。既有关于国内预算透明度问题的研究,局限在中央政府和省级政府的层面,对于省级以下的地方政府层面面临的问题,还未开展基本的研究;对于具有较大自由裁量空间、政治和法治约束随着行政级别递减的地方政府而言,预算透明度建设具有更为复杂的地方政治面向,分析地方层面的预算透明度制度建设问题,可以揭示现代治理技术必将遭遇的地方性政治问题,有助于为国家治理体系和治理能力现代化提供治理支持。再次,虽然既有的理论文献已经发现预算过程和法律规定的缺陷制约了预算透明度的提升,但是,它们并未详细地阐明预算过程和法律规定的缺陷是如何发生作用的,其具体影响的表现形式是什么。而且,

---

　　①　Ma,L.,Wu,J. What Drives Fiscal Transparency? Evidence from Provincial Government in China[J]. Social Science Electronic Publishing,2011(4).

　　②　Shulian Deng, Jun Peng, Cong Wang. Fiscal Transparency at the Chinese Provincial Level[J]. Public Administration,2013,91(4):947-963.

在《预算法》修改后,预算透明度法律规定的缺失问题业已化解和解决,提升预算透明度的法律环境问题发生了较大的改变,必须重新考虑新条件下的预算透明度问题。最后,国内外的理论研究表明,在分析一国的行政管理问题时,政策变通始终是一个绕不开的议题,作为限制、规范政府部门和公务人员公务支出的预算公开政策,难免在此一列。狡诈的官僚极有可能援用诡谲的手段,逃避真正意义上的预算控制和信息公开,尤其是在缺乏严格监管的条件下,某些地方政府部门和公务人员非常有可能通过虚假公开的手段,逃避预算控制的约束。因此,在缺乏有效监管的地方政治环境下,地方政府如何以透明政府建设为名义,执行公务消费预算控制及其信息公开政策?如何编制公务消费预算?他们如何平衡来自不同政治因素传递的压力?上述问题并未获得既有理论研究的重视,缺乏符合社会科学研究规范的实证研究,制约了理解中国公务消费预算透明度运动的能力。问题的关键不在于地方政府是否公开了他们的公务消费预算信息,而在于这种公开行为能否真正地控制政府部门的非理性支出行为。

四、研究样本的典型特质分析

在既有的社会环境和管理规则下,公务消费作为公务人员的一种隐形的福利,用于弥补正式收入相对较低的薪酬设计体系,一直为世人所熟知和理解,只要不是过于奢侈和支出过于庞大,民众基本持容忍的态度。但是,政府的真实的支出行为,往往不在公众的视野之内,公众亦缺乏全面、公正的信息理性评估政府的公务支出是否合理。探讨这一敏感的行政管理问题,无疑将吸引更多的社会关注,可能诱发制度变革,强化管理规则,从而削减公务人员潜在的福利。因而,这一研究主体和具体的研究问题,对于公务部门和公务人员而言,是一个相对敏感的话题,在进行田野调查的过程中,公务人员非常不乐意作为被调查对象。正是出于同样的原因,通过大规模的问题调查研究公务消费预算编制和公开过程中的实际问题,亦只能获得不负责任的敷衍,难以获得真实的社会图景,而且,鉴于公务人员和普通公众预算知识的缺乏,预算透明度的关键问题难以通过大规模的量化研究予以实现。因而,关于对公务消费预算控制政治制约因素的研究,我们采用了"质"性研究的案例研究方法,以一个非典型性的地级市"T"市作为研究样本①,通过"深描"的方法,理解地方政府在公务消费预算编制和公开过程中遭遇的问题。

　　"T"市在现有的城市政府的编制体系中,属于地级市。地处 J 省中部,属于东部沿海经济发达地区。但是,其实际的经济发展状况和政府管理水平,并不符合沿海地区的常态,在多重因素的制约下,其经济发展水平,与内地地级市相当,行政管理水平的规范水平,亦相对较低。截至2016 年年底,该市人口总数为 283000,市级财政收入为 1531608000 元,本级财政收入为 949205000 元,其中税收收入为 758990000 元。作为一个幅员辽阔的国家,我国政府共管辖 334 个地级行政单位,这些地级行政单位拥有不同的历史传统和发展水平,行政管理能力亦存在较大的差别。作为一个普通的地级市,正是它这一非典型性特征,使其成为理性的研究对象,可以作为一个普通的地方政府的代表,能够折射出地方层面公务消费预算控制政策的真实情况。而且,选择 T 市作为研究对象,可以弥补既往关于国内预算研究中存在的偏颇之处,全方位揭示预算管理的实然问题,不避社会快速发展进程中行政之失,亦不为凸显自身之观点而罔顾制度建设之既有成效。因为既有的预算研究多以中央政府和省级政府作为研究对象,从而难以提供地方层面预算制度和预算过程的知识。形成这一局面的原因在于:一方面,省级以下的地方政府具有自身独特的地方特色,需要直面公务消费预算编制和信息公开的复杂问题,相对于省级以上政府,预算管理的规范性存在更多潜在的问题,出于维护良好形象的考虑,地方政府更不愿意成为研究对象,增加了研究的难度;另一方面,从研究者的角度而言,研究省级以下的预算制度,需要面临更为复杂的地方政治现实,要克服

---

　　①　出于遵守"质"性研究伦理基本规范的需要,以字母代替研究样本的真实地名,以保护调查对象。

地域和建立研究信任的限制,研究困难程度和成本相对较高,[①]在缺乏有效学术激励的条件下,无意在地方层面开展实际研究。因此,以非典型性城市作为研究对象,可以弥补既有研究在样本选择方面存在的不足,深度揭示地方预算管理中的真实问题,凸显公务消费预算编制和信息公开,在嵌入地方政治的现实权力框架和社会环境时,遭遇到经验问题。

选择 T 市的另一重要原因,正是源于研究地方政府预算的困难,因国家法治环境的改善和研究者个人私密关系而得以舒解,研究的可行性增强的缘故。《政府信息公开条例》的颁布与实施,从正式制度上逐步消融了地方政府预算编制真实幕后的坚冰,相对于过往的研究环境,地方预算信息的敏感性,减低颇多,地方利益相关者的担忧和顾虑,亦得到有效地缓和。但是,这种正式制度的变迁,并不足以完全解决田野调查中的"进入"问题:研究公务消费预算编制和信息公开问题所需的经验材料,以及相关信息,无疑属于公开的范畴之列,但是,毕竟正式制度规定需要公开的信息,只是汇总的粗略信息,而接受社会调查,则将曝光更多的信息,对于习惯于法藏官府以令其民的政府管理人员而言,这无疑不是理性的选择。事实上,即使在官方正式环境开发的前提下,地方管理人员观念的转变亦需要一个过程,保密的习惯性思维,远远强于建设透明政府的法治理念。既有的行政文化更倾向于通过私密关系建立信任。由于 T 市预算编制机构的行政官员与研究者存在私密关系,而且,他本人亦有揭示公务消费预算信息编制和信息公开过程中的真实问题,以推动制度变革的内在动力,"守门人"的开明观念,在很大程度上缓解了实地调查中的"进入"问题。但是,这并不表明此项研究可以不受丝毫限制进行深入研究。基于自身职业利益的考虑和公务消费预算信息编制和公开在地方层面遭遇问题的潜在风险,身处体制内的管理者在开放信息时,无疑是具有一定的限度的;在现实的社会环境下,研究者要求调查对象充分地提供相关信息,并非理性之举。同时,

---

①　既有关于地方预算的学术研究,如关于浙江温岭和河南焦作的地方预算改革研究,多半以预算改革超前、执政水平较高的地方政府为例,地方政府不惧研究者的进入和关注,而且,或多或少,亦有借助学术研究,凸显改革实绩的可能性。因而,此类研究并不能代表地方政府预算的现实,但其改革过程中出现的问题,确实可以彰显地方预算管理规范化、科学化面临的挑战和压力。

知情同意的原则,亦不允许研究者迫使被调查对象公开其不愿公开的信息,这显然制约了本书的深度。但是,与机构领导人的私密关系获得的进入效应,确实为研究者获得公务消费预算编制和预算信息公开,提供极大的便利。通过分析这些经验数据,研究者可以揭示出地方政府公务消费预算编制和信息公开过程中存在的真实问题。

为了获取公务消费预算编制以及公开的全面信息,在田野调查的过程中,为避免数据来源单一可能导致的错误结论,以"多元结合"为数据收集原则,综合运用访谈、文档分析和网络数据相结合的研究途径。自 2013 年 8 月到 2015 年 7 月,分别实施了 5 次半结构化访谈,允许访谈对象自由地表达自己的观点,并且可以拒绝回答自己认为比较敏感的问题。各个访谈的时间控制在一个小时左右,为消除访谈对象的担忧,访谈记录以匿名的方式进行,并承诺在研究报告中,以字母代替访谈对象所在的省份、部门和访谈对象的姓名。对于在面对面访谈中,遗留下来的模糊性问题和开放性问题,研究者后续以电话访谈的方式,予以澄清。为增强研究结论的可信性,访谈对象的选择以多元化为基准,包括财政局秘书和预算科科长,以获得关于公共预算编制过程和信息公开的相关信息,分别转录为 T-14-01 and T-14-02;为理解上层政府执行该项政策的意图,研究者访谈了该省财政厅预算管理科科长,形成访谈记录 T-15-6;预算执行单位作为一线执行组织,非常熟悉该领域存在的关键问题,因而,研究者访谈了该市规划局的财务人员,转录为 T-15-03。为了解最为基层的实际情况,本书研究还深入偏远的农村地区,访谈了该市某乡镇财政所的所长,获得了未设立工作部门的街头官僚公务预算编制和信息公开的基本情况,形成访谈记录 T-15-4。

五、公务消费预算公开控制制度的缺陷分析

正如上文所言,执政党与政府高层制定公务消费预算信息公开的目的,在于控制和规范公务消费支出,尤其希望借助公众监督的形式,控制公务消费支出总额。与既往包括意识形态教育和批评与自我批评的口头政策相比,这一制度建设和政策设计,更具有现代治理工具的特征,展示了国

家高层治理者的开明理念。然而,无可否认,实现这一理念,绝非易事,现行预算体系控制能力和信息公开机制问责体系的约束力,在很大程度上决定了治理效果。如果换用更为精准的语言予以描述,即欲实现这一政策使命,首先,公务消费支出不能用公务消费支出预算账户之外的财政账户支出;其次,官方的信息披露责任必须具有调查政府机构公开数据是否真实的能力,以使数据能够真实反映实际的支出行为;最后,支出单位如果超出了预算控制的额度,必须受到有效的处罚。事实上,在真实的行政管理过程中,实现上述先决条件绝非易事;对于权力监督乏力、制度建设和政策执行易于受到地方政治势力干扰的地方政府,尤其如此。为了增强研究发现的可信性,在经验数据的分析过程中,采用了盖斯勒的比较分析途径,确保研究结论从经验材料中"浮现"出来。数据分析的重点在于揭示为何地方政府部门怀疑公务消费预算编制和信息公开政策的效果。通过数据分析,共发现六条原因,其中,包括公务消费预算编制的实际困难,当下预算体系的控制能力,信息公开政策和责任机制的缺陷。为提升研究结论的信度,在做相关说明时,尽量援用在田野调查过程中获取的访谈资料和文档数据。

(一)非理性公务消费预算与隐蔽理性违规

缺乏理性而有效的公务消费是基层政府违反制度规定进行隐形公务消费支出的主要原因。毫无疑问,虽然普通公众厌恶公务消费支出行为,尤其是其间间或有之的腐败行为,但是,作为行政成本的一部分,无人可以完全消除公务消费支出,舍此,政府机构无法履行其公共职责。公务消费预算的主要困难在于如何根据各个工作部门的实际,制定理性的公务消费,这要求预算制定者准确地制定出每个预算年度的资金额度,既能保证预算单位履行自身职责的需要,又能防止公务支出的挥霍和浪费行为出现。在过去相当长一段时间内,政府的非理性支出过多,预算制定单位很难获得准确的合理支出信息,因而,考虑到地方社会经济发展水平的巨大差异,以及各个政府机构法定职责的复杂性,如何制定出合理的公务消费预算水平绝非易事。长期以来,地方政府的公务消费支出相对比较随意,从普通公众到公务人员普遍缺乏现代预算观念。在田野调查过程中,T市预算部门的主管指出：在现行的管理规则下，几乎所有预算账户的资金均可以用于公务消费支出，这为通过编制专项公务消费预算控制支出行为，预先植入了困难。在高层政府试图有效控制和规范公务消费之前，公众和政府机构从未认真地考虑过这一行为的合法性和规范性问题，为了确保公共服务的有效供给，这一随意用各类账户资金覆盖公务消费支出的行为，被视若当然。在制定公务消费预算控制政策之前，从未考虑过如何制定合理预算，满足公务消费合理支出的问题。截至研究者开展田野调查时，政府部门仍然缺乏理性而有效的公共消费预算制定标准。

在开展田野调查时，研究者发现在地方政府的预算账户中，公务消费预算支出通常列支在普通公共服务支出栏目，这部分资金可以合法地支付公共消费支出，地方政府通常亦毫无保留地公开这类信息。地方财政部门在编制该项预算时，通常依据各个机构所拥有的合法编制工作人员数量，根据过往的人均配资水平，予以保障。地方政府的财政状况和行政层级，通常是制定人均预算标准的基础。如果一个地方政府财政收入状况良好，那就意味着财政资金能够拿出更多的资金，用于支付公务消费支出；反之，如果一些地方政府预算财政收入状况较差，公务服务支出中配备的资金难以满足公务消费支出时，地方政府以及上级财政部门允许他们使用其他账户的资金来弥补合法公务消费预算支出的不足。T市地方政府显然属于后者。在过去的各个预算年度，该市的财政收入相对有限，政府部门不得不挪用其他财政账户资金支付公务消费支出，而不用担心任何严肃的处罚。显然，当下的这种预算管理系统难以约束这种违法但颇具几分理性的支出行为。在通常情况下，地方政府所公开的多为一般公共服务账户的公务消费预算信息，而隐藏了其他账务中用于公务消费支出的信息。

而且，即使在现有的预算管理分类体系下，一般性的公务预算资金亦具有多重用途，比如公共办公费用、办公场所卫生费用等。也就是说，除却为人熟知的"三公"经费，一般性公务预算资金可以用于其他项目的支出。但是，既有公务消费预算信息公开，只要求公开所谓的"三公"经费，即公务差旅费、公车购置和运行费用、公务接待费。由于缺乏有效的监管机制，一些预算支出单位可以将其掩盖在其他支出项目中予以支出而掩盖真实的支出规模。尤其值得强调指出的是，在缺乏特别帮助的条件下，普通公众难以理解和发现政府支出机构的这一谋略,只能被动地接受由政府机构提供的预算信息,从而难以真实而有效地实施实质性的监督。

(二)虚弱的预算控制能力与信息缺失

囿于现有预算制度虚弱的控制能力,即使公共消费预算资金能够满足政府机构的日常真实需要,政府机构仍然拥有其他的财政资金来源,扩大自己的公务消费预算支出能力,从而摆脱公务消费预算信息公开的压力。客观而言,现行预算制度控制是功能导向而非经济支出导向。在此制度框架下,公共部门可以使用其他预算功能的资金支付公务消费支出,而且此类预算信息并不在公开规则约束的范畴之内。根据现有的公务消费预算信息公开规则,政府机构只需要公开一般公务支出预算编制内的相关信息,并不要求公开其他预算项目内用于支付公务消费支出的信息,从而脱离了公众监督的视线。在田野调查的过程中,各个支出单位的会计人员和财政部门预算科的领导,都非常坦诚地承认这一现象。他们认为这种支出行为非常正常,但是,他们拒绝从细节上加以深入描述。他们认为使用其他专项预算项目的资金支付公务消费支出,虽然僭越了一般公共消费预算资金支出的规定,但并不违反规定,因为,如果预算制度严禁这种行为,则许多政府部门将难以有效地履行公务。或许,他们的解释具有一定的道理,但是问题的关键在于如何约束这种支出行为,以保证他们处在监管的视野之内。个人认为此类预算支出信息理应公之于众。否则,公务消费预算信息公开监管机制必然难以全面而有效地监督公务消费支出行为。然而,囿于预算管理复杂的技术特征,以及专门研究的缺乏,这一严肃的问题仍然尚未获得高层治理者和社会的重视。

或许,对于并不熟悉预算体系的人而言,难以理解政府预算,尤其是省级政府以下地方政府预算控制功能严重不足的原因。众所周知,新中国建国初期采取了计划经济模式,直到改革开放政策实施之前,预算管理只是政府管理的工具,对于政府官员和政府部门而言,预算几乎不具有任何控制效果。改革开放后,伴随着社会进步和现代预算功能意识的觉醒,中国政府采取了多重措施提升其预算制度的现代化程度。[①] 部门预算改革、国库管理制度改革和政府采购制度的改革，有力地提升了其预算制度的控制功能；尽管在预算编制的过程中，来自民意代表机构的外部约束仍然比较虚弱。但是，整体而论，其对预算的监督和审查功能，获得了极大提升。

但是，此类改革的成效主要体现在中央政府层面，许多研究常常忽略了地方政府存在的问题。[②] 即使是重点关注地方政府的研究，也只是止步于省级政府层面。[③] 事实上，我国政府可以划分为五个层级，每级政府均具有自身预算管理工作。但是，截至目前，仍未有研究认真评估地方政府预算改革的成效及其真实的控制功能。在 T 市开展田野调查的过程中，我们发现与中央政府相比，地方政府的预算控制功能仍然非常羸弱，财政部推行的国库管理制度改革的目的尚未实现。至少在 T 市的一些支出部门仍然没有实现银行单一账户结算，一些部门甚至拥有预算外资金。乡镇政府的预算管理制度问题更为复杂。某乡镇财政所的财政主管坦率地承认，预算只是乡镇领导的工具，他们可以随意地调整预算支出，公开的信息真实性较差。乡镇领导根本不顾忌《预算法》的各类管理规定，权力常常僭越法律，甚至踩躏法律。

而且，即使在中央和省级政府层面，预算控制功能基本局限在功能控制的范畴之内，支出单位可以随意地使用专项账户的预算资金。由于预算控制缺乏有效的经济分类，预算体系仍然允许支出单位自由地使用资金，未对资金使用的经济分类做出明确的特别规定，无疑增加了通过编制特别预算，实现公务消费支出控制目的的难度。因而，编制以经济分类为导向的预算，理应成为未来制度改革的重点。但是，这一改革在可以预见的将来，并非容易实现的目标。好消息是新《预算法》规定一般公共预算必须列

① Shulian Deng, Jun Peng. Reforming the Budgeting Process in China[J]. OECD Journal on Budgeting,2012(1):76-89.

② Jianmin Ren, Zhizhou Du. Institutionalized Corruption：Power Overconcentration of the First-in-Command in China[J]. Crime Law Soc Change,2008(49):45-59.

③ Yong Guo. Political Culture, Administrative System Reform and Anti-corruption in China：Taking the Official Car Management Institution Reform as An Example[J]. Crime Law Soc Change,2010(53):493-508.

出项级层次。坏消息是鉴于《预算法》的法律权威和控制效果，实现这一目标并非易事。J省财政厅的官方文件规定，可以佐证这一判断。"部门预算必须根据支持功能分类，公开项级信息；基本支出和专项支出的信息，同样要逐步公开。同时，积极开展部门预算信息的经济分类信息的公开工作。"显然，地方政府并未严格遵守《预算法》的规定，而是以研究和积极准备为名，进行政策变通，推迟预算信息公开的节奏，这意味着《预算法》的权威性和约束力，仍然存在着较大的缺陷。相信地方政府会严格根据法律的规定开展预算管理工作是极其幼稚的想法。该省财政厅工作人员对新《预算法》的态度，同样证明了《预算法》权威性不足："新的法律规定几乎和我们的日常工作没有任何关系，它唯一的功能就是赋予了我们收回下拨两年以后仍未使用资金的权力。"显然，《预算法》的修订并未有效影响行政管理的日常行为。

（三）预算外资金与监管缺位

公务消费预算信息公开难以有效控制公务消费支出行为的另一原因在于，政府预算外资金的存在，它同样从另一个侧面反映了现有预算体系控制功能的有限性。在上述分析中，其重点在于公务消费专项预算编制制度，因为预算资金的支出管理规定的缺陷，难以控制支出行为。在这个部分的论述中，分析的重点则在于政府预算外资金的影响。这类资金同样可以用于支付公务消费支出，而且缺乏具体资金的数额。如果在未来的财政管理过程中，不能把这部分资金纳入预算监管的范畴之内，则监管的真空必然长期存在，预算全面监督功能的实现，势将镜花水月，从而制约国家治理体系现代化的实现。引入预算制度作为控制政府机构公务消费支出的治理工具，需要将政府的全部收入纳入预算范围之内，保证预算编制的完整性。如果政府机构和公务人员，可以使用预算外的资金，则预算控制功能必将丧失，至少其制度权威将受到很大的制约。在全球范围内，预算外资金现象，一直是财政管理研究的热点问题。如何界定预算外资金，亦已随着这一社会现象的转变而在不停地调整。在传统意义上，预算外资金被视为预算管理规则和预算管理程序以外的政府收入。然而，事实上，即使在传统概念的意义上，预算外资金一直是地方政府财政收入的一个无可替代的组成部分。

在1996年的预算改革中，财政部利用改革的良机，增强了自身的预算权力，要求中央政府的部门预算全面反映其收入和支出。预算单位的预算外收入首次被纳入财政部的监管范围之内，而不是预算单位自身。[①] 但是，这一改革理想并未获得完全实现，复杂的财政问题和政治现实制约了改革的力度和推广程度，在某种意义上，改革的目标功败垂成。截至目前，这个改革的成效如何，一直缺乏权威的评估和研究。客观而言，这项改革最大的成就是将各个部门的罚款和收费纳入预算的范围之内。但是，中国政府的预算，尤其是地方政府的预算，仍未实现全预算的目标。许多收入和支出，仍然在预算编制外运作，这部分收支显然不在预算控制的范围之内。即使是地方财政部门，亦缺乏这类资金的翔实信息。在田野调查过程中，财政部门的工作人员坦言，解决这一问题超出了部门权力范围，涉及行政管理的政治议题，绝非简单的财政管理技术问题，背后隐藏着潜在的经济利益和复杂的微观政治博弈。

客观而论，建立全面预算制度绝非易事。实现这一目标不仅取决于政府的预算能力，它同样取决于如何界定全面预算。事实上，伴随着政府预算功能的扩张，愈来愈多的资金被纳入预算监督的范畴。尽管美国预算学者希克斯（Schick）认为将预算外收支列入预算监督的范畴，并不能恢复预算制度的控制功能，认为支出单位的再预算行为会削弱预算制度的控制功能。但是，大部分理论研究认为如果不能将收支纳入预算的范畴之内，则必然难以建立有效的责任控制机制。T市公务消费预算支出管理的实践，有力验证了预算外资金对预算控制功能的负面影响。T市财政局负责公开公务消费预算信息的领导，坦率承认许多用于公务消费的资金并不在财政部门的控制之中。这类资金大致可以划分为两个类别：预算外资金和进入预算视野但缺乏真实预算的资金。尽管1996年财政部推行的预算改革，有力地规范了第一类资金，但是，正如上文所言，改革的成效有限，诸如罚没收入、自有资产收入等预算外资金，仍然存在，拥有这些收入的行政机

---

① Christine Wong. Budget Reform in China[J]. OECD Journal on Budgeting, 2007 (7):1-24.

构,在此类收入的支出上,仍然掌握着较为宽松的自由裁量权,地方财政部门几乎缺乏该类资金使用情况的基本信息。第二类资金虽然纳入预算的范畴,但缺乏具体预算编制的规范。财政部门缺乏准确的预算收支信息,在预算管理的过程中,只是简单地将整块资金拨付给支出单位,但是缺乏具体的约束能力,以发改局和科技局为例,每年财政部门只能将很多资金划拨给这些单位,但是这类单位几乎不用汇报资金的使用情况,仍然具有非常大的二次预算编制能力。在其支出的预算资金中,究竟有多少资金被用于公务消费支出,并不需要获得财政部门的批准,因而,财政部门缺乏具体的信息。预算科科长指出:"在每个预算年度,财政部门只是根据约定的分配比例,程序性地将资金分配给这些机构,财政局对其如何使用这些资金没有发言权,致使其脱离了预算编制的控制。事实上,如果他们用于支付公务消费资金,我们并不知情。所以,财政部门并不是唯一具有预算编制权力的部门,公开公务消费信息的责任,由财政部门一家来负责的制度规定,存在明显的不合理——管理规则必须考虑预算管理的现实。"根据这一解释,不难推测财政部门在公开公务消费预算信息时,他们并不考虑上述两类资金中的公务消费支出情况,所以,既有的公务消费信息公开难以全面反映公务消费的真实情况。

(四)现行预算公开法律灰色规则的影响

如果说现行预算体系的疏漏已经降低了公务消费预算信息公开机制的控制能力,公开规则同样为地方政府回避实际的公务消费支出信息提供了灰色空间。整体而论,正如第三章所述,既有的公开规则允许地方政府只向公众公布部分公务消费支出,即可宣布履行了公开的职责。显然,这种充满缺陷的公开规则,无法揭示出政府部门真实的全部公务消费支出,具有掩盖真相的嫌疑。而且,地方政府可以只公开行政机构的公务消费支出,不把其他公共组织的公务消费支出涵盖其中。在公开的公务消费预算支出中,亦将公开的范围局限在本级财政收支中,来自于上级政府拨付的预算支出,同样不在公开的范围之中。因此,地方政府公开的公务消费支出信息严重低于实际的公务消费支出。但是,由于公众缺乏审查信息真实性的监管手段,只能被动地接受政府机构公开的信息,其他社会行为主体同样无力获得相关信息，以确认政府公开数据的真实性；寄希望于政府公开公务消费信息的方式，监督政府支出行为，实则难以实现。以政府自己公开的数据，让公众监督政府，在某种程度上而言，无异于政府自己监督自己。笔者在 T 市开展的田野调查，同样证实了这一基于规范理论分析的结论。

尽管政府公开的诸多文件，均与公务消费信息公开具有某种联系，但是，最为关键的官方文件为《省级以下推进预算和财政信息公开的通知》（财政〔2013〕309 号），这一文件规定了地方各级财政部门为政府公务消费支出信息的收集和公开负责机构。而且，它同样规定了公务消费信息公开的范围，即只要求公开本级财政的公务消费预算支出，奠定了公务消费信息公开的主要规则。此外，《国务院关于深化预算制度改革的决定》（国发〔2014〕45 号），强调了所有关于公务消费支出的预算信息，均应向公众公开。但是，这一更为严格的规定，并未改变地方政府的行政惯例。T 市的财政部门遵循的仍然是旧有的管理规定，只公开了本级财政覆盖的公务消费支出，而且局限在本级一般公务支出的预算账户的范围之内，其他使用专项经费和上级拨付资金支付公务支出的预算信息，并不在公开的范畴之内，预算外资金的相关信息，更是不在考察之列。因而，地方政府公开的公务消费支出实则严重低估了真实的行政管理成本。

毫无疑问，地方财政部门的工作人员对于既有公开规则的漏洞和缺陷，在工作的实践中，早已了然于心。但是，他们并不具备将所有公务消费支出纳入预算监管范围之内的动机，因为，这将置他们于严重不利的地方微观政治的风险之中。首先，他们并不具备准确公开数据的动力。基于众所周知的原因，地方官僚组织处于一个多元任务导向的行政生态环境之中，公开公务消费预算信息只是他们工作的一个组成部分，而且，这对于其绩效评价的影响权重较低，难以产生足够的动力。其次，尽管官方文件视其为负责机构，但在真实的行政环境中，他们只是地方党政首长的下属，在开展行政管理工作中，不得不遵守上级领导的指示和命令。事实上，T 市的上级行政领导并不希望财政部门严格执行中央政府的规定，因为这可能降低地方政府工作人员的工作动力。T 市财政部门的工作人员暗示研究者，领导指示他们严格参照其他地市的公开力度和公开形式展开，既不过于激进，也不过于保守和落后。再次，在缺乏上级政府明确的指示和要求下，T市财政部门的工作人员并不愿意承担侵蚀同僚灰色利益的职业风险。在严格的职场竞争中，与同僚尽可能地保持良好的关系，对于职业发展和职位升迁具有非常重要的作用。最后，预算支出单位同样拒绝向其提供全部的相关信息，尤其是专项资金中用于支付公务消费支出的信息。某政府机构的财务人员坦诚地承认：他们确实使用了专项经费支出公务消费，但是，他认为这部分信息不应该在公开的范围之列："我们认为如果将这部分经费公开，是不公平的。你知道在每年的预算计划制定过程中，财政局的资金分配都是按照固定的比例拨付的，依据是单位工作人员的人数，但是，这一标准并不能反映出各个单位的自身肩负职责的差异。事实上，这部分经费也不能完全满足公务支出的需要，我们不得不使用部分专项资金支持公务消费支出，这是惯例。在国家要求削减公务消费支出的环境下，如果我们将这部分公务消费资金的信息也向外界公开，势必削减自身使用资金的空间，使我们的工作面临更大的挑战。"

　　制约公务消费信息公开数据质量，使其难以真实反映其支出状况的另一重要因素是地方政治体系。准确而言，作为地方政治体系的许多公共部门，诸如党委系统、妇联组织、共青团组织，以及其他一些官办的慈善组织，同样属于财政支出单位，并且无可避免地具有公务消费支出行为。但是，这类公共部门的公务消费支出并不向公众公开。当下的《政府信息公开条例》和《预算法》，作为建设透明政府的主要制度基础，主要约束对象为政府机构，并不具备强制上述公共组织公开预算信息的约束力。《政府信息公开条例》第一章第2款将政府信息界定为"是由行政机构在履行职责过程中，获取或保留的信息"。尽管在该项法规的补充条款中，要求承担公共管理职责的其他机构公开其获取的信息。但是，这些公共部门，尽管主要经费来自于财政部门，但并不在此之列。在新版《预算法》的《总则》中，明确阐明了立法目的"为规范政府收支行为，强化预算约束，加强对预算的管理和监督，建立健全全面规范、公开透明度的预算制度，保障经济社会的健康发展，根据宪法，制定本法。"再度将政治类的公共组织排除在预算信息公开的范畴之外，其约束的对象仍然为政府部门。在这一法律和政治环境下，负责公务消费支出信息公开的财政部门，根本无法要求该类机构公开其预算信息。因而,整体而论,地方政府公开的公务消费支出的数据,再次得到了有效地削减,并不能反映出公务消费支出的实际情况。

(五)预算信息公开数据质量责任的虚置和虚假信息公开

保证预算数据的真实性,是建立透明预算或财政制度的第四个柱石。由于相关立法并未强调公开数据质量的责任问题,地方政府在公开公务消费预算信息的过程中,并不承担提供真实信息的责任,即使他们提供了虚假的信息,也不用担心受到相应的惩罚,这势必降低了公务消费预算信息公开制度的法律权威和治理效果。在 T 市的田野调查过程中,研究者发现官方提供的数据并不能真实地反映地方政府的工作消费支出,一些预算单位为掩盖真实的消费情况,编造数据的行为时有发生。作为负责信息发布的财政部门,亦能发现这一机会主义行为,但是,并不具有追求数据质量的责任心,听任预算支出单位的瞒报和虚报行为的发生。无疑,难以充分地保障公众的知情权从而实现倒逼规范公务消费支出的制度设计目的。在这个部分的论述过程中,研究者将结合相关法律规定和访谈数据,深入揭示这一现象形成的原因。

尽管既有的相关规定要求地方政府公开公务消费预算信息,但是,并未有任何条款涉及公开数据的质量问题,而数据质量问题正是世界货币基金组织和 OECD 关注的关键问题,这无疑为地方政府的失范行为提供了行动空间。换句话说,地方政府即使提供虚假信息,甚至是错误的信息,亦没有受到惩处的危险。事实上,在既有的规则体系中,唯一触及公开责任的为新《预算法》第十章第 92 条的相关规定:未依照本法规定对有关预算事项进行公开和说明的,责令整改,对负有直接责任的主管人员和其他直接责任人员追究行政责任。但是,这一规定并未触及公开数据的真实性问题。在这一外部环境之下,地方政府及其工作部门根本没有提供真实数据的动力。在访谈过程中,预算科科长承认他们的工作的目的在于遵守省财政厅的指示,开展公务消费预算信息公开工作,而省财政厅提出的唯一要求是公开的数据必须逐年递减;即使这唯一的约束,亦是停留在纸面之上,并不具备真实的惩戒压力。在每年的准备过程中,他们确实发现了许多预算支出部门存在掩盖真实数据的行为,但是,他们能采取的最为高级的惩戒措施,也只能是"严肃批评"。他解释说这种行为实质上非常普遍,财政部门并不想打破这一潜规则而与兄弟单位结怨。事实上,如果各个预算支出单位都提供真实的数据,则将使他们处于被动的境地,因为新一届政府要求公务支出逐年下降,如果各个单位提供真实的数据,汇总起来超出了上一预算年度的支出,他们还需要想办法调整这一数据,以满足上级政府的要求,反而使自身成为虚假信息的提供者。因而,在每年公开相关信息的截止日期以前,他们指示将各个支出单位上报的数据汇总,并公之于众。坦率而言,熟悉中国政治与法律的人士比较能够理解即使存在要求提供真实信息的法律条款,其实际的约束力也值得怀疑。即使掌管着下级官员政治生命的上级官员高度关注数据质量问题,并且非常希望解决这一问题,地方政府仍然可以无视此类法律规定,因为公众缺乏审查数据质量真实性的具体行动途径,无从发现数据质量中存在的问题。

在过去 30 年的行政管理实践和官员考核过程中,编造数据以迎合上级官员的需要,早已成为某些地方政府治理过程中众所周知的潜规则。尽管公众是包括提供公务消费预算信息在内的公共服务的主要对象,但是,在现行的行政管理体制下,地方民众对于公务服务和公务人员的绩效评价,并未获得相应的发言权。公务人员的命运掌握在上级官员手中。近年来,绩效评价作为地方治理的工具,使用的范围和深度愈来愈广泛。但是,这一颇具现代治理工作色彩的治理工具,在嵌入中国的行政体系的过程中,不得不进行相应的调整,从而扭曲了其原本的价值和目的,这既包括技术议题,也包括政府机构内部人力资源的制约和政治体系的制约。当上级政府或高层治理者需要评估下级官员的工作成效时,他们通常依赖某些下级官员呈报的数据,这些呈报的数据通常能够影响下级官员的政治命运。毫无疑问,某些下级官员具有强烈的动机满足上级官员的政治偏好,他们非常容易夸大包括经济增长率等有益于提升自身提升概率的数据,但是,诸如安全生产死亡率等数据过高,则不利于其获得较好的政治评价,他们则喜欢降低此类数据。在某些时候,上级官员甚至和下级官员相互勾结,联合欺骗他们共同的上级,这一现象被知名的组织社会学家周雪光教授称之为"组织共谋"[①]。显然，编造数据早已成为某些地方政府组织化欺骗的惯用手段。循此逻辑，某些地方政府具有强烈的动机削减公务消费支出信息的额度，以满足上级政府的需要。尽管在田野调查过程中，我们并未获得某些地方政府蓄意削减整体支出额度的线索，但他们放任支出单位编造数据的行为，同样验证了这一组织规律。

总之，由于公开的公务消费预算信息存在失真的可能性和现实性，这一制度的规范和控制功能必将受到严重的侵蚀。这一政策非常可能沦落为一种符号性的政策而丧失其实质意义。事实上，如果公众无法拥有监督政府公开数据质量的途径和工具，则公务消费信息公开的制度功能，必将受制于数据质量而异化，使其成为某些地方政府成功控制公众知情权的工具，而不是控制政府部门公务支出行为的现代治理工具。本书认为国家的政治体系亟需强化外部监管机构建设，以提升公务消费预算信息公开数据的质量，以期真实地实现公众的知情权和监督权。同时，基于 T 市田野调查经验数据分析的结果，与前文第三章中对公开数据质量中政治因素分析，所得结论基本类似。由此可见，政府公务消费预算信息公开的数据，难以真实反映公务消费支出现实的问题，这绝非一时一地之事，亦非某一部门或某一官员之举，它具有稳定的制度基础和激励机制，必须通过制度创新，才能化解这一问题，增强制度的约束力和生命力，从而取信于民，提升国家治理体系现代化的水平和效力。

（六）立法机构监督的虚置与外部监督缺位

公务消费预算信息公开制度建设，作为透明政府或"阳光政府"建设的重要举措，其制度起源于具有代议制政治传统的西方民主国家。西方国家创立政府信息公开制度的重要根源，在于业已实现主权在民的代议制制度之后，基于信息不对称的原因，被公众选举出来的民意代表，无力监督事实上掌控这公权力的官僚组织及其工作人员；创立信息公开制度，旨在迫使其公开其在履行公共职责过程中，掌握的专门信息，以利于民意代表和普通公众监督政府。尽管"他山之石，可以攻玉"，然而，在这一制度移植的过

---

① 周雪光.基层政府间的"共谋现象"[J].开放时代,2009(12):40-55.

程中,如果引入制度比较的视野,不难发现其制度环境的差异,即国内包括预算信息公开制度在内的透明政府建设举措,是在民意代表机构尚未完全获得对政府监督的主动权的背景下,援引国外建立现代国际治理体系经验之举,必将制约引入制度的约束力。在西方民主国家,如果官僚机构及其工作人员,在信息公开过程中,存在渎职或欺诈行为,则政治责任机制健全的民意问责机制,拥有比较行之有效的强制措施,逼其就范,如实公开相关信息。反观国内的政治现实,尽管作为行政法制监督主体的各级任免代表大会,在宪法意义上获得了外部监督的法律地位,[①]但是,由于历史和现实复杂因素的交互作用,其实际的履职能力尽管成绩斐然且前景可期,但是,至少在目前阶段,仍然非常有限。在国内政治架构下,作为民意代表机构的人民代表大会,尤其是地方人民代表大会,在监督政府公务消费预算信息公开过程中,其权威性和技术能力,必将受制于人民代表大会实际监督能力的影响。相对于全国人民代表大会而言,地方各级人民代表大会,尤其是省级以下的人民代表大会,其约束和监督同级人民政府的能力,尤为堪忧。

由于有效的外部监督是建立行政责任的关键所在,也是缺乏公务消费预算信息真实性的保证。但是,基于上述的原因,政府机构公开公务消费预算信息的行为,几乎完全独立于国家权力机关的监督,这种未受有效审查的公开行为为政府机构扭曲数据的机会主义行为提供了较为广阔的行动空间。根据国内行政法制监督的法律规定,行政体系之外的法定监督主体包括人民代表大会,司法监督、媒体和非政府组织的监督,以及普通公众的监督。其中,司法监督是以公众的法律诉讼为启动条件的,但现行的《行政诉讼法》拒绝公益诉讼,制约了司法监督功效的发挥。[②] 事实上,即使对现行的《行政诉讼法》进行修改,扫除了诉讼启动机制的障碍,人民法院同样在公开数据信息质量上,提供必要的佑助。因为,公务消费信息公开的

---

① 姜明安教授认为:行政法制监督指国家权力机关、国家司法机关、专门行政监督机关及国家机关系统外部的个人、组织依法对行政主体及其公务员、其他行政执法组织和执法人员行使行政职权行为和遵纪守法行为的监督。

② 关于司法监督机制对公务消费预算信息公开制度效力的影响,参见本书第五章的相关分析。

数据，具有较为明显的技术特征，人民法院只能裁决行政机构是否公开，但不能决定公开信息的质量。与此相仿，媒体和非营利组织的监督的效力和效果，同样无助于提供真实的监督机制。因而，本质而论，各级人民代表大会作为专职的监督机构，相对而言，更具有监督政府机构公开行为，尤其是预算信息公开行为的组织能力。而且，颁布于 2014 年的新《中华人民共和国预算法》有效回应了强化人民代表大会预算监督的社会诉求，细化了人民代表大会的监督权力，特别是第 84 条和第 85 条，突出强调了各级人民政府提供真实信息的法律义务。其中，第 84 条规定："各级人民代表大会和县级以上各级人民代表大会常务委员会有权就预算、决算中的重大事项或者特定问题组织调查，有关的政府、部门、单位和个人应当如实反映情况和提供必要的材料。"第 85 条规定："各级人民代表大会和县级以上各级人民代表大会常务委员会举行会议时，人民代表大会代表或者常务委员会组成人员，依照法律规定程序就预算、决算中的有关问题提出询问或者质询，受询问或者受质询的有关的政府或者财政部门必须及时给予答复。"如果从狭义的法律制度视角出发，秉承奥斯汀创立的分析法学的立场，将法律视为明确法律律令的集合体，则上述条文无疑赋予了各级人民代表大会无与伦比的预算监督权，人大系统可以有效地监督政府的预算行为，公务消费预算亦在此之列，从而弥补了政府体系内部监管机制薄弱的缺陷。但是，如若从法社会学的角度出发，"法律这一术语的另一种含义通常是指法律秩序。这意指某种通过系统运用政治组织社会的强力而规制人之活动和调整人际关系的制度"。① "法是一种组织结构，它是一种为合作社的每一个成员分配其在共同体中的地位、其在上和在下的顺序及其职责的规则。"② 相关行为主体的行为规则，通常不同于正式法律条文的规定。"人类社会的法律秩序仅仅直接以法的事实为基础……对社会中的法律秩序直接具有决定性意义的只是这些法的事实，而不是法院据以裁判或者国家

---

① 罗斯科·庞德.法理学[M].邓正来,译.北京:中国政法大学出版社,2004:16.

② 欧根·埃利希.法社会学原理[M].舒国滢,译.北京:中国大百科全书出版社,2009:25.

行政机关据以活动的法条。"①遵循法社会学这一重要的法律思想,将人民代表大会的法定权力置于政治体系予以考察,则会发现新《中华人民共和国预算法》赋予各级人民代表大会的这一制衡权力,必然受制于上文所分析的现实政治。地方各级人民代表大会实际的审查能力和真实权力配给的缺陷,使得其在预算事务的监督过程中,难以真实地肩负其应然意义上的监管职能。质言之,在真实的权力游戏中,相对行政体系而言,地方各级人民代表大会事实上的弱势地位,使其难以有效地监督行政机构的预算编制和预算信息公开行为,公务消费预算信息公开显然在此之列。这一略显激进的观点,不仅可以出于应然层面的分析,而且为在 T 市田野调查的经验发现所证实。

　　T 市的经验数据表明由于权威机制的缺乏,该市的人民代表大会甚至未能考虑自身组织能力的限制问题,从而难以履行新《中华人民共和国预算法》赋予其的监管职责。毋庸置疑,公法功能深深嵌入现实政治之中,根本而言,公法诸多调控目标之间的关系极具政治色彩。在纸面的制定法法条中,无论是民主国家还是威权国家,都服务了民意代表机构的预算审查角色。但是,一般而论,民主政治体制的民意代表机构在预算事务上具有实质性的权力,而在具有威权治理传统的国家中,尤其对于处于政治转型时期的发展中国家而言,预算审查权经常沦落为强势政治精英集团的政治现代化或政治民主化的工具,真实的权威仍然掌握在真正的权力精英手中,民意代表机构常常充当着"橡皮图章"的功能,履职的形式作用优于其实质作用。在改革开放的过程中,尽管国内的地方人民代表大会的监督能力,获得了极大的提升,实质性影响显著提升,但是,整体而论,其监督权威和监督能力,并未取得突破性的进展。T 市的财政部门的工作人员认为,对地方预算过程的描述不仅为我们提供了真实预算决策权力结构,而且说明了财政部门的预算机构如何策略性抵制预算支出单位要求调整预算配额压力,在描述构成,他对地方人大作用的描述,真实凸显了地方人大在预算审批过程中的地位:"在预算草案起草完毕后,我们(财政局)承受着巨大的压力,许多职能部门均想尽办法增加自己的预算……局领导在讨论预算

① 　欧根·埃利希.法社会学原理[M].舒国滢,译.北京:中国大百科全书出版社,2009:205.

草案,做出些调整后,就会以正在讨论为名,将修改过的预算草案压下,直到市政府预算工作常务会议召开之前的晚上的 9 点钟,才会将其提交上去。采取这种延迟提交策略的目的,在于减轻我们承受的压力。如果过早的提交预算草案,被相关人员了解到自己的预算编制份额后,他们会通过各种方式施加压力,为自己负责的部门或公共事务增加预算……由于预算的复杂性,他们(各个部门领导或分管事务的领导)需要一段时间理解预算编制,在我们延迟提交预算方案后,从他们拿到草案到开始上会讨论,时间间隔非常短……显然,在这么短的时间内,他们无法提出特别的要求。第二天天亮后,市长就开始主持会议讨论预算,尽管在会上会做出些调整,但是一旦会议通过,年度预算就定下来了,一般很少再会调整。通过这种方式,财政局软化了支出部门增加预算的政治压力。"

"市政府常务会议通过预算方案后,预算方案会提交党委会讨论,但是党委会在预算过程中作用依赖于党委书记。通常情况下,党委书记会尊重市政府的决定。只是偶尔会提出些修改的建议,但是,即使如此,这种修改建议也只是要求边际上的调整。接着,预算方案就会提交给地方人大的财经委员会。根据我多年的工作经验,他们的影响极其有限,原因在于财经委员会是在同级党委领导之下的,既然同级党委已经通过了草案,他们的监督亦只是个形式,而且,他们也缺乏专业的知识,无力从事真实的监管工作。"

显然,上述财政部门预算科科长对地方预算过程的描述,证实了其他预算研究专家的结论:在地方政府层面,基层人大仍然缺乏足够的专业知识和权力去卓有成效地实施预算监督。但是,这一问题并非此处分析的重点。本书分析的重点在于如何合理看待地方党委在预算过程中的作用。作为唯一合法的执政党,各级党委在许多公共事务上,均具有终极的决定权,这同样体现在预算事务上。然而,既有关于预算监管和《预算法》相关问题的讨论,均受到西方政治体制的影响,而忽视了中外政治体制和真实权力博弈中的国内现实。在西方民主体制下,国会在预算问题上拥有最终的决定权,理应将视其为理论研究的重点。但是,在中国的语境下,在预算相关问题的研究上,必须重视同级党委的影响。如果同级党委在缺乏足够预算知识的前提下,武断地插手预算事务,则人大的预算监督功能必然受到很大的制约。而且,伴随着行政级别的递减,人大的权威性逐渐式微,愈发具有同级党委工具的可能性。T市某乡镇财政所所长,作为乡镇预算工作的主要负责人,是一位退伍军人,在访谈过程中,直言不讳地强调在基层,权力大于法律。乡镇人大对预算编制几乎没有什么约束力,完全取决于领导的需要,随时可以调整,乡镇人大只有形式上的影响。尽管他缺乏高等教育,关于国家权力机构的理解,存在不当之处,但其描述确实反映了地方预算,尤其是基层预算管理的实际情况。虽然,许多理论文献均强调地方人大对预算监督作用的增长,但是,上述经验材料标明,其对预算的监督和约束作用,仍然是非常有限,甚至处于虚置状态。

在当下的政治现实中,"不是预算控制政府,而是政府控制预算"①。而且,在人大代表独立性不足、与选民之间缺乏有效联系机制的背景下,人大代表亦缺乏必要的勇气和动机去监督政府,从而使其对政府工作的监督,嬗变为对政府工作报告的监督。T市财政局预算科科长尖锐地指出,即使人大被赋予了真实的监督权力,公务消费预算也不会成为他们关注的重点。"在既有的预算工作中,人大代表通常只关注与他们私利相关的预算,根本不会从公共利益的角度考虑预算问题,公务消费预算问题难以成为他们关注的重点。"显然,如果地方人大的选举制度和工作制度缺乏创新,公务消费预算问题就不足以进入地方人大代表的决策函数,从而难以施加必要的约束力。而且,根据上文的分析,公务消费预算一般是以基本公共支出的形式出现在预算账户上,人大代表无力获得准确的信息。因而,如果地方人大缺乏审计的能力,他们即使具有监管的动机,也难以产生实际的监督影响,而这种审计能力又取决于人大制度的改革与发展。

六、提升公务消费预算控制能力的思考

本章内容回应了第二章问卷调查发现的一个基本问题,即为何在公务

---

① 李学.规则软约束:公务消费信息公开数据质量中的政治——基于 G 省三市的实证研究[J].公共行政评论,2015(2):89.

人员的主观世界中,公务消费预算信息公开制度难以有效控制公务消费支出。T市的田野调查的经验数据深入揭示了公务消费预算信息公开制度在地方政府层面遭遇的诸多障碍。整体而论,尽管这一制度创新颇具现代化治理工具色彩,顺应了全球化时代政府的民主化和透明化潮流,并赋予了公众获取政府官方支出信息的权利。但是,由于该项制度设计忽视了数据真实性的问题,制约了公众通过获取信息监督政府公务消费支出行为的能力,从根本上削减了公务消费预算信息公开制度建设规范和控制公务消费支出的能力。地方政府利用相关制度和规则的局限性,通过操控公务消费预算信息,相关部门不仅可以削减来自高层政府的压力,而且可以通过忽视实施过程中的潜在问题,实现保护自身既得利益的目的。显然,如果不能解决相关制度中存在的缺陷,地方政府公开的数据并不能满足公众的知情权,亦难以提升财政透明度和建设透明政府的真实使命。在缺乏深度制度变革的条件下,既有的公务消费预算编制和信息公开政策,无力真实地控制地方政府的公务消费支出行为。

客观而言,制约现行政策效果的直接原因在于其赋予了地方官僚组织过多的自由裁量空间,致使他们可以通过虚假公开和不完全公开行为,满足既有政策和制度的基本要求。间接原因则是既有预算体系的缺陷制约了预算制度的控制能力,它允许地方政府使用专门账户之外的预算资金或预算外资金支出公务消费支出。最为根本的原因则是,在地方政治的真实环境下,诸多正式监督制度形同虚设,行政权力一权独大,地方政府的公务消费预算信息公开行为,缺乏必要的外部监管,可以独立而任性地公开数据,而缺乏必要的权力制衡机制。T市的田野调查提醒世人,提升预算透明度是一个复杂的行政管理议题,它深深嵌入在地方政治体系之中,为实现预算透明度的制度目的,必将涉及行政体系和政治体系的制度变革。搁置政治体制改革和行政体制改革,回避国家治理体系现代化进程中复杂的政治议题,幻想通过政策工具或管理技术的使用,来实现治理能力的现代化,根本就是镜花水月,无源之水。众所周知,预算透明度制度及其相关政策,源于西方民主国家,它是通过一系列的政治制度革新逐步建立起来的,公众获得的直接或间接的实质性的监督权,是该项制度获得根本效力的根源所在,也是西方财政或预算透明度制度的基石和中西政治制度的根本差别所在。在某种程度上，财政或预算透明度制度，与国家引入的其他源自西方国家的治理工具非常类似，多半难以取得与其发源地相同的治理成效，其根本原因在于我国公众在诸多公共事务中尚未获得终极的发言权。

高层治理者在引入现代化的治理工具时，必须考虑政策工具需要适宜的政策环境，试图绕过政治和行政体制改革，采用具有现代化外衣的治理工具的方式，获得政治稳定和推动社会进步，即使在短期内，也未必是明智的决策。在一个较短时期内，过多地引入看似现代化的管理工具而忽视其实际绩效及其引发的潜在问题，有可能损害政治体制。尤其是这些引入的政策和治理工具，难以解决其指向的根本性目标时，情况更为严重。如果高层治理者希望提升国内治理体系和制度框架的优越性和竞争力，就应该将重心放在实际的治理绩效上，而不是空洞的或名不副实的政策宣传上。显然，这一政策逻辑同样适用于公务消费预算信息公开。在未来的国家治理过程中，必须正视中外政治制度环境的差异，高度关注其政策效果的先决条件，积极推进相关改革，培育良好的支持环境。本章的经验分析表明，为实现财政透明度的目的，必须改革国内的治理体系，在最低层面上，允许公益诉讼，鼓励公众监督地方政府的行为。亟需强化地方人大的权威，同时加强组织建设，增强其履行职责的能力。但是，最为重要的则是革新人大代表的选举机制，使人大代表真正成为普通公众的代言人，而不是一种政治荣誉或政治符号。如果没有这些相关政治制度的实质性改革，当下的财政透明度制度必将难以实现其根本的目的。

无可否认，在以 T 市为研究样本分析公务消费预算公开机制的制约隐私时，存在一些明显的局限性。由于研究结论基本是以访谈数据为基础的，缺乏客观量化数据的支撑和检验，可能会使研究结论略显偏颇。同时，访谈对象主要来自于财政部门，未能对人大工作人员开展访谈。但是，这一局限性也为后续研究指明了方向。首先，为何地方人大不援用相关法律和法规要求地方政府提交专门的公务消费预算报告？其次，在公务消费预算编制过程中，地方人大究竟发挥了什么作用？回答上述问题需要全面获得相关的定性和定量数据，从而获得地方预算管理过程中的全面图景。最后，如何保证预算数据的真实性？这同样是公务消费预算信息公开制度合法性和治理绩效的基础。舍此，公众仍然难以有效判读政府部门公务消费支出的合理性。如何重新设计公务消费预算信息公开的机制，保证公开数据的真实性，以实现控制和规范公务消费支出的目的，同样也是全面实现公众真实知情权的关键所在。

第五章　公务消费预算信息公开法律监管机制的限度分析

　　"依法治国"是 21 世纪以来国家治理最为响亮的口号。经过 40 年的经济飞速发展,在经济建设取得突出成效的同时,急速社会变化所诱发的各类社会矛盾,对国家治理能力提出了较大的挑战。囿于执政环境的变化,党政部门奢侈浪费现象严重,腐败行为和腐败现象突出,成为一个严重的社会问题。不仅严重影响了党和政府的形象,而且侵蚀了党的公信力。这一问题在公务消费领域里,体现得尤为明显。尽管缺乏公务消费支出的具体数据,但是,无论官方和民间,均不否认公务消费浪费现象严重的负面影响。为遏制公务消费支出快速增长的趋势并改变缺乏有效管理的局面,党和政府先后采取了一系列措施,其中通过确立法治的形式将公务消费支出纳入预算监管的范围,并向社会公开,不失为一种带有现代治理理念的制度创新之举。然而,毫无疑问,在一个深受儒家文化熏陶、缺乏现代法治传统的国家,公务消费预算信息公开的法律监管机制的实施,必将面临诸多因素的制约。本章内容将采取研究法律文件与研究法律文件所调整的实际社会关系相结合的方法,从法律社会学的角度出发,探究公务消费信息公开法律监管机制在真实的社会环境中发挥的实际功能,并提出若干完善法律监管机制的对策建议。

一、公务消费预算信息公开法律制度沿革

　　公务消费预算信息公开,作为财政透明度建设的一个重要组成部分,是较为晚近的预算制度变革。但是,"控制公共资金并对公众负责是预算

最早的目标"。① 预算作为一种财政资金的管理方式,无可避免地嵌入一个国家的政治体制和社会发展之中。威达斯基认为预算过程是一个政治的过程,显然,预算过程中的政治受制于一个国家或地区的政治体制。伴随着一个国家政治体制的进展,其预算管理方式和方法必然需要开展相应的变革,因而,在一定意义上,一个国家或地区的预算管理方式和方法,是国家政治发展水平的晴雨表。公务消费预算,作为预算支出的一部分,毫无疑问,同样受制于国家的政府发展水平和与其存在紧密关联的财政管理制度。改革开放以来,我国的预算信息经历了一个从国家机密到社会公开的过程,而且,预算信息公开的质量,亦处于一个不断提升的过程之中。回顾公务消费预算信息公开法律制度的变革过程,有助于从历史的角度,深刻反思该项制度在建设过程中遭遇的问题,明确提升制度建设过程中必须具备的政治理性,以及有待解决的技术问题。

(一)威权治理与预算信息国家机密化

中华人民共和国成立的初期阶段,新生政权面临着沉重的政治压力,为巩固国家安全,当时政府管理的诸多事务均属于政治秘密和国家秘密;效法苏联的国家治理体系,亦比较强调人民民主专政的政权性质,非常注重财政信息的保密工作;在当时的历史背景下,尽管强调发挥人民的主人公地位,注重工农群众的政治参与,但一般局限在社会改造运动的范围,加之传统官僚精英治理的政治文化传统,民众亦无获取国家财政信息的需求。改革开放以后,以苏为师的传统财政管理体制在社会经济急剧发展的社会环境下已经不再能够适应国家治理的需要。行政分权制度改革,在提升地方积极性的同时,财政领域日益暴露出制度漏洞,中央对地方财政管理能力式微。为提升中央政府的预算控制能力,在实施税收制度改革的同时,预算制度的改革亦迫在眉睫。基于这一目的,国家制定和颁布了《中华人民共和国预算法》(旧版)。

旧版《中华人民共和国预算法》在立法总则中,对立法目的的说明,可

---

① 阿伦·威尔达夫斯基,布莱登·斯瓦德洛.预算与治理[M].苟燕楠,译.上海:上海财经大学出版社,2010:3.

以视为此次重要预算制度改革的关键所在。总则第 1 条明确规定："为了强化预算的分配和监督职能,健全国家对预算的管理,加强国家宏观调控,保障经济和社会的健康发展,根据宪法,制定本法。"毫无疑问,这一立法目的名为强化预算的分配和监督职能、强化国家对预算的管理和调控,其实则是为强化中央政府的预算控制权提供法律依据。同时,在同时生效的《中华人民共和国保密法》关于保密事项规定的范围中,将国家事务的重大决策和国民经济社会发展中的相关信息作为秘密事项。在此宽泛的保密法律制度的佑护下,许多地方政府均将预算信息作为国家秘密,不仅无须公开,而且实行了严格的保密制度。显然,在此法律制度背景下,民众无从获取各级政府的预算信息,更无从获得用于公务消费的财政支出信息。

（二）《政府信息公开条例》与财政信息公开制度发轫

公众难以获取政府财政信息的局面,显然有悖于人民当家做主的国家政治建设目标。因为现行《宪法》第 41 条规定："中华人民共和国公民对于任何国家机关和国家工作人员,有提出批评和建议的权利;对于任何国家机关和国家工作人员的违法失职行为,有向有关国家机关提出申诉、控告或者检举的权利,但是不得捏造或者歪曲事实进行诬告陷害。"然而,如果公民无法获得政府各类信息,尤其是财政信息,就无法有效地监督国家机关和国家工作人员的财政支出行为;宪法的上述规定就难以在日常的公共管理活动中有效地予以实现。为保障公民的这一具体权利,顺应建设透明政府的全球化趋势,2007 年 4 月 5 日,我国颁布了《中华人民共和国政府信息公开条例》,于 2008 年 5 月 1 日起开始实施。虽然,《政府信息公开条例》作为一部行政法规,其法律的位阶偏低,在实施过程中权威性有待提升,但其颁布实施具有划时代的意义,法律实践者更是对该部法规的现实意义盛赞有加。"因为它第一次为公民的知情权提供了法律保障,第一次将政府信息公开规定为政府的法定义务。有人甚至称之为继《行政诉讼法》《行政许可法》之后的'第三次重大革命'。"①然而,从严谨的法律分析来看,《政府信息公开条例》并未言明保障公民的知情权,其法律叙述如下:

---

① 李广宇.政府信息公开诉讼:理念、方法与案例[M].北京:法律出版社,2009:2.

"为保障公民、法人和其他组织依法获取政府信息，提高政府工作的透明度，促进依法行政，充分发挥政府信息对人民群众生产、生活和经济活动的服务作用，制定本条例。"这与其专家意见稿明确提出保障公民知情权有着较大的出入，而且，从其对此立法目的的说明来分析，其要旨仍然在于服务生产和生活，而不是便于公民监督政府，表明其核心目的仍然在于服务于"以经济建设为中心"这一当前最为重大的政治，其局限性不言自明。

尽管存在诸多的局限性，《政府信息公开条例》的颁布与实施，客观而言，确实为公众获取政府信息提供了法律支持。从其法律制度建构而言，《政府信息公开条例》规定了两种政府信息公开方式，即主动公开和依申请公开，并建立了司法救济途径，希望通过利害关系人的权利救济途径倒逼政府信息公开。值得一提的是，《政府信息公开条例》第二章关于主动公开范围的界定中，其第 10 条第 4 款，明确将财政预算、决算报告纳入其中。公务消费预算信息，显然属于财政预算、决算的范畴。因而，《政府信息公开条例》的颁布实施，显然突破了以往法律、法规的限制，为财政信息公开制度初步奠定了法律基础。

然而，这一法律制度规定，并不能够保障公民获得公务消费的预算信息。首先，该部行政法规的相关条款做出的规定比较模糊，只是要求公开财政预算和决算，缺乏细节性的规定，各级政府只需公开笼统性的信息，即可认定遵守了法律规定。其次，该部行政法规将政府信息界定为"行政机关在履行职责过程中制作或者获取的，以一定形式记录或保存的信息"，政府并无针对行政相对人的需求，专门收集和整理信息的义务，因而，公众能否获得某类信息，不仅取决于其知情的需要，而且取决于政府的行政管理实践。如果在政府的行政管理中，并未制作或获取此类信息，则其信息需求难以获得法律的支持。在专门的行政规定颁布之前，在日常实践中，政府的公务消费支出列支在公共费用支出之中，并未专门编制此类预算，因而政府部门实在缺乏此类信息，所以，无论从主动公开的范围，还是从依申请公开的范围而言，在此制度发展阶段，公众仍无从获得政府的公务消费预算信息，只能获得一些笼统性的财政信息，制度改革的目标尚未实现，有待行政管理领域的变革，提供具体的制度支持。

（三）行政改革与公务消费预算信息公开

如果说《政府信息公开条例》开启了公众获取财政信息之门的话，财政管理领域的行政管理实践，则为公众获得公务消费预算信息提供了坚实的经验基础。基于《政府信息公开条例》的制度发轫作用，以及社会要求控制公务消费支出恶性增长的社会压力。行政体系采取了一系列的措施，深化公务消费财政支出的改革，明确要求编制公务消费支出的预算，这为公众获取公务消费预算信息，提供了坚实的行政基础，政府机构再也不能以信息不存在为由，拒绝公开此类信息，我国的公务消费预算信息公开制度，初步获得了稳定的制度基础。事实上，推行财政信息公开，亦是作为执政党的中国共产党，顺应政治发展潮流，提升治理体系和治理能力现代化的重要举措。党的十八大报告提出："推进权力运行公开化、规范化，完善党务公开、政务公开、司法公开和各领域办事公开制度，健全质询、问责、经济责任审计、引咎辞职、罢免等制度，加强党内监督、民主监督、法律监督、舆论监督，让人民监督权力，让权力在阳光下运行。"党的十八届四中全会《关于全面推进依法治国若干重大问题的决定》专门明确提出，重点推进财政预算、公共资源配置、重大建设项目批准和实施、社会公益事业建设等领域的政府信息公开。因而，财政部门开启公务消费预算工作，亦是贯彻执政党战略部署的体现。编制和公开公务消费预算，不仅是依法治国、依法行政的要求，而且是贯彻大政方针的政治要求。

在此法律和制度背景下，财政部出台了《关于推进省以下预决算公开工作的通知》（财预〔2013〕309号），为推动公务消费预算信息公开提供了具有操作性的执行指导意见。在公开范围和公开内容方面，财政部规定："三公"经费预决算公开单位范围包括向同级财政部门编报部门预算的部门及其所属行政单位、事业单位（含参照公务员法管理事业单位）、社会团体、企业等。除涉及国家安全等特殊部门，各公开地区和部门原则上都应向社会公开本地区汇总"三公"经费预决算，以及部门"三公"经费预决算情况，各部门"三公"经费预决算应分别随同部门预决算一并公开。在公开期限方面，财政部要求："各省内开展相关工作的时间应保持一致，每年集中时间将财政预决算、部门预决算及'三公'经费预决算、汇总'三公'经费预决算等内容向社会公开,上述公开工作原则上应于每年 10 月 31 日前完成。"同时,为控制公务消费支出规模,规范公务消费行为,作为政府的最高行政机构,国务院修订了《机关事务管理条例》(中华人民共和国国务院令第 621 号),其中第 11 条,规定了公务消费预算的编制规则,进一步将公务消费预算编制,作为一项日常行政工作予以推进。"县级以上人民政府应当将公务接待费、公务用车购置和运行费、因公出国(境)费纳入预算管理,严格控制公务接待费、公务用车购置和运行费、因公出国(境)费在机关运行经费预算总额中的规模和比例。政府各部门应当根据工作需要和机关运行经费预算制定公务接待费、公务用车购置和运行费、因公出国(境)费支出计划,不得挪用其他预算资金用于公务接待、公务用车购置和运行或者因公出国(境)。"

　　行政领域的上述改革措施,不仅规范了公务消费支出的行为,而且明确了公务消费预算信息的预算编制和公开的行政规则,为公众获得公务消费信息提供了坚实的行政基础,在《政府信息公开条例》的法律支持下,民众的知情权获得了更加有力的保证。尽管相对于更具预算透明度的国际规则,既有的行政公开规则存在诸多的缺失,难以保证公开的数据质量,官僚组织人员仍然享有较大的自由裁量空间,详情参阅本书第三章第四部分的相关论述对此问题的经验研究。但是,一系列的行政改革措施制度化了公务消费的预算编制和公开工作,亦为未来的制度完善提供了基础。

　　(四)新《预算法》与公务消费预算信息公开的制度权威

　　根据行政法的基本原理,行政法规和部门规章的法律位阶低于普通法律。根据前文分析,由于 1994 年版《中华人民共和国预算法》立法的重要目的主要在于强化中央政府的财政统筹和管理能力,其重心在于规范内部管理,并未确立符合现代政治意义的预算透明制度,并不能为公务消费预算信息公开提供权威的法律支持。在新版《中华人民共和国预算法》颁布实施以前,支撑公众获得公务消费预算信息的仍为《政府信息公开条例》以及国务院和财政部的相关行政规定,法律的位阶偏低;在与《保密法》《档案法》等法律规范发生冲突时,只能服膺于过时的法律观念和行政实践;因而,与国际上规则以及依法行政和依法治国的国家建设理念,还存在着较大的差别;新《预算法》的颁布实施,则进一步强化了预算信息公开的法律权威,增强了预算信息公开行政工作的法理基础,为推动预算信息公开工作以及公民获取预算信息,提供了更为有效的法律支持。

所谓新《预算法》,指 2014 年版的《中华人民共和国预算法》,该部法律是对 1994 年版《预算法》的调整和修改,从立法理念到立法技术上,均取得了一定的突破。在其法律细则中,不仅增强了人大对预算的监督和管理功能,而且确立了预算透明制度,便于公众对预算支出进行监督。客观而言,此次《预算法》的修订,预算透明制度的确立,当属最大的制度创新,因为强化人大对预算的监督和管理功能,尽管进步意义不容小觑,但毕竟是对以往制度细节的调试,而公开透明则,实属从无到有的制度突破,真实地从法律层面突破了官僚体制对预算信息的垄断地位。具体而论,2014 年版的《中华人民共和国预算法》,从立法目的和立法细则上,均严正论及预算透明的现代理念,其进步意义和社会影响会随着法律的贯彻日益凸显,从而重新塑造政府的预算管理和民众的公共生活。

2014 年版的《中华人民共和国预算法》,首先在其总则的第 1 条明确了建立透明预算制度体系的宣示,"为了规范政府收支行为,强化预算约束,加强对预算的管理和监督,建立健全全面规范、公开透明的预算制度,保障经济社会的健康发展,根据宪法,制定本法。"其次,在第 14 条中规定预算信息公开的操作程序,规定预算信息在经本级人民代表大会或者本级人民代表大会常委会批准监督的预算信息,在批准后的 20 日内由本级政府财政部门向社会公开,部门预算在经本级财政部门批复后,同样需在 20 日内公开,并需要对部门预算、决算中机关运行经费的安排、使用情况等重要事项做出说明。在公开的责任机制设定层面,该法的第 92 条第 3 款规定,未依照法律规定对有关预算事项进行公开和说明的,在责令整改的同时,对负有直接责任的主管人员和其他直接责任的主管人员追究行政责任。尽管现行法规未能对公开的细则以及具体的行政责任做出明确的规定,影响了制度的约束力,但是,预算公开制度的法律基础显然已经初步具备。至此为止,预算信息公开获得了司法、人大和行政三大政治行动体系的支持。作为预算信息的一个分支,公务消费预算信息显然在此范畴之内,公务消费预算信息公开的制度权威再度获得真实而有效地提升。因而,2014年版《中华人民共和国预算法》的颁布实施,标志着公务消费预算信息公开获得了系统性的支持,初步获得了完备的法律基础。

二、公务消费预算信息公开法律监管的制度分析

毋庸置疑,从法律的性质出发,规制公务消费信息公开的法律及相关法规,皆属于行政法规,隶属于公法体系,旨在约束和规范官僚组织和官僚人员的行为,无可避免地嵌入政治体系之中。事实上,"1980年代以来,中国社会经历了一系列急剧的有时是戏剧性的变化,其中,在'社会主义法制建设'名目之下,法律在国家政治生活中作用的改变,法律向社会生活诸多领域的渗透,以及,法律话语在知识阶层乃至一般民众当中的传布,尤为引人瞩目。而在最近几年的新一轮'法律热'中,作为一种主导话语的'法治',似乎正在成为一种新的意识形态"①。意识形态化的"法治",极易导致研讨对象的实质上的差异化,而难以开展真实意义上的对话和建设,因为论争的参与者使用的同一概念,而其思想深处指代的现象和问题,则大相径庭。前提和预设,亦复如是。为理性地进行对话,必须对本书"法治"概念的预设进行说明。作为对公法问题的讨论,笔者认为其根本在于"限制权力",倘若采用官方的话语,则强调的是"将权力关在笼子里","权力不可任性"。因此,依法治国的关键和核心在于依法治权。然而,依法治权,作为一种法治理念或政治理念,从概念本身到辅助实践,亦有意识形态化的政治文化和社会空间,这些潜在的差异,必将影响相关立法在实践层面的治理功能。从历史的视角出发,中国几千年的法制传统,多半拥有的是依法治民的血液。"德主刑附""道德入法""法律道德化",均深受儒家文化的浸染,而儒家文化非常讲究君君臣臣的社会秩序,官民的层级化意蕴十足,力图构建长幼有序、道法自然的和谐社会。借鉴西方政治发展成果,移植而来的依法治官与依法治权的当世法治理念,必然会与这种具有深厚历史沉淀、弥漫于思想与制度设计之中的本土法律理念相互碰撞。公务消费

---

① 梁治平.法治在中国:制度、话语与实践[M].北京:中国政法大学出版社,2002:84-85.

预算信息公开的法律,当属此移植与契合的典范设计。由于相关法律、法规赋予了民众利用法律的手段监督官僚组织和官僚成员的行为,从制度发展的视角出发,即使不是首次,亦具有突出之意义。因为,尽管《行政诉讼法》开启了民告官的时代,但其捍卫的则是公民的正当个体利益,《政府信息公开条例》《中华人民共和国预算法》,则旨在捍卫公民的公共权利,突出的是公共利益,其立法精神和法律细则的进步意义自不待言。然而,在一个根植于儒家文化,并且在现实政府架构中,行政权力独大的国度,其监管效果如何,必将是一个引人忧虑、发人警觉的问题。

美国学者卡多佐认为"法律的生命在于经验,而不在于逻辑"。显然,即使在自由、民主理念思想传统丰厚、法治制度健全的西方社会,法律条文的功能和价值,亦需置于现实的社会环境之中,显见于各类社会力量的博弈之中。"因为法是一种社会现象,所以任何一种法学均属于社会科学,但真正的法律科学是理论的社会科学即社会学的一部分。"①法律条文的生命力,从来不唯尊立法者的意图,而是社会结构中诸种力量,囿于利益和观念,利用行动资源,或援用、或曲解、或抵制、或漠视法律条文的结果,而社会结构中的诸种力量,在为自身的理念和利益,在策略性行动时,当然难逃时代条件及时代诉求的限制。规范公务消费支出的法律、法规,欲解决的问题,同样是公共行政意欲解决的问题,而"每一种行政法理论背后,皆蕴藏着一种国家理论",②这种潜在的国家理论,涉及国家机构的设置和规制政治权力界限,所以,公法从根本上是政治性的,马丁·洛克林认为:"公法只是一种复杂的政治话语形态;公法领域内的争论只是政治争论的延伸。由于许多人都认为公法深深植根于它所存在于其中的社会、政治、经济和历史背景,这样一种路径至少可以确保我们对公法性质的探求牢牢地扎根于各个时代的现实性之中。"③然而,时代的现实性均以其特定发展阶段的社会、政治和人文状况的独特性表现出来,进而影响行政法或公法塑造和

---

① 欧根·埃利希.法社会学原理[M].舒国滢,译.北京:中国大百科全书出版社,2009:27.

② 卡罗尔·哈洛,理查德·罗林斯.法律与行政[M].杨伟东,等译.北京:商务印书馆,2004:1.

③ 马丁·洛克林.公法与政治理论[M].郑戈,译.北京:商务印书馆,2013:9.

规制政治权力的能力和效果。因而,无论是从法律文化的冲突与契合角度,还是从公法的政治本质而论,旨在控制和规范公务消费的法律和行政法规,均需置于现实的社会环境中,对其效果进行考察,从而发现其限度与制约条件;这种限度与制约条件,除却法律条文本身的缺失,政治与社会条件的限制同样交汇其中。所以,必须从制度的层面,综合分析各类制约因素,考察其社会价值。

尽管公务消费预算信息公开的法律制度功能的发挥,涉及民众、法院、行政机构和人大等众多行为主体,但在此行动体系中,民众和人大,显然是最为主要的监督主体;民众作为私人主体,其行动的逻辑在于通过捍卫知情权来监督政府,而人大,则是作为公权力主体,则是通过履行自身的职责,体现权力制衡功能,从而规范和制约行政机构的公务支出行为。显然,二者的行动能力和行动途径均存在较大的区别,所以,在下文的论述中,在探索公务消费预算信息法律监管机制效果的分析中,将分而论之,以示区别,在符合法律原理的同时,亦有助于深入阐释各自的问题。

(一)法律判例中的争议与反思

缺乏救济途径的权利,虽不至于沦为一纸空文,但至少缺乏行使的保证。为推动政府信息公开工作,现行政府信息公开法律制度赋予了民众利用行政复议制度和行政诉讼制度捍卫自身知情权的权利。其中,尤以行政诉讼制度最为突出。一则行政诉讼制度相对独立于行政机构,更为客观公正;二则突破了以往行政诉讼只捍卫公民人身权和财产权的限制,拓展和发展了行政诉讼制度。然而,在此论述的重点不在于行政诉讼的进步意义,而在于通过若干司法实践的法理分析,折射出公务消费预算信息公开法律监管机制的局限性,进而唤起国人对其他治理机制的重视,从质量层面上提高制度的执行力和约束力。首先,因为"法律的本质不在于空洞的原理或抽象的价值。法律是什么、能够是什么,以及应该是什么,取决于制定、解释和实施法律过程的特性"①。在一个以建设法治国家为目标的国

---

① 尼尔·K.考默萨.法律的限度:法治、权利的供给与需求[M].申卫星,王琦,译.北京:商务印书馆,2007:3.

度,在保护公民知情权过程中,凸显法律、权利和法院,固然无可厚非。然而,在行政权一权独大的局面下,防止出现不当依赖司法制度,为司法体系设置超出其自身能力的现象,合理分配政治机制和司法机制的功能,同样是建设现代国家治理体系的要义。其次,"行政法就是为了规范和控制行政管理而制定的,是作用于行政管理的。离开了行政管理,行政法就失去了存在的意义"①。对行政争议司法裁决的研析,不仅可以发现现行法律条文的疏漏,而且,可以真实凸显司法机制在保障公众获取政府信息权利方面的弱点,从而为探寻其他治理机制提供思想的源泉和经验的支持。

美国著名法学家罗斯科·庞德曾经惊觉以法律研究为职业的知识阶层,可能会建立起一套顽强的、违反生活和现实的教义式的理论,而罔顾法律的现实。他专门强调了司法实践的重要价值,认为法律科学处处落后于司法判决的实际进程,而司法进行判决中凸显的问题,更能折射出法治的缺失,有助于发现社会最为真实的法律需要,"我们今天对于上一代涉及社会立法的司法判决感到不满的大部分东西,就代表了当时所教授的最时新的法理学科学。来自各种未被承认的、部分被承认的、未被保障的或未被充分保障的利益的压力,往往使十九世纪的真正法律完全走在当时法学理论的前面。"②庞德的分析凸显了剖析司法裁决,在理解法律功能和法学发展的重要意义。尽管中美的司法审判制度存在较大的差别,但其洞见启示我们,研析公务消费信息公开司法裁决,可以凸显其法律条文的疏漏和司法机制在捍卫公民权利时的弱点。在分析过程中,本书将评判的标准设定为制定的功能和价值,即不以法律文本自身设定的目标为导向,而是根植于当下中国社会发展的现状以及民众在公法领域的利益诉求,参照国际同行的标准,不仅评价司法机构对案例裁决的质量,而且,以此为基础,提出现有法律文本存在的不足,为未来的法律完善和制度设计,提供理性基础。

1.公共生活与依申请行为目的说明限制条款的失当性

公法和私法之间的一个重大区别,在于其维护的权利性质存在明显的

---

①　姜明安.行政法与行政诉讼法[M].北京:北京大学出版社,高等教育出版社,1999:29.

②　罗斯科·庞德.通过法律的社会控制[M].沈宗灵,译.北京:商务印书馆,2010:2.

区别。私法或者惯常所论及的民法，多半捍卫和维护的是公民的个体的财产权、人身自由权、名誉权等权利，因为争议多是公民个体或法人间的事务，启动司法机制，需要具有当事人或其代理人的资格。公法则与之存在较大的差异，因为其关乎的是公共利益，捍卫的是公共价值，每个公民均具备启动司法机制、维护公共利益的权利和责任。在一个现代国家，个体公民和法人的私人利益和公共利益，共同构成其正当的利益。伴随着行政国家的出现，现代行政对公民个体利益的影响的深度和广度，以及形式，均发生了几何级的变化。公众生活对公民个体利益的影响，日趋深远，在这种时代背景下，公民通过捍卫公共利益和公共价值，进而维护自我利益的政治与法律正当性，不仅为成熟的民主政治国家接受，许多新兴的民族国家，亦已通过制度创新，顺应此浩荡潮流。然而，作为维护公民获取政府信息资源权利的重要法规《政府信息公开条例》《中华人民共和国预算法》，能否有效地保障其权利的有效实现呢？其制度绩效如何呢？立足于立法使命，专注于法律条文，沉溺于法律精神的法理分析，当然能甄别出其进步精神与内在痼病，然而，脱离法律生活和司法实践的学理分析，难免缺乏生命的鲜活，难以鞭辟入里，真实再现民众利益诉求在社会过程中所遭遇到的事实障碍，从而影响其现实性。因而，在分析相关法律条文和与其相关的司法失当之际，本书力图结合真实的司法裁决，尝试提供具有社会现实场景的法社会学分析。其逻辑结果为，首先，结合法院的司法判决书，厘清政府与公民法律争议的缘由，其次，在详述司法裁决内容的基础上，从公法价值和立法功能层面，详细阐释法律条文和司法机构裁决行为中存在的问题。诚然，在社会法律生活的实践中，涉及公务消费信息公开法律监管机制的法律争议众多，囿于研究重点和篇幅限制，端的不能逐一分析。因而，本书只能撷英萃精，精选二例，予以分析说明。

（1）颜某某诉湖南宁乡县财政局关于公开公务消费支出的法律争议[①]

2015年6月15日，原告颜某某向被告湖南省宁乡县财政局邮寄"政府信息公开申请表"，申请被告宁乡县财政局公开"2014公务公车运行费

---

① 案情内容改编自湖南省宁乡县人民法院行政判决书：《颜某某诉被告宁乡县财政局不履行政府信息法定职责行政判决书》（（2015）宁行初字第00123号）。

（燃油费、维修费），现有公务公车明细（车型、数量、公里数、车牌号、单车燃油费）"相关信息。依申请公开编号分别为 2015061211 号、2015061212 号。被告宁乡县财政局于 2015 年 6 月 23 日收到了颜某某政府信息公开申请后，依据《政府信息公开条例》第 13 条之规定认为不属于生产、生活、科研等特殊需要，于同年 7 月 6 日做出了宁财办函〔2015〕29 号《政府信息公开告知书》，对原告颜某某所申请政府信息答复依法不予公开，并于同月 8 日邮寄送达给原告颜某某。原告颜某某认为自身所申请公开的政府信息，属于《政府信息公开条例》第 9 条第 2 项、第 4 项规定应主动公开的信息，被告不予公开的理由明显不当，违背相关法律法规，特向法院提起诉讼；请求法院做如下判决：第一，确认被告未按法定情形履行政府信息公开内容行为违法；第二，判令被告撤销于 2015 年 7 月 6 日做出的宁财办函〔2015〕29 号《政府信息公开告知书》；第三，判令被告承担本案诉讼费用。

　　在该行政诉讼立案之后，宁乡县人民法院依法组成合议庭，于 2015 年 8 月 13 日公开开庭进行了审理，原告颜某某，被告宁乡县财政局委托代理人邓某某，周某某到庭参加了诉讼，法人代表谭某某未出庭。被告宁乡县财政局辩称：尽管原告申请公开的理由是享有知情权、监督权，但其诉讼请求没有事实依据和法律依据。根据《政府信息公开条例》，原告申请被告公开 2014 年公务公车运行费（燃油费、维修费）及被告单位现有公务公车明细（车型、数量、公里数、车牌号、单车燃油费）信息的行为时，未能合理说明申请获取的信息系根据自身生活、生产、科研等特殊需要，因而被告有权不予提供。请求法院判决驳回原告的诉讼请求。

　　宁乡县人民法院合议庭在对控辩双方所提供的事实证据进行质证后，认为各自提供的证据真实、合法且与案件相关，予以采信；然后，根据《政府信息公开条例》第 2 条关于政府信息的界定，以及第 13 条"公民、法人或者其他组织可以根据自身生产、生活、科研等特殊需要，向国务院部门、地方各级人民政府及县级以上地方人民政府部门申请获取相关政府信息"，并参照《国务院办公厅关于施行〈中华人民共和国政府信息公开条例〉若干问题的意见》（国办发〔2008〕36 号）第 14 条"行政机关对申请人申请公开与本人生产、生活、科研等特殊需要无关的政府信息，可以不予提供"的行政规定，认为颜某在申请上述关于公务消费信息时，未能合理说明申请获取该信息系根据自身生产、生活、科研等特殊需要,被告宁乡财政局拒绝提供信息的行为,并无不妥。驳回原告颜某某的诉讼请求,并裁定案件受理费五十元,由原告颜某某负担。

(2)刘某某诉被告湖南省桂阳县林业局不履行政府信息公开职责的法律争议①

2011 年 11 月 2 日,刘某某由于工作、个人生活福利的需要,在多次向被告口头要求提供该部门的财政预决算表后,向桂阳县林业局递交了正式的书面申请书,要求桂阳县林业局提供 2008 年至 2011 年共 4 年的财政预决算表和财政拨款各项开支明细表。被告湖南省桂阳县林业局在收到申请书后,对原告所申请政府信息答复依法不予公开。原告刘某某认为自身的申请行为属于《政府信息公开条例》规定的相关信息,根据《行政诉讼法》《政府信息公开条例》等有关规定,依法提起诉讼,要求被告给原告提供 2008 年至 2011 年的该部门财政预决算表和财政拨款各项开支明细表。

桂阳县人民法院经过立案审查程序,予以立案后,依法成立合议庭,于 2012 年 4 月 6 日公开开庭审理,原告刘某某、被告法定代表桂阳县林业局局长雷某某及其委托代理人到庭参加诉讼。被告桂阳县林业局辩称:第一,政府各部门财政预算表的制作机关是同级财政部门,依法应当由同级财政部门公开,该政府信息应当由桂阳县财政局负责公开,原告诉请被告公开 2008 年至 2011 年本部门财政预算表不符合《政府信息公开条例》的规定;第二,财政收支的管理和使用情况不属于县级以上各级人民政府及其部门应当公开的政府信息,原告诉请被告公开 2008 年至 2011 年财政拨款各项开支明细表,不符合《政府信息公开条例》的规定。因而,原告的诉请于法无据,请求法院依法驳回原告的诉讼请求。

桂阳县人民法院合议庭在对控辩双方所提供的事实证据进行质证后,认为各自提供的证据真实、合法且与案件相关,予以采信。然后,根据《政府信息公开条例》的规定,认为被告负有受理公民向其提出政府信息公开申请并作出相应处理答复的法定职责,且根据该条例第 10 条第 4 款规定,

① 案情内容改编自湖南省桂阳县人民法院《原告刘某某诉被告桂阳县林业局不履行政府信息法定职责案行政判决书》[(2012)桂法行初字第 13 号]。

县级以上各级人民政府及其部门应当依照本条例第9条的规定,在各自职责范围内确定主动公开的政府信息的具体内容,原告申请的财政预算、决算报告信息,在此之列;支持原告要求被告公开(提供)本部门2008年至2011年的财政预算、决算表的法定权利,而且,《预算法》第17条规定,各部门编制本部门预算、决算草案,组织和监督本部门的预算的执行,定期向本级政府财政部门报告预算的执行情况。被告辩称其不是本部门的财政预算制作机关,理由不成立。但是,原告要求被告公开提供2008年至2011年本部门的财政拨款各项经费开支的明细表,不属于行政机关应当主动公开的范围,而属于依申请获取的政府信息,且原告不能合理说明申请该政府信息系自身生产、生活、科研等特殊需要,法院不予支持。

最后,桂阳县人民法院依照《行政诉讼法》第54条第3款和《最高人民法院关于执行〈中华人民共和国行政诉讼法〉若干问题的解释》第56条第1款之规定,判决被告桂阳县林业局在本判决生效后十日内,向原告刘某某公开(提供)本部门2008年至2011年的财政预、决算表;驳回原告刘某某要求被告桂阳县林业局提供2008年至2011年财政拨款及各项开支明细表的诉讼请求;裁定案件受理费50元,由被告桂阳县林业局负担。

2. 解析依申请行为目的说明限制条款

上述两则经典案例裁决,均涉及《政府信息公开条例》第13条之规定,司法机关驳回公众申请公务消费信息公开诉求皆以之为准绳。因而,在从法学分析的角度,甄别司法机关裁决行为合理、公正与否之前,必须对此依申请行为目说明条款的合理性及其背后的政治逻辑予以剖析,以为后续的法律完善提供借鉴。尽管关于法律的概念和本质,法学界存在不同的理解,然而,拨云见日,仔细甄别,不难发现争议多半基于判断基础的差异,或者抽象程度的迥异。当然,这一断定并非意在抹杀法学研究者智力活动的价值。毕竟,法律研习者的理论争辩对于理解法律的起源、运作、发展以及如何增强其社会功能,均存在较大的启示和指导作用。然而,对于俗世的法律世界而言,在成文法的国度,法律往往指代的是由政府机构颁布的具体法律条文。在建设法治社会的过程中,法律条文既是法院裁判的依据,亦是行政行为的基础。法条常常服务于立法的目的,又因为有限理性和社会因素的制约,而在一定程度上偏离立法目的。因而,法条的构造是一个复杂的社会过程。但是，作为一种人为建构的产物，法律显然不是简单社会构成或社会需要的反映，而是立法者内心希冀和社会真实权力过程相互塑造的产物。因此，法条本身的疏漏或缺陷，委实不能简单归咎于人类心智的有限能力，它更可能是立法精神和法条构造者的思想认知的偏私所致。

在第一个案例颜某某诉湖南宁乡财政局拒绝公开公务消费信息数据法律争议中，要求被告宁乡县财政局公开"2014 公务公车运行费（燃油费、维修费），现有公务公车明细（车型、数量、公里数、车牌号、单车燃油费）"相关信息。然而，宁乡县财政局以其未能合理说明申请获取该信息系根据自身生产、生活、科研等特殊需要为由，拒绝公开，亦以同样理由，驳回颜某某的诉讼请求。第二个案例刘某某诉被告湖南省桂阳县林业局不履行政府信息公开职责的法律争议中，法院依据财政管理活动的行政实践，在确认桂阳县林业局应当主动公开相关信息的前提下，同样以申请人不能合理说明申请该政府信息系自身生产、生活、科研等特殊需要为由，拒绝支持刘某某的法律诉求。显然，从现代的政治理念出发，财政资金是政府提供公共服务的基础，建立在税收基础上。从委托代理理论出发，公众是委托人，政府代理人，代理人理应向委托人负责，说明资金的使用方式以及具体流向。建立政府向公众负责的财政制度，不仅是一个国家政治现代化的具体表现，而且也是提高财政资金使用效率的必要举措。因而，当代世界诸多发达国家，均将财政透明度和财政信息公开作为国家治理体系的应有之义。我国财政部门在《政府信息公开条例》颁布实施之后，针对公务消费支出居高不下的情况，出台了《关于推进省以下预决算公开工作的通知》（财预〔2013〕309 号），明确将公务消费信息纳入预算信息公开之列，为推动公务消费预算信息公开提供了具有操作性的执行指导意见。显然，高层政府具有公开公务消费支出的意愿。然而，无论地方政府，还是地方法院，均拘泥于《政府信息公开条例》第 13 条之规——"公民、法人或者其他组织还可以根据自身生产、生活、科研等特殊需要，向国务院部门、地方各级人民政府及县级以上地方人民政府部门申请获取相关政府信息"，拒绝维护公众权利。从法理上分析，地方司法机构裁决失当之前，确有必要对此法律条文的失当之处进行分析。

　　首先,我国政府颁布与实施《政府信息公开条例》,确立政府信息公开制度的行为,具有比较成熟的制度可以借鉴,与相关规则比较,不难发现《政府信息公开条例》第 13 条关于申请目的说明条款的正当与否。事实上,一个国家政府信息公开法律的具体规定,对于公民知情权具有实质性的影响。所以,在考察一个国家的政府信息公开制度时,关键在于甄别其法条设计在保证公民知情权方面的效力。法律学者马丁·霍尔思科德认为,有效的政府信息公开法案具有六个共同特征:"公开是规则,免除公开是例外;任何个体均可以以任何目的申请获得政府信息;免除公开的范围必须明确、具体;拒绝公开行为必须受到独立的审查;政府机构有依法公开特定信息的义务;收费合理。"位居其中的第二特征,显然表明只有免除申请信息的身份和目的限制,才能保证政府信息公开法律制度的效果。从世界主要国家的行政实践和法律设计来看,诸多国家均严格奉行这一原则。以一衣带水的日本为例,其《日本行政机关拥有信息公开法》,不仅在其立法目的中强调了国民主权理念的基础,而且在第三条规定"任何人都可以依据本法的规定,向行政机关的首长,请求公开该行政机关拥有的行政文件"。充分体现了日本社会对公民知情权的高度重视。同时,值得一提的是,在立法目的中,对于公民权利和责任政治的推崇,其文如下:"本法的目的在于以国民主权理念为基础,通过规定请求公开行政文件的权利等事项,使行政机关拥有的信息进一步公开化,以此使政府就其从事的各种活动对国民承担说明责任,同时有助于推进置于国民有效的理解和批评之下的公正的民主行政。"①同样,英美等国的信息公开制度,均允许任何人要求公共机关公开信息,对申请人没有任何限制。这意味着即便不具有本国国籍的人士,同样具有申请政府信息的权利。稍微保守的新西兰的相关立法,虽然将申请者的权利限制为本国的自然人,但亦未对自然人的申请行为,恪以其他约束。基于比较研究的视野,不难发现我国《政府信息公开条例》第 13 条的规定,无论其设立目的如何,均不及西方诸国相关规则的科学性。社会生活的实践亦已表明制约了公众获得政府信息权利的实现。

　　其次,考察此条目设立的目的与过程,同样有助于凸显其有碍透明政

---

　　①　周汉华.外国政府信息公开制度比较[M].北京:中国法制出版社,2003:122.

府之实现的负面作用。任何法律、法规的制定,都有一个起草、讨论,决议通过、颁布实施的过程。初步确立政府信息公开制度的《政府信息公开条例》亦是如此,在近似标准化的行政立法流程中,国务院先邀请相关领域的知名法律学者成立起草小组,制定专家建议稿,然后由国务院法制办公室对其进行修改或调整,最后在对外公开征集意见后,予以颁布实施。但是,在立法的真实过程中,起关键作用的只有两个步骤。一是专家起草阶段,二是国务院内部的修改和调整。专家意见稿多半出自学者之手,理想的成分较重,是汲取国际最为先进的立法理念和法律实践经验的成果,而官方版本则多反映出政府部门或部分高级行政官员的意见,因而体现出更多的保守主义特征。对比专家意见稿和政府意见稿,不难发现政府部门政治精英对立法尤其是法律条文的影响。值得一提的是,政府部门政治精英的保守主义色彩,尽管看似有阻碍法治目标实现的嫌疑,但是,其思想和观念,则是现实社会环境下政治精英行政观念的真实再现。政府意见稿中政治精英对专家意见的修改或调整,折射出的亦往往是建设法治国家亟待解决的问题,亦是最后正式出台法律条文潜藏问题之所在。当然,官方意见稿中亦可能有政治理性的空间。

在专家意见稿中,以周汉华为首的起草专家组,采取了最为开放的原则,将依申请的权利赋予了所有自然人(包括外国人)、法人以及其他组织机构。专家意见稿并未规定目的说明条款,显然专家意见稿采用了国际上通行的最佳准则原则,将获取政府信息作为公众的基本权利,首席专家周汉华在对立法目的的说明中,非常强调这一原则的重要性:"草案之所以明确规定公众有获得政府信息的权利,而不仅仅只是将信息公开当作政府机关的一种办事制度,主要是针对目前各种形式的公开实践中所反映的问题。如果信息公开仅仅只是一种办事制度,就意味着政府信息可以公开,也可以不公开,随意性比较大,实施中缺乏保障与制约。将信息公开当作一项权利处理,不但与大部分国家和地区的惯例相符,而且也使整个制度设计更加具有可操作性。因此,本条规定是整部条例的基础和基石。"①然

---

① 周汉华.起草《政府信息公开条例》(专家意见稿)的基本考虑[J].法学研究,2002
(6).

而,在最后颁布实施的法律条文中,却增加了目的说明的限制性条款,显然,违背了专家意见稿的初衷。但是,由于"立法过程中的争论极少见之于中国的官方媒体",①政府内部的政治精英享出于何种考虑增加这一限制,至今仍缺乏具体的信息来源。但是,基于理性政治人的假设,不难发现,官方最后颁布实施的文本,表明作为行政法规出台的最高权力主体国务院,并不愿意完全放开申请公开政府信息的限制,缺乏接受公民享有知情权的勇气。而且,在后续的国务院对《政府信息公开条例》的行政解释中,再度强调了这一原则,最高人民法院《关于审理政府信息公开行政案件若干问题的规定》(2010 年 12 月 13 日最高人民法院审判委员会第 1505 次会议通过),再度确认了这一原则;该规定第 12 条规定,如果原告不能合理说明申请获取政府信息系根据自身、生产、生活、科研等特殊需要,且被告已经履行法定告知或者说明理由义务的,人民法院应当判决驳回原告的诉讼请求。从法学原理出发,此一审理规定为司法体系理性的体现,依法审判,是依法治国的重要条件,但是,这也表明在目前的法律制度和司法框架体系下,公众获得政府信息,仍然需要获得行政体系的批准,行政机构在是否提供相应信息方面享受较为宽泛的自由裁量空间,显然违背了立法的初衷,并严重制约了公众利用《政府信息公开条例》和《预算法》监督公务消费支出的民主权利,亦降低了公务机构和公务人员接受有效民众监督的力度和空间,从而降低了公务消费预算信息公开法律监管机制的效果。

公务消费预算信息,作为对公财政资金计划或使用的情况说明,显然,属于公共生活的范畴。在这个意义上,政府是任何纳税人的代理人,有义务向每个公民说明公务消费资金的使用情况。质言之,任何公众均有获得公务消费预算信息的权利。然而,现行的法律体系要求公民在申请政府信息时必须说明是否系生产、生活和科研的需要,公务消费预算信息,作为政府信息的一种,当然要受此法律条文的约束。如果从法律概念的狭义意义上分析,首先,除却科研人员,普通公众申请获取此项政府信息的权力既无

---

① Yong Tang. Feeling for Rocks while Crossing the River: An Analysis of the Statutory Language of China's First Freedom of Information Law [J]. Journal of Information Policy, 2014(4):343.

可能获得司法系统的支持,徒然将获取政府公务消费预算信息的权力,狭隘地置于科研人员之手,其他社会公众,只能望法兴叹,则势必削弱了政府机构和官员受到监督的可能性及力度。其次,法律作为社会建构的产物,既是社会权力结构的体现,又反作用于社会结构,进而对作为社会个体的人有所塑造。现行法律制度体系及其相关法律条文,规定在获取政府信息时,只能是基于生产和生活的需要,至少从狭义的语义概念出发,将公众视为生产的工具和局限于自身狭隘个体生活而缺乏对公共利益关注的原子化自私生物,实在有违现代人权观念,即使不是对现代个体任性侮辱,也是对民智的轻视,更不利于提升公民参与现代政治生活、行使当家做主权力的实现。在此法律架构下,政府机构和行政官员会固化其保守的意识,视民众为行政管理的被动接受对象,进而不利于为推进政府信息公开、建设透明政府、营造合理的社会氛围。所以,从狭义语义学出发,依申请行为目的说明限制条款,委实降低了公务消费预算信息公开法律监管机制的成效。相关司法机构秉持与行政机构相同的法律理解,看似严格遵守了依法治国、尊重法律的现代司法精神,实则为消极行事,缺乏担当,怯于发挥司法机构在推动法治建设,弘扬法治精神,维护公平与正义的推动作用。

3. 法律条文的狭义解释与司法懈怠

无论是实行普通法系,还是大陆法系的国家,司法过程对于法治目标的实现均是非常重要的。实行普通法系的国家,法律的真实内涵,往往是法官根据法治的基本原则和精神,基于法律实施的正义,确立积极的裁判规则,以判例的形式,保持法律的稳定性。实行大陆法系的国家,尽管司法裁决是以成文法为基础的,但是,法官在裁定法律条文的真实含义、澄清因立法的有限理性造就的含混和模糊之处、解决立法空白对法律规则影响的方面的功能,同样不可小觑。在上述摘录的两则经典案例中,地方法院基于《政府信息公开条例》第13条依申请行为目的说明限制性条款,以及最高人民法院《关于审理政府信息公开行政案件若干问题的规定》,否决了颜某某和刘某某要求公开地方政府或部门公务消费预算信息的请求。从狭隘的机械司法来看,地方人民法院的裁决似乎合情、合理,维护了法律制度的稳定性和尊严。法官对司法争议的裁决,亦无可厚非。但是,基于现代司法的理念,司法机构和主审法官即使在司法裁决受到成文法极大制约的大陆法系国家,司法力量亦应积极寻求有所作为的空间。"制定法经常是支离破碎、考虑不周全并且不公正。因此,法官作为社会中的法律和秩序之含义的解释者,就必须提供那些被忽略的因素,纠正那些不确定性,并通过自由决定的方法——'科学的自由寻找'——使审判结果与正义相互和谐。"①法律作为一种有意思、有目的的社会建构产物,在当代世界,早已步出了形式主义、拘泥于法律条文狭隘文字的初级阶段,服从立法目的和现代法治精神,应当是法官在对法律条文内涵进行语义解读时最为基本的指导规则。尤其在公法领域,基于公共行政发展的动态特征,公共行政的实践常常快速超越立法阶段的社会现实。如果法官在裁决案件时,机械性地理解法律条文的内涵,甚至受制于外界条件的制约,曲解法条的内涵,则公法制约权力的立法目的势必难以实现。"公共行政既是行政法学者研究的有效对象,也是他们需要保持回应性的事项。重要的是,行政法应与其行政背景同步。"②因而,为真正地实现政府信息公开的法治目标,司法机构与法官必须积极回应公共行政的现实,而不拘泥于狭隘的语义解释,而置立法功能、公众的合理诉求以及政府的法治建设目标于不顾。秉承此司法精神,地方人民法院和法官在裁决上述案件,以及与其案件法律正义相似、法律事实类同的法律争议过程中,即使受到基于现代社会司法性质与上述目的说明限制条款的语义表述的限制,同样可以积极作为,从而将获取公务消费预算信息的权力赋予每个普通公民,而绝非局限于科研人员。

首先,基于积极的司法立场,依申请公开功能说明限制性条款的法律条文,以及最高人民法院《关于审理政府信息公开行政案件若干问题的规定》中有关此条文的审理说明,并非只能作为人民法院否认公民获取政府公务消费信息的诉讼请求的依据,相反,可以作为支持有效获得的法律依据。首先,《政府信息公开条例》第13条的规定为"公民、法人或者其他组织还可以根据自身生产、生活、科研等特殊需要,向国务院部门、地方各级人民政府及县级以上地方人民政府部门申请获取相关政府信息"。从语义

---

① 本杰明·卡多佐.司法过程的性质[M].苏力,译.北京:商务印书馆,2010:5-6.

② 卡罗尔·哈洛,理查德·罗林斯.法律与行政[M].杨伟东,等译.北京:商务印书馆,2004:76.

学的角度分析，对此法律条文的理解有两个层面，可以作为支持公民获取政府公务消费预算信息的法律基础：一是如何界定"等"的内涵；二是上文所言及的"生活"的内涵与外延。《现代汉语常用字字典》对"等"字的内涵，有两种解释：表示列举或者省略。如果法官采用"列举"的意涵，则似乎在上述两则案例中，人民法院难以支持公众的诉讼请求，然而，如果法官援用"省略"的含义，则完全可以扩大该项法律条文适用的对象。如此，公民只要在申请或诉讼的过程中，表明自己具有获取此类信息的动机，人民法院即可支持公众获取公务消费预算信息的诉求；通过积极的司法过程，扩大公民获取政府信息的自由。尤其是在第一个经典案例中，法律争议发生的时间为 2015 年 6 月 15 日，此时，距财政部出台《关于推进省以下预决算公开工作的通知》(财预〔2013〕309 号)，已经两年有余，根据财政部的上述规定，省级以下的财政部门，必须在 2015 年之前，全部完成公务消费的预算编制和公开工作。换句话说，在公共行政实践过程中，公务消费预算信息公开，早已成为应有之义。地方人民法院在对此案的审理过程中，局限于狭隘的语义解释，拒绝支持公民诉求的裁判行为，即使不存袒护政府之意，也难以推却消极司法的嫌疑。

其次，如果司法机构从"生活需要"的积极需要出发，完全可以援引用来支持公众获取公务消费预算信息的诉讼请求。上文对经典案例司法机构的判决的分析表明，地方法院判决主要从对"生活需要"的狭隘语义出发的，即将"生活需要"界定为个体自我利益的需要，而将公共生活的社会需要排除在外；这一裁决立场延续了旧有《行政诉讼法》将公益诉讼排除在外的立场，继续将公众拘束在狭隘的个人私利空间。然而，作为一个现代社会的个体，或者说任何社会中的个体，其生存和发展，都存在着对公共利益的渴望和守候的道德冲动，"人性中的个人主义倾向与人性中的共有取向是相互补充的。人需要社会交往，因为它使其生活具有意义、使其避免陷入孤寂之中。如果不允许一个人参与有关公益方面的某些公共活动，他便会产生失落感，在一个纷繁复杂、人口密集的当今世界中，尤其如此……在一个健康并且日益发展的文明中，大多数人都是希望能够根据其能力大小而为其社会福祉做贡献的"[①]。改革开放后,伴随着科技进步和市场经济的发展,传统社会渐渐分崩离析,个体间的相互依赖打破了传统血缘、地缘与个体私人私密关系的限制,城市化和工业化的冲击,正使愈来愈多的个体,抛却狭隘的小农思想,作为社会上层结构的法律制度,必须与时俱进,做出相应的调整。这不仅符合西方法学社会学流派的基本思路,亦是马克思主义经济基础决定上层建筑的辩证历史唯物主义的立场。因而,修订后的《行政诉讼法》,已经允许对环境问题进行公益诉讼,所以,司法机构可以从"生活需要"的广义语义对法条进行解释,将其扩展到公共生活需要的范围,则根本不损及法律的尊严,相反,基于立法目的的这种广义解释,反而能更好地维护法律尊严,从而更好地提升公务消费预算信息公开的监管功能。

当然,司法体系积极发挥功能尚需公众意识的培养和觉醒。在上述经典案例中,颜某某和刘某某,作为普通的公众,积极向政府申请公务消费的预算信息,并且坚持将政府诉至公堂,体现的正是公益的精神,亦表明关注公共利益、捍卫公共价值确实已深入人心。因为此类申请和诉讼行为,本无可能赋予颜某某和刘某某任何个体私利;两位申请者既非记者又非研究人员,申请和诉讼行为亦和个人的职业需要毫无关联。以此而论,二者推动法治进步、监督政府行为的现代公民意识不容不恭。然而,从诉讼过程来看,则存在诸多遗憾之处。依据上述理论分析,笔者认为二位诉者,至少在提起诉讼时,存在两条明显的缺陷:一是在申请公开公务消费预算信息时,未能合理说明申请获取该信息系根据自身生产、生活、科研等特殊需要,只是模糊地提及《政府信息公开条例》,认为政府有向公众提供相关政府信息的义务和责任,而对法条的具体内容和潜在的法律缺陷,缺乏必备的研习。而且,在诉讼过程中,亦未能聘请律师等法律的专门人士,从而给政府以拒绝公开的口实。二是在法院合议庭进行审理的构成中,当法官以未能说明申请目的,而支持地方政府的主张时,诉讼人并未以公共生活监督政府的政治生活的需要,合理向法庭为自己的主张辩护,导致在法庭上

---

① E. 博登海默. 法理学:法律哲学与法律方法[M]. 邓正来,译. 北京:中国政法大学出版社,2004:6-7.

法官难以找到支持诉讼人的合理依据。所以，在既有的法规体系下，尽管存在功能说明性条款的先天不足，以及司法机构消极裁断的羁绊，但公众在法律意识觉醒的同时，法律专业知识肤浅、缺乏求助法律专业人士的习惯，亦制约了公务消费预算信息公开法律监管机制的效力。因而，在提升法治水平的过程中，除却正式的法律制度建构，提升公众的法律意识，是一个不可回避的话题。如果依法治国、建设法治国家的关键在于依法治官和依法治权，则在普法过程中，理应提醒公众在援用法律时亟需注意的事项。而在此过程中，媒体的重要作用是不可忽视的。推行法治必须加强公民意识，提高公众利用法律维护公益的能力，并在这个过程中，积累相应的经验，从而为依法治国和依法治权提供深厚的民众基础。

（二）公共监督主体的能力、激励与法律监管的泛化

在现代的公共治理体系中，除却作为公民的个体，基于公共利益和自身利益的出发，可以利用国家提供的机制安排，监督政府行为和公务人员，专业化的公共监督主体的能力和功能，更是一个不可回避的话题。上文基于公民诉讼监督机制的分析，曾深入分析公众以及现行司法体系，狭隘地将《政府信息公开条例》之13条的生活需要囿于个人私生活需要的范围，而具有公益精神的公众，亦不知运用公共生活的概念，依法获得政府公务消费预算信息，这是公众法律意识和法律素养的问题。同时，从另一个层面而言，它也反映了长期政治教育和制度设计过程中的问题，从深层次的角度出发，它与本部分将要分析的权力主体监督存在的问题，共同映射的则是近代以来，现代中国国家制度建构中存在的问题。而且，欲理解这一现代国家制度建构中存在的问题，必须从更为深远的历史背景，根植于近代中国面临西方现代化冲击，尝试解决民族危机和谋求民族复兴的抗争进程，才能充分地理解当下的问题。而且，这种对当下问题的合理理解，必将会对未来的理念抉择、目标设定与路径选择产生特定的影响。因为一个国家现代化的过程中，必将也是一个对国家理念进行更新、国家治理体系不断提升的过程，抛开历史联系，图谋全新的努力，势必困难重重，甚至产生负面的影响。诚然，作为对公共权力监督主体问题分析的背景介绍，此处的分析必须也只能是提纲挈领、言简意赅的，否则，分析的主题将被遮蔽，

核心问题行将淡化。

1. 公民个体法律诉讼的限度与公共监督制度建设

基于官僚统治精英善意和意愿的公务消费信息公开，显然，背离依法治国的理念，因为这一理念的基本主张在于限制官僚，而非限制民众。但是，在公众受制于官员的真实社会环境下，维护社会稳定的强大执政压力，超出了建立现代治理体系的重要性。由于现行的制度体系，无法放弃国家的工具主义理念，无论法律条文的设定，还是具体的裁决过程中，民众的知情权受到限制，势必为情理之中，早已注定。上述两则经典案件裁决的法理学分析，表明法院在进行司法过程中，未能有效地发挥能动主义，因而，制约了公务消费预算信息公开法律监管机制的成效，这当然有国家工具主义社会背景的影响，但是，司法机构在推动社会变革过程中的作用，既有优势，兼有弊端，这是一个必须阐明的问题。舍此，无法客观地评价公务消费预算信息公开法律监管之中个体诉讼的合理功能。尽管这一制度途径，常以"法治"的名义，被赋予优越的地位，这在"法治"的话语几乎意识形态化的社会背景下，极易忽视其潜在的局限性。事实上，即使在世界范围内，"法治现在处于一种奇怪的状况，它是当今世界最突出的合法化政治理想，但对它的意义为何却没有共识"[①]。作为一种含义多元的共识，充满了不确定性，必须将其置于特定的社会背景，政治体制和治理目标时，才能确切地对其进行考察。

首先，法治需要司法机构获得最低限度内的独立审判权，从而建立其对政府权力的有效制衡，为法官公正地审判，提供制度性的支持。"按照现行法律，法院不是三权分立制度下与政府对等的机构，也不独立于中国共产党或政府机关……但是，法院也不能简单地列作国家或党政机关的一部分……决定地方法院与地方政府机关的关系的因素错综复杂。最根本的是早在中华人民共和国成立以前就已形成的政治体制。经济改革使这一关系更加复杂。传统上，法院一直被视为党政机关，法院人员被看作是党

---

① 布雷恩·Z.塔玛纳哈.论法治：历史、政治和理论[M].李桂林，译.武汉：武汉大学出版社，2010：5.

的干部。法院的财政、物资和人事管理方式与其他党政机关相同。"①尽管近期国家高层决定改革既有的司法体系，但其仍处在初期阶段，能否解决地方法院对地方政府的依赖关系，还有待改革的推进和效果的观察。显然，在此司法背景下，在解决行政争议的过程中，地方法院难免受到地方层面更具有政府权威和政治资源部门的压力，难以积极能动地维护公众的正当诉求。

其次，基于个体诉讼的制度建构，在社会治理过程中，相对于其他治理机制而言，存在先天的不足。但是，这一不足常常被赋权于民、以权利制约权力的法治话语所遮蔽。在政治、市场和法治三大社会协调体系中，从制度绩效的交易费用角度出发，过分依赖司法制度，常常为法院设置超出其能力的目标，精细而复杂的司法程序增加了诉讼参与的成本，降低了信息的可获得性，"诉讼的成本之高，加上利害关系的分布不均，可能使法院根本就无法触及这个社会矛盾，甚至大量的社会问题都无法进入司法制度的视野。而且，诉讼参与的演进可能会产生严重的不平等，因为那些利害关系较弱的当事人和那些没有诉讼经验的人都在诉讼中处于弱势地位"②。以政府信息公开诉讼为例，民众为了获取一项政府信息，需要经过复杂的诉讼过程，即使在诉讼过程中获胜，也为此付出了较大的成本。在司法裁决过程中，政府与公众显然具有不同的行动资源和诉讼能力，中国的司法体制加深了这种不对称性，因而，诉讼的结果常常以公众败诉为结果。例如，在诉讼过程中，政府常常以政府信息不存在为由，拒绝公开此类信息，而法院又缺乏必要的调查手段，只能以政府提供的证据作为审判的依据，而无从开展必备的事实调查，从而无法维护公众的合理诉求。凡此种种，无不凸显了基于公民个体诉讼监管机制的限度。事实上，除却公众个体的诉讼监督机制，公务消费预算信息公开监督机制还有非常重要的一个环节，即公共行为主体的监督。这种公共行为主体的监督，既有政府体系内部因权力分工而产生的专门监督，又有基于国体设计的代议机关的监督，

---

① 梁治平.法治在中国：制度、话语与实践[M].北京：中国政法大学出版社，2002：161-166.

② 尼尔·K.考默萨.法律的限度：法治、权利的供给与需求[M].申卫星，王琦，译.北京：商务印书馆，2007：39.

同时,作为执政党的中国共产党,同样具有自身的纪律检查机构,在监督体系中的作用,自是不可回避。当然,强调公共行为主体的监管作用,其意不在否认基于公民个体诉讼制度的合理性,而是主张在根据现代社会生活的特征,充分重视专业分工的比较优势,有效提升公务消费预算信息公开法律监管机制的效力。事实上,公民个体诉讼制度的效果,在很大程度上,不惟依赖司法机构的权威和能动性,而且,取决于公共监督行为主体的执法行为。

2.公共权力主体与政府信息公开制度建设

现代社会是一个政治组织化的社会,公权力对于维护社会秩序、提供公共服务发挥着无可替代的作用。但是,人类社会发展的历史经验表明,公权力容易异化,绝对的权力导致绝对的腐败。但是,人们在理解公权力异化的负面影响时,往往把分析的范围局限在公权力的拥有者本身,而忽视了这一行为对权力之下公众和社会的影响。如果权力异化的危害仅仅停留在当权者自身,其负面影响,虽然令人生畏,但终究有限。事实上,权力的危害常常通过权力属性的不可确定性,影响社会中相关个体,甚至整个社会的创造力,导致一个国家或地区整体性的衰败和倒退。因而,权力可以扭曲社会分配机制的公正性,当权者和与其具有紧密关系的群体,可以利用权力的影响获得自身行为的正当收益,致使权力其他管理对象和边缘群体的正当利益遭受重大损失,这种负面影响会激励此类群体,同样通过寻租等手段俘获权力的不当收益,从而降低从事财富创造和社会创新的动力,最后导致社会的整体溃败。正是因为权力异化的巨大负面影响,各个国家无不探寻各种办法,立制建章,规范权力的运作。其中,建设法治国家,依法治国,无疑获得了最为广泛的认同,并在全球范围获得了持续性的影响。正是在这一全球化范围内建设法治政府的风潮之下,我国政府将公务消费预算信息公开纳入大法治的框架下,予以治理。

但是,正如当代著名的法理学专家博登海默所言:"虽然在有组织的社会的历史上,法律作为人际关系的调节器一直发挥着巨大的和决定性的作用,但在任何这样的社会中,仅仅依凭法律这一社会控制力量显然是不够的。实际上,还存在一些能够指导或引导人们行为的其他工具,这些工具是在实现社会目标的过程中用以补充或部分替代法律手段的。这些工具包括权力、行政、道德和习惯。"①"尽管法律是一种必不可少的具有高度助益的社会生活制度,但是,它像其他大多数人定制度一样也存在一些弊端。如果我们对这些弊端不给予足够的重视或者完全视而不见,那么它们就会发展成严重的操作困难。法律的这些缺陷,部分源于它所具有的守成取向,部分源于其他形式结构中所固有的刚性因素,还有一部分则源于其控制功能相关的限度。"②显然,博登海默教授不仅认识到法治力量本身并不足于控制权力,而且,法治本身的制约力量和控制功能,亦需要超过法治本身的范畴来寻求支撑和促进。公务消费信息公开相关法律制度,在实施的过程中,所面临的技术和社会障碍,并不是仅仅依赖法律条文和司法体系能够得以解决的复杂问题。其复杂的技术面向和高度的形状技术特征,譬如其数据的真实性问题,超出了司法审判的范畴,法院往往缺乏此类的专门人才,来准确厘定问题之所在,亟需借助审计等专门机构的力量。审计结构专业的经济审查能力,可有效地解决公务消费预算信息公开中的专业技术壁垒问题,化解司法监督因信息不对称问题的监管困境。在建设法治国家的过程中,诸如公务消费预算信息公开中数据的真实性问题,启示我们公法制度功能的发挥,仅仅依靠公众的法律诉讼制度,是不足的,亟需发挥其他专门公法主体的作用,凸显专业机构维护法治尊严的力量。

为充分认识既有公务消费信息公开法律机制的缺陷,以提升其治理效果为出发点,必须将其置于更为宏大的社会权力结构之中,发现真实的法治机制作用的方式和范围。这必然要求理论研究跳出分析法学的狭隘法治观念,引入法社会学的分析思路和分析框架。与分析法学视法律为主权者命令,将关注的重点局限在法律条文的内在逻辑和约束力的理论思路相反,法律的社会学法学派将法律视为众多社会控制机制的一种,并且注重狭义的法治途径与其他社会治理途径之间的相互作用。根据美国法社会学著名人物庞德的分析,社会学法学派具有以下几个特征:"社会学法学所关注的是法律运作,而非权威性律令的抽象内容……分析法学家认为法律

---

① E.博登海默.法理学:法律哲学与法律方法[M].邓正来,译.北京:中国政法大学出版社,2004:370.

② E.博登海默.法理学:法律哲学与法律方法[M].邓正来,译.北京:中国政法大学出版社,2004:419-420.

乃是某种刻意制定的东西,而历史法学家和 19 世纪哲理法学家则把法律视作是某种发现的而非制定的东西。然而,与上述法学家不同,社会学法学家却把法律视作是一种既含有透过经验发现也包括刻意制定这两种方式的社会制度……社会学法学家所强调的是法律有助益的那些社会目的,而非制裁……社会学法学家从功能的角度来看待法律制度、法律准则和法律律令。"①与此理论导向相适应,社会学法学非常注重研究法律制度、法律律令和法律准则的社会功能,视法律为众多实现社会目的的手段,尤其注重研究法律的运作机制,积极关注使法律律令发挥作用的手段的开发和利用,"为准备法律制定工作进行社会学的研究"②。社会学法学的这种实践导向,启示我们在建构公务消费信息公开法律机制的过程中,如果仅仅关注法条的完善,忽视实施机制中的实践问题,则必然难以实现立法的目的。作为国家治理体系治理现代化过程中确立的重要的公法制度,公务消费信息公开的法律制度的实施,必然涉及公权力主体的权力和职责,忽视这些公权力主体的实际作用,无疑既难以为立法目标的实现扫清障碍,又无法发挥其关键性的支撑作用。本章第一部分对公民推动机制中法律缺陷的分析,也已凸显了公权力行为主体的重要性。

　　作为国家公法的重要组成部分,世界上各个国家的政府,无不尊重国家相关机构的推动作用。法社会学的创立者,奥地利著名法学者欧根·埃利希早在一个世纪前,就强调指出国法依赖于国家官员的执行。可见,非常强调社会治理过程中的"活法",充分尊重社会约束机制的社会法学创始人亦将公共机构当作社会治理过程中的重要行为主体,并不排斥公共机构的作用。"与来自社会的法律规范不同,国家创制的法律规范很少通过纯粹的社会强制来实施。为此,国家需要它自己的权力工具,即国家机关。也就是说,这里的关键首先在于:国家是否根本上拥有旨在执行其规范的合适机关。因此,不论是什么地方,是否存在国法,这个问题不仅如人们通常所认为的那样是一个国家体制(宪法)问题,而且也是一个国家管理(行

---

　　①　罗斯科·庞德.通过法律的社会控制[M].沈宗灵,译.北京:商务印书馆,2010:295-296.

　　②　罗斯科·庞德.通过法律的社会控制[M].沈宗灵,译.北京:商务印书馆,2010:358.

政)问题。人们只有了解负责把一个国家的制定法投入运行的机构,才会明白制定法所指的含义是什么。一切都取决于这些机构人员的教养、诚实、技巧,取决于他们的勤勉。职是之故,同样的法条在不同的社会中会有很不相同的含义。"①埃利希对国法实施机制的这一论述,一方面凸显了他强调的实施中的法律常有别于纸面条文的思想,而且展示了他尊重公权力机构,在国法实施过程中的作用,提醒国家治理者不能只注意法条的完善而忽视其实际效果,可以视为法社会学家对公法实施机制最为重要的专门论述,不失为我们研究公共消费预算信息公开法律公法实施机制的重要理论指导。既有理论研究过度关注公众个体的推动机制,而忽视公法主体职责与功能的行为,至少在一定程度上遮蔽了实现法律目标的一个重要途径,无益于问题的发现和解决。事实上,在建设透明政府和阳光政府的过程中,当代主要的世界强国,无不重视相关公法主体的重要作用,设置设立专门的机构,专司其责,提升制度绩效。

毋庸置疑,公务消费预算信息公开相关的法律制度,其制度基础在于现代政治文明中的表达自由权,这种建立在宪政理念基础上的表达自由,包括寻找、接受与传播信息与观念的权利。"公众获得政府信息的权利最先由瑞典在二百多年前首先确立,但其真正引起各国广泛的关注应该是上世纪(19世纪)后半期。现在,它不仅是一项国内法所规定的权利,在一系列国际法律文件中也得到了确认。"②公众知情权获得国际组织和国际法律文件支持,无疑具有深刻的国际政治和国内政治背景,它是战后民族国家独立和民主理念在全球范围的传播和发展的结果。但究其根源则是民族国家政治发展,参与民主还是协商民主兴起的结果。无论是代议制民主和参与式的协商民主,真正要控制权力的任性,均需打破官僚组织及其工作人员对于国是信息的垄断,政府信息公开制度正是顺应政治发展时势的民主利器。以当代政府信息公开制度建设最为发达的美国为例,在其制度演化过程中,美国国会的作用不仅体现在日常的制度维系中,而且还以立

---

① 欧根·埃利希.法社会学原理[M].舒国滢,译.北京:中国大百科全书出版社,2009:403.

② 周汉华.外国政府信息公开制度比较[M].北京:中国法制出版社,2003:1.

法的形式,积极推动政府信息公开的深度和法治化程度,削减公众获得政府信息的交易费用。由于 1946 年美国《行政程序法》赋予了行政机关以"公共利益"为名,拒绝提供政府信息的自由裁量空间,行政机关仍然大量地拒绝本应属于公共产品的政府信息,美国国会推动了《情报自由法》的颁布与实施,"1966 年的法律(《情报自由法》)对政府文件的态度和 1946 年法律完全相反。取消了原来法律中的公共利益、正当理由等模糊而广泛的拒绝公开的理由,列举了九项免除公开的情况。除该法列举的九项免除公开的情况以外,一切政府文件必须对公众公开,允许公众按照行政机关规定的程序得到政府的文件。"①而且,"根据 1996 年电子信息自由法的规定所有联邦部门和管制机构每年都必须编制信息自由法的实施报告,所有报告须经司法部信息与隐私办公室汇总,最后形成联邦政府的年度报告。"②这种程序性的规定赋予了司法机构开展司法审查的能力,与国内政府机构自主发布信息、自说自话的情形形成了鲜明的对比,凸显了公共机构对信息公开制度的约束力。

　　即使具有保守主义政治传统、注重保密的英国,亦在建立政府信息公开的过程中,非常注重公共行为主体的积极作用。除却既有政治体系中的机关国务大臣和上院议长,负责相关的政府信息公开事务,英国还特别设立了信息专员和信息裁判制度。"信息公开的申请人对公共机关对信息公开的申请的处理有异议,就可以向信息专员提出申请,请求信息专员对公共机关对信息公开申请的处理是否符合《信息公开法》的规定做出决定……信息裁判所由下列人员组成:上院议长经咨询检察长后任命的主裁判席,上院议长任命的数名副主席,国务大臣任命的数名委员。裁判所的成员必须有七年的相关的资格,这些委员必须能够代表数据的控制者和数据的对象的利益。"③信息裁判所可以对信息专员发出的通知书进行裁决,并对公共机关的负责人为拒绝公开信息而发出的说明有关信息,是由安全机关提供的,或者与执行安全事务的机关有关的信息,或者是为了保卫国家

---

① 　王名扬.美国行政法[M].北京:中国法制出版社,2005:948.

② 　周汉华.外国政府信息公开制度比较[M].北京:中国法制出版社,2003:69.

③ 　周汉华.外国政府信息公开制度比较[M].北京:中国法制出版社,2003:169-173.

安全需要做出例外信息的证明进行裁决。与华夏一衣带水的近邻日本，在通过政府信息公开制度，建立对国民开放的和值得信赖的行政制度过程中，亦专门设立了信息公开审查会，日本《信息公开法》第21条规定："为调查审议第十八条规定的咨询程序中的复议申请，在总理府中设置信息公开审查会。"为公众获取政府信息体统权威性的制度帮助，在实践中发挥了积极的作用，有效降低了公众在获取政府信息过程中依法捍卫自身知情权的成本。

反观国内包括公务消费预算信息在内政府信息公开制度建设，非常缺乏公共权力主体的推动和制度维系设计，将制度维系和推动的力量，不切时宜地置于普通公众身上。抛开现行法律体系和行政诉讼制度本身的缺陷不论，寄希望于普通公众行政诉讼的制度设计，至少在一定程度上，亦忽视了中国法律文化和法制传统的现实影响。事实上，即使在法治业已健全的西方社会，"法律虽然规定了行政机关拒绝提供文件时，申请人可以提起诉讼救济，但是诉讼的费用昂贵……一般人不愿提起诉讼。"[①]正是出于这一法治现实因素的考量，为充分满足知情权，西方国家设立了公共权力主体的信息公开监督职能。诉讼维权知情权的成本和困境，并非西方政治制度的特产；反之，由于受特殊政治文化和法制传统的影响，这一问题在中国语境下更为严重，更须引起信息公开制度建设的。根植于国内的法律文化和法律传统，以诉讼推动政府信息公开，至少面临两个方面的制约与影响。一是中国法律传统，强调礼仪治天下，儒家的纲常伦理在社会生活中发挥着重要的调节作用。"中国的政治思想从公元前5世纪开始，就一直在讨论用伦理规范（特点为通过仪式化的社会习俗来运用这种规范）而非法律手段来控制社会的优惠性。在名义上，从公元前1世纪开始，强调社会调解行动和道德劝勉的儒家方法就已经被接受为社会的准则。"[②]所谓的法律多指刑法，调解的基本是封建政府和民众的关系，即便如此，刑法条文亦多为儒家伦理规范的具体化，"中国古代的成文法完全以刑法为重点；法典

---

① 王名扬.美国行政法[M].北京：中国法制出版社，2005：949.
② 吉尔伯特·罗兹曼.中国的现代化[M].刘东，等译.南京：江苏人民出版社，2010：86.

的编撰主要限于对社会长期流行的道德规范的整理、编辑；只有在其他行为规范不能约束人们的行为时，方才诉诸法律，否者法律条文很少被引用。"[1]在一定程度上，这种礼治传统的熏陶浸染，致使民众不喜以法律为武器，捍卫权利甚至是自身的切实利益。二是中国具有反诉的传统。一方面，诉讼有违礼治传统，诸如明代大儒王阳明在任职县令时，就曾经张榜明示其反对诉讼的态度，"在许多坚持社会理想的人们心目中，对簿公堂是卑下的，为君子所不齿"[2]。另一方面，在权力高度集中的司法体系中，地方行政长官兼具检察官、法官、被告辩护人、案情调查员、陪审员的多重角色，虽有儒学伦理和个人品格声誉的约束，但其司法过程，公正难期，判决结果中权钱交易亦不是奇闻逸事。"衙门八字开，有理没钱莫进来"，无疑也降低了普通公众使用司法机制维权的意愿。这种法律文化和法律传统，仍然根深蒂固。改革开放以来，尤其是党中央确立依法治国纲要，全面推进依法行政之后，法治的地位和社会功能有所提升。但是，整体而论，民众对司法机制的信任，仍然有待提升。在此社会背景下，依赖诉讼机制作为推动政府信息公开制度建设的重要动力，虽然具有治理现代化的意蕴，但是，其社会效果，未免令人担忧，而且，公务消费信息公开制度，作为公法的一个重要组成部分，单独依靠公益意识，尚处于发展阶段的转型国家的普通个体，其认知度尚未普及，寄希望于推动制度建设，必然有所欠缺。因此，根植文化传统，效法西方诸强之制度设计原则，依赖公共权力主体，推动包括公务消费信息公开在内的政府信息公开制度建设，提升治理体系现代化水平和应对全球化浪潮冲击的制度能力，可谓无可替代的合理选择。西方诸强的制度实践表明，个人主体和公共权力主体相互协作的双重作用，可以显著地提升政府信息公开制度的治理绩效，相得益彰，互相协作，铸就监督和制约权力的时代利器。忽视公权力主体的作用，无疑是现代政治常识缺乏、法学视野狭隘的肤浅之见、狭隘之举。

---

①　D. 布迪，C. 莫里斯. 中华帝国的法律[M]. 朱勇，译. 南京：江苏人民出版社，2010：4.

②　吉尔伯特·罗兹曼. 中国的现代化[M]. 刘东，等译. 南京：江苏人民出版社，2010：87.

三、国内政府信息公开制度建设公权力
相关主体的合法性分析

　　现代社会是一个高度相互依存又高度分工的社会，"分工协作"是这个时代最好的注脚。现代工商业的发展推动了社会共存模式的转换，拓荒式分散居住的农业文明的松散协作模式，早已成为明日黄花，在此文明转换过程中，公共领域的拓展和发展，不仅是社会驱动的结果，而且有效地调整着社会发展的进程。在此公共领域中，公权力主体的作用范围和组织方式，作为一种政治现象的同时，亦是法律调整的目的和对象。无论是法治社会的实践，还是法治建设的理念，均在强调政府在提供公共服务时的义务不再唯主权者的意志而论。"公法的基础不再是命令，而是组织。公法已经逐渐变成了客观的，正像司法已经不再建立在个人权利或私人意思自治的基础之上，而是代以一种每个人都承担的社会功能的观念一样。因此政府也应相应地具有某种必须实现的社会功能。"①法律尤其是公法，在社会变迁的过程中，转变为调整公务服务，强调政府履行公共服务的义务行为规则。尽管公共服务的观念和实质服务中，仍然具有传统的秩序内涵，但是，整体而论，公法显然不再是主权者统御民众的工具。公法的这种政治性本质和由此衍生的公共属性，无疑对其实现机制提出了虽非全新但迥异于故往的诉求。"公法所调整的法律关系具有根本的政治性，这要求它采用一种与司法研究方法截然不同的独特的研究方法。它要求那些负责在这一领域做出法律决策的人士理解决策过程的更宽广的结构性背景。"②国内公务消费信息公开的相关法律和律令，无疑属于公法的范畴，其法律律令和实施过程中存在的诸多问题，不唯是法律条文本身的成败得失，它更是当代中国复杂政治话语和政治改革的缩影。倘若割裂其与中国政治结构和国家治理过程深层次治理的内在联系，单纯从法律律令规范性角度，或者简单地将其实施机制局限在私人诉讼的角度，探究其得失，必然

　　①　狄骥.公法的变迁[M].郑戈,译.北京:中国法制出版社,2010:46.
　　②　马丁·洛克林.公法与政治理论[M].郑戈,译.北京:商务印书馆,2013:8.

是违背其政治属性的形而上学的狭隘法治观念。"公法只是一种复杂的政治话语形态,公法领域内的争论只是政治争论的延伸。由于许多人都认为公法深深根植于它所存在其中的社会、政治、经济和历史背景",①国内公务消费信息公开实施机制的研究,亦必须深植于国内的社会、政治、经济和历史背景之中。

因此,必须尊重现代法治和国内的政治现实,既遵循国际发展的基本趋势,防止割裂主义行径对法律制度建设的遮蔽作用,推动国内法治和政治文明的制度发展,关注公法制度建设过程中公法的独特性,即确立国家机构设置和规制政治权力之行使的法律安排,注重公共权力主体在公法贯彻过程中的重要作用;同时,又要尊重当代中国政治组织社会的现实,探讨在中国政治框架下如何实现现代法治理念的可行性路径,防止削足适履,简单移植国外法律机制,无视国内政治制约的法律工具主义的简单迷思。实现上述双重目的需要理论研究保持高度开放的心态,从法治现代化和政治现代化的当代政治潮流出发,构建既尊重和符合国内政治现实,又切实能推动当代中国公法制度建设,实现规范和控制公共权力时代命题的公务消费信息公开实施机制,服务于转型社会治理体系和治理能力现代化变迁的时代诉求。

基于公务消费信息公开制度建设公权力行为主体的合法性分析,秉承上述充分发挥公权力主体制度建设推动作用的现代法治和现代政治理念,结合公务消费信息公开法律制度设计到财政信息的内在属性,根植于国内政治制度安排和相关法规体系的具体规定,参照国外现代制度框架和政治实践,不难发现国内公务消费信息公开制度建设,必须注重既有政治制度安排中人民代表大会、人民政协、纪检监察机构以及审计机构的职责,充分利用既有政治体系中的既有政治资源,不简单地照搬西方机制,但充分吸收其先进理念,实现新时代的"中学为体,西学为用";同时,根植于国内政治传统和国外有益经验的启示,借鉴日本等信息公开制度比较健全的国家的制度实践,成立全新的信息公开审查委员会(如图 5-1 所示)。通过相对的权力分工,各司其职,推动公务消费信

---

① 马丁·洛克林.公法与政治理论[M].郑戈,译.北京:商务印书馆,2013:8.

息公开责任机制的发展,完善公务消费信息公开公权力推动机制,降低公民在获取政府公务消费信息时的交易费用,提升公务消费信息公开数据的质量,以充分满足公众的知情权。

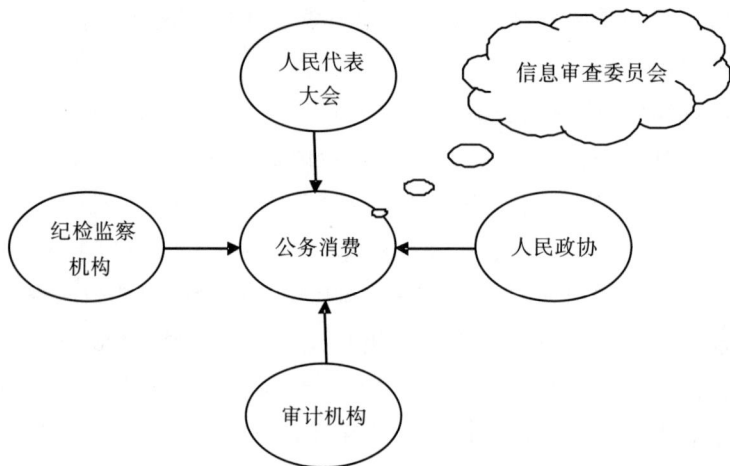

图 5-1　公务消费信息公开法律监管机制中的公共权力行为主体

（一）提升人民代表大会的制度权威推动作用

公务消费信息公开制度作为保护公众知情权建设的同时,也是一个较高层次的政治问题,涉及一个国家的权力配置和相互制约。上述关于公法权力主体在推动公务消费预算信息公开制度建设的合法性建设,业已凸显了民意代表机构无可取代的关键作用。人民代表大会制度作为我国根本政治制度,是我国政治监督机制的重要组成部分,其预算监督权与公务消费信息公开制度建设息息相关。现行《预算法》关于人大对预算的监督途径和措施,尽管存在着监督手段过于粗略的问题,但是毕竟提供了有益的途径。公务消费预算编制和信息公开,作为预算管理的重要方式和方法,隶属于人民代表大会的预算监督范畴。因而,凸显人民代表大会对公务消费信息公开的推动作用,是发挥既有体制既有政治资源的绝佳途径;这一专门机构的权威性和专门资源,可以有效降低公众个体推动过程中遭遇的交易费用问题。同时,发挥民意代表机构的制度推动作用,也是当代世界发达国家推动预算管理科学化,保证主权在民的重要体现。以美国而言,美国国会常常通过其财政拨款权来获得行政机构包括预算信息在内的各类政府信息。再者,支持和保证人民通过人民代表大会行使国家权力,既是国家治理体系和治理能力现代化的现实要求,同时也是国家政治发展的既定目标和应有之意。十八大报告指出:"人民代表大会制度是保证人民当家做主的根本政治制度。要善于使党的主张通过法定程序成为国家意志,支持人大及其常委会充分发挥国家权力机关作用,依法行使立法、监督、决定、任免等职权,加强立法工作组织协调,加强对'一府两院'的监督,加强对政府全口径预算决算的审查和监督。"

在当下的人大预算监督管理方式下,各级人民代表大会只拥有整体通过权或整体否决权,缺乏修正权力,预算监管功能受到很大的限制。公务消费预算信息及其公开,显然属于单项预算的范畴,因而,既有的预算监督方式,难以将其纳入明确的监管范围之内。上述相关章节对 T 市的经验研究,不仅揭示了地方层面公务预算编制和控制中存在的问题,而且凸显了地方人大尤其是省级以下地方人大的对公务消费的预算监督,基本处于空白状态。这一制度建设的现实,显然增强了公众获取政府公务消费预算信息,特别是准确信息的能力。所以凸显各级人民代表大会对包括公务消费在内的专项预算监督能力,增加预算修正能力,对于国家预算管理的专业化和公众知情权的保护,均善莫大焉。人民代表大会特别的政治地位和专门化的力量,对于强化公务消费预算编制的合理性以及公开机制的权威所具有的优势,显然不是单向度的公众个体行政诉讼可以替代的,它同时也可以降低公众个体推动机制的交易费用。人大监督应发挥其问责优势,致力于推动公务消费预算信息公开,单项专门列出,细化审核、开展执法检查,提升监管的针对性和专业性,确保公务支出行为合法、依规、合理。尤为重要的是,人大制度建设应该根据十八大的积极部署,设立代表联络机构,完善代表联系群众制度,在个体公众获取政府公务消费预算信息遭遇挫折时,给予其制度化的支持,降低个体公众对抗政府机构的压力和成本。

（二）发挥政治精英专题协商的推进功能

协商民主是当代民主政治发展的重要体现,它有效改变了代议制民主的即时性弊端,致力于尊重民众的日常参与权和监督权。政治协商制度作为社会主义协商民主的重要参与形式,在广纳群言,增强合力,解决国家或地方实际问题过程中,具有重要的政治整合功能。从政治发展的视角出发,健全协商民主制度,是未来国家治理顺应时代发展潮流、增强社会主义民主的重要途径,十八大报告指出:"坚持和完善中国共产党领导的多党合作和政治协商制度,充分发挥人民政协作为协商民主重要渠道作用,围绕团结和民主两大主题,推进政治协商、民主监督、参政议政制度建设,更好协调关系、汇集力量、建言献策、服务大局"从协商民主的政治现实来看,参与政治协商的公众,往往是地方的政治精英,这些政治精英具有充足的时间资源和政治资源参与包括公务消费预算信息公开的制度建构。中共十八届四中全会强调:"加强社会主义协商民主制度建设,推进协商民主广泛多层制度化发展,构建程序合理、环节完整的协商民主体系。"人民政协的专题协商和提案制度,已经成为各级政协参与国家治理,强化民主监督、规范和约束权力的重要制度形式。

然而,本书第二章的实证分析表明,这一重要的政治参与形式,并未在公务消费预算信息公开的过程中,发挥其应有的功能和作用。这一重要公共行动主体功能的缺失,显然有悖于其作为民意代表机构和政治协商机构职责设定的初衷。因而,鉴于公务消费支出控制的现实政治意义,在未来的制度建设上,地方政协则应开创日常监督机制,积极发挥其桥梁作用和协商功能,认真回应人民群众的关切,致力于日常状态下常规监督,督促地方政府认真履行公务消费预算信息公开在内的各项规则,并有效回应公众的质疑和批评。对于地方政府公务消费预算编制和信息公开过程中存在的问题,政协委员和地方政协应有效利用专题协商和提案制度,针对地方层面甚至是个别部门公务消费预算信息公开过程中存在的问题,予以专门的协商监督,以强化对权力的监督和制约,防止行政机构拥权自重,虚假公开;同时,协商推进应有效回应地方公众的知情诉求,相互协作,降低公众获得相关信息的权力压力和制度阻力,实现公权与私权推动的有效协同。

（三）深化和细化党纪监督

权责一致是现代政治学和行政学的基本原理,政党政治是当代政治的重要特征,政党的纪律和原则,尤其是执政党的纪律和原则,无疑对政治体系的运行,具有重要的影响。美国行政学者诺顿·郎指出:"权力是行政管理的生命线,离开权力一切问题均无从谈起。"因而,一切制约权力运作的规则和制度,均应纳入现代政治的分析之中。中国共产党作为唯一合法的执政党,不仅是历史选择的结果,而且也是现实政治的真实写照。作为当代中国最为重要的政治组织和权力主体,其对政治体系运作和公共部门管理的影响,不言而喻。建立公务消费预算信息公开制度,正是执政党面对现实问题,积极借鉴国外治国经验构建的新型治理制度。公务消费预算信息公开不仅是社会主义民主政治的新发展,而且是执政纪律现代化的重要体现。《中国共产党纪律处分条例》第九章对于违反群众纪律行为处分规定之第119条明确指出:"不按照规定公开党务、政务、厂务、村(居)务等,侵犯群众知情权,对直接责任者和领导责任者,情节较重的,给予警告或者严重警告处分;情节严重的,给予撤销党内职务或者留党察看处分。"公务消费预算信息公开,显然属于其规定中的政务之列,之外,虑及权责一致的现代政治学和行政学的基本原理,以及中国共产党在行政体系的决定性影响,尤其是行政体系中的党管干部原则,行政体系内的诸多重要岗位本身是由党员担任,因而,中国共产党是毋庸置疑的重要公法主体。然而,这一政治现实和法治现实,常常因为理论研究者过于倚重西方理论视角而被漠视,从而忽视了党纪监督在公务消费预算信息公开过程中的重要作用。

　　然而,十八大以后的政治实践证明,作为当代中国最为重要的权力主体,在众多规范和控制公务消费行为规则执行过程中,其控制和制约功能体现得最为明显。本书第二章关于公务消费控制压力的实证调查中,作为党纪约束的八项规定,成效最为明显,凸显了其在当代国家治理过程中的核心作用。本着尊重政治现实的理论态度,本书认为亟需摒弃过度倚重西方理论的研究误区,视其为当代中国最为重要的公法主体,深化和细化其对政府机构公务消费预算信息公开的监督和管理。尽管党纪监督已经在公务消费控制维度发挥了重要的作用,但其成效主要是通过对支出行为控制予以实现的。在推动和规范公务消费信息公开的执纪监督维度,其监管的常态化存在严重不足,在党纪监督的实践中,未现相关惩戒条款的运用,导致这一重要的推动机制绩效不彰。考虑到党纪监督的有效威慑,党的纪律检查部门,应充分履行《中国共产党纪律处分条例》第119条的规定精神和监督责任，建立常态化的执行细则，扭转既有制度依赖财政部门监管缺乏威慑力和有效制约手段的不利局面，从而切实约束各级政府机构在公开过程中的恣意行为，实现监管到位、失信严惩的制度建设目的。

（四）突出审计机构的数据审查功能

政府公务消费信息公开数据的质量，是该项制度发挥规范和约束作用的基础。"数据质量由两个相关的因素定义：它满足数据消费者的预期的程度，以及它在多大程度上表示了创建它的对象、事件和概念。"[①]数据作为抽象的符号，虽然不是现实，却是现实的再现。如果政府机构公开的数据，难以全面反映公务消费的真实情况，即公众难以获取到真实的公务消费情况，则公务消费信息公开机制势必难以有效约束政府机构及其公务人员的支出行为。然而，具有公务消费支出涉及众多资金账户、众多的使用人员，以及过于冗杂的票据处理，完全超出了普通公众的鉴别能力。另外，在既有的治理体系下，即使普通公众具有财务审查能力，也缺乏进行资金审查的途径，难以识别公开数据的真伪。

国家审计是国家治理的应有之义，审计机关的重要功能在于发现违规和违纪行为，督促国家机构合法履行应有职责。"国家审计与国家治理存在内生的影响关系。一方面，完善国家治理需要改善国家审计工作，提高国家审计效力。国家经济社会环境的不断变化，人民生产生活的不断发展，要求提高政府执政能力，完善国家治理。国家审计随国家治理的目的、任务、重点和方式的转变而转变。这是国家审计不断推进的内在动力。另一方面，国家审计又反作用于国家治理，对国家治理产生新的要求。作为国家治理系统的重要组成部分，国家审计自身会随着环境的变化而不断变革，并引致国家治理系统发生渐进性或实质性变革。"[②]因而，在公务消费信息公开机制的设计过程中，必须高度注重审计机构这一公法主体的专业审查功能，将其引入公务消费公开机制之中，使其成为公务消费信息公开

---

① 劳拉·塞巴斯蒂安-科尔曼.数据质量测量的持续改进[M].卢涛,李颖,译.北京：机械工业出版社,2016:2.

② 李琰,张立民.国家审计推动完善国家治理效果的实证分析：基于省级面板数据的经验证据[J].财会月刊,2015(18):3.

流程中的关键性步骤,从而提升公务消费公开数据的真实性。

鉴于国内财政体系的特征,在现行的财会管理规则下,几乎所有的财政账户资金,均可以用于公务消费支出,如果缺乏有效的监管机制,在机会主义动机的激励下,政府机构的工作人员极易利用这一制度缺陷,将公务消费费用列支在其他的预算开支中,掩盖真实的公务消费支出状况。此外,各级政府数据造假,一直是我国地方治理的一个顽疾。中央全面深化改革领导小组第二十八次会议,专门审议通过了《关于深化统计管理体制改革提高统计数据真实性的意见》,地方政府数据真实性问题的严重程度,可见一斑。在现行的政府公务消费信息公开的规则之下,其所公布数据的行为,近似于一种自主性的行动,缺乏必要的技术审查和外部监督。因此,模糊公开、局部公开等机会主义行为,屡见不鲜,难以起到有效的满足人民群众的知情权并制约其规范和控制公务消费支出的功能,这也是公务人员轻视其监管作用的重要原因。鉴于公务消费支出复杂的技术特征,普通民众即使拥有监督的意愿,亦会受制于技术壁垒的限制,难以实现有效地监督。国家审计是国家治理体系的重要组成部分,具有"免疫"功能和矫治功能,其专门的人力资源和专业的审查能力,能够有效击破行政机构的技术壁垒,可以有效地发现违规和失范行为。为提升公务消费信息公开的数据质量,必须引入审计监督环节,发挥审计机构的专业优势,防范机会主义公开行为,提升数据的真实性,使其如实反映政府的公务支出行为,从而为公务消费信息公开制度的规范和控制作用,奠定良好的基础。

(五)建构信息公开审查委员会的咨询推进职能

政府信息公开由于涉及面非常广泛,而且具有十分复杂的政治、法律和技术面向,在建构政府信息公开制度的过程中,为了凸显政府信息公开的政治价值,增强公共服务的专业性,缓解其他权利救济机制在权力配置和技术壁垒的制约作用,化解政府信息公开过程中的技术难题。在西方的政治和法律实践过程中,除在既有的政府机构内部指定或设立专门的日常机构,还成立专门的委员会或裁判机构,专门应对复杂的政府信息公开事务。政府公务消费信息公开工作涵盖了预算编制、公务支出等复杂的议题,许多复杂的个案尽管可以诉诸上述专门的公权力主体,但一旦涉及非常复杂的信息议题，尤其是许多普通个案的信息事务不足于触发专门公权力主体的监督机制时，具有一定政治权威和充分技术优势的委员会或裁判机构，则更具有解决现实问题的功能和优势。目前，国内公务消费信息公开实施机制中，缺乏这类专门的行政机构，查漏补缺，予以完善，不仅有利于公务消费信息公开制度权威的实现，而且有利于整体政府信息公开制度的提升。因此，借鉴日本、英国的法治实践，在中央政府设立信息公开审查委员会，益在全面，利在实施。

在设立政府信息公开委员会层面，日本经验更值得借鉴和吸收。日本与我国同属于东亚文化圈，受儒教影响较大，在历史传统上，具有较大的相似性，借鉴其法治和政治实践经验，我国更易接受和实现。日本建立信息公开审查委员会的举措，其首要的行动基础在于设立政府信息公开制度的目的，《日本行政机关拥有信息公开法》规定"以此（信息公开）政府就从事的各种活动对国民承担说明责任，同时有助于推进置于国民有效的理解和批评之下的公正的民主行政"，本着对国民充分负责的态度，日本的信息公开委员会由九名成员组成，委员为非专职人员，设在总理府中，并须获得两院批准后由内阁总理大臣任命，内设办公机构，负责审查信息公开的相关事务。该委员会可以要求自选提出机关出示公开等决定所涉及的行政文件，任何机关不得拒绝，保证了其获取政府信息的高度权威，有效遏制了日本行政机构的本位主义和其他公权力主体的地方主义，从而保证了政府提供信息公开的责任。同时，这一制度设计也可以有效弥补信息公开法律诉讼中，因为行政经验的缺乏和调查手段的限制，而无力获得相关法律事实，以支持公众获得政府信息的合法需要。

英国政府的信息裁判所，与日本的信息公开审查委员会异名而同职，在公民的知情权救济过程中，发挥着非常重要的作用：一是裁决英国政府信息专员的行为是否适当；二是核查公共机构拒绝公开信息的行为及其理由是否成立。英国的信息裁判所具有单方向审理案件的程序，以避免在案件审理过程中可能发生的信息泄露，裁判庭采用多数制规则来决定裁判意见。在成员构成上，议会上院议长在咨询检察长后，可以任命主裁判席和数名副主席，国务大臣任命数名委员，这些成员必须有七年的相关资格。信息裁判所属于英国的行政裁判所系列，当公众或行政机构对裁判结果不服时,可以向法院提起诉讼,英国将法律诉讼作为最后的救济手段,予以使用。这一制度设计的立意和出发点,对于国内的政府信息公开制度建设,乃至法治政府的建设,均具有针对性的借鉴意义。国内部分学者将法治建设单向度地理解为强化司法机构的独立审判作用,实乃有违当代国家法治建设的现实。无可否认,司法机构的独立审判的地位及其对推动法治社会建设的进步意义,但是,司法机构的弊端,亦是不可回避的。周汉华教授在论及英国信息裁判所的优势时,凸显了行政性执行裁判的相对优势:建立裁判所的主要原因是法院效率低,而裁判所则能迅速解决问题,法院收费高,而裁判所相对收费低廉,而最主要的原因是裁判所成员主要是专家,而且裁判所都有不同专业或者行业之分,有利于解决技术性较强的问题。①反观国内的信息公开权利救济机制,虽然公众可以自主地选择行政复议机制和行政诉讼机制,但行政复议的一级复议制度,囿于直接的利益相关性,而独立性不足;行政诉讼机制则不仅独立性不足,而且,针对比较复杂的技术性议题,往往只能支持涉诉行政机构的主张,徒具司法裁决之形式。

　　因而,日本和英国的上述制度设计,可以作为公众知情权的第三类权利救济机制,在国务院设立专门的工作委员会,负责复杂的政府信息公开法律争端解决机制,注重解决具有技术含量的信息公开争议,化解既有权利救济机制存在技术能力和权威性不足的难题。信息公开委员会可以由国务院总理或副总理负责,各部部长及相关领域的法律专家参与,并划分为几个分委会,以分别处理涉及不同政府职责的信息,凸显高位行政性争诉解决机制的优势:一是解决弥补行政复议制度利益直接相关导致的技术能力有余而权利救济动力不足的缺陷;二是解决现有司法机制独立性较好、技术能力不足的弱点;三是这一制度设计同样有助于降低行政机构和行政复议机关的机会主义动机,强化既有行政复议机制的主体作用。这一专门的行政机构,无疑可以借助其制度权威和技术优势,有效地推动国内公务消费预算信息公开制度建设,提升其制度约束功能。

----

① 周汉华.外国政府信息公开制度比较[M].北京:中国法制出版社,2003:172.

四、优化公务消费信息公开法治机制的反思

在全面依法治国和国家治理体系现代化的背景之下，公务消费预算信息公开制度建设，具有现实的法律基础，然而，其制度绩效又是依法治国和依法行政治国理念能否有效纾解国家治理问题。在一定意义上，依法治国和国家治理体系现代化具有非常复杂的内在关系，依法治国是国家治理体系现代化的重要体现，是一个国家或地区制度文明的标志和制度保障；依法治国需要尊重政治科学的原理，合理厘清权利与权利、权力与权力之间的界限和关系，对国家治理能力提出了较高的要求。同时，国家治理体系的现代化亦需要尊重现代法治的基本精神，依法设定权力的边界和运行方式，在保障国家治理能力的同时充分尊重公众的合法权利。公务消费信息公开制度建设，兼具依法治国和治理体系现代化的双重内涵，其制度意在通过公务消费信息公开，通过知情权的实现，保障公众实质性的监督权，从而起到规范和控制公务消费支出的目的。缺乏法治的基础，该项制度易于沦为权力的仆从，甚至堕变为粉饰野蛮统治的象征性工具；同时，如缺乏治理体系的现代化，该项制度则难免缺乏实质性的制约能力，趋向于嬗变为形式主义的傀儡。

公务消费信息公开制度以规范和控制公务消费支出为目的，对其法律制度的探析，应以此目的作为理论研究的出发点和评价制度绩效的基点。因此，在探析公务消费信息公开的法律机制时，必须摒弃法学分析学派狭隘的法条主义观念，将其置于社会整体制度框架之中，尽管作为大陆法系国家，制定法的法律条文和司法机制，对于法制目标的实现，具有相当重要的意义。然而，国家制定之法的绩效一方面依赖国家官员的执行，同时取决于它相对于其他法律的位阶和要义，而且，从根本上，国家制定之法，尤其是涉及权力规制和权力约束的法律绩效，取决于一个国家政治体制的现代化程度；质言之，它取决于权利和权力之间的配置，以及权力与权力的分工制衡能否制约任性权力的恣意行为。本章采取研究法律文件与研究法律文件所调整的实际社会关系相结合的方法，从法律社会学的角度出发，探究公务消费信息公开法律监管机制在真实的社会环境中面临的制约，实

则受法律社会学思想的影响,尤其是法社会学奠基者埃利希研究思想和研究方法的影响,毕竟国家所立之法不等同于实际发挥作用的法律,简单地埋头于法条的逻辑性判断,尽管可以有所获得,但必将忽视许多值得探究的法律运作事实,从而难以贴近社会现实,得出罔顾现实的非理性判断。埃利希曾前瞻性地指出:"未来的法学或许将会永久地抛弃抽象的概念建构和推释的可笑的假面伪装;但后者确实自始以来只为了这样一个目的,即让必然的社会进程从非专职人士的视线里消失。自由的法的发现并非如人们所认为的那样是一个摆脱制定法的法的发现,而是一个摆脱抽象和推释中徒劳而多余的束缚的法的发现。"[①]显然,埃利希尽管反对唯法条是从的分析主义路径,但他同样反对无视制定法功能的虚无主义妄念。将国家立法置于社会的框架之中,既重视国家立法及其司法机制的重要影响,同时,又要关切国家立法的缺陷,以及国家法治机制与其他机制之间的相互作用,合理发挥各项机制的有益功能,谋求国家立法的合理推动作用,防止法条与法律承载的社会功能分割,实乃探索公务消费信息公开法律机制的明智之举。

　　基于上述分析理念,反观国内公务消费信息公开的法律机制,不难发现其存在的两大不足:一是在以权利制约权力的法律控制机制方面,现行的法律诉讼规定有违现代社会公共生活的本质属性和现代法治的基本精神。由于现行的行政诉讼法规定,公民个体只有在主观认为自身的财产权、人身权受到行政机关的侵害时,才能向人民法院提起诉讼,以维护自身的合法权利,除却在环境保护领域,禁止公益诉讼,而且,公务消费信息公开重要的法律基础《政府信息公开条例》第13条规定,公民、法人或者其他组织可以根据自身生产、生活、科研等特殊需要,向国务院部门、地方各级人民政府及县级以上地方人民政府部门申请获得相关信息,而对广大公众来讲,公务消费信息几乎很难与自身狭隘的生产、生活相互联系,科研需要更是无稽之谈,整体而论,现行的法律基础实质上无力为公众提供通过行政诉讼推动公务消费信息公开的制度途径。公务消费支出作为现代社会

---

　　① 欧根·埃利希.法社会学原理[M].舒国滢,译.北京:中国大百科全书出版社,2009:374.

公共生活的必要成本,直接的相关行为主体虽然只是行政机构及其公务人员,但广大公众实为切实的利益相关者,地方司法部门拒绝为公众提供相应的法律支持,诚然有法律条文规定自身存在的问题,但是,如果司法部门直面当代中国的重大历史使命,从法律制定的立法目的和立法理念出发,完全可以发挥司法的能动主义,将生活的概念扩展为政治生活,则能以合乎逻辑和建设法治国家的逻辑,推动公务消费信息公开机制建设的开放性,增强普通公众在公务消费信息公开过程中的监督能力和制约能力,充分体现现代法治国家建设和国家治理体系现代化公权共享、公众参与的治理理念。当然,根本而论,为充分实现现代法治国家建设以权利制约权力的目的,必须剔除现行《政府信息公开条例》第 13 条之违背现代政治发展趋势和法治精神的保守规定,借鉴西方成熟的立法经验,将信息申请人扩展为所有公民主体,规定任何人都有权要求公共机关公开信息,明确公开请求权和知情权,提升法条设计的合理性和科学性。

在现行的公务消费信息公开机制中,公共权力主体的作用未能得到有效的凸显,增加了公众获取政府部门相关信息的难度,降低了行政机构及其工作人员全面、如实公开公务消费信息的制度压力。以权力制约权力,并以权力分立与制衡保证公众以权利制约权力的现代治理理念和现代法治观念,尚未在既有的公开机制中得到有效的贯彻和实施。事实上,根植于中国的政治文化传统和现代政治生活专业分工的基本特征,依赖公众个体法律诉讼的推动机制,尽管具有非常重要的进步意义,但若完全依赖于公民个体,则必将受制于法律诉讼机制本身的交易费用,增强公众获取权利的成本。因而,必须在制度设计中,尊重现代政治生活和法治生活专业分工的时代属性,增强公权力主体自身的推动作用,以及公权力主体对公众实现权利的制度支撑和有效保护,从而真正实现以权利制约权力、以权力分立制衡权力、保护公众权利实现的现代制度理念。但是,如果现行的公开机制完全忽视了公权力主体的作用,亦是罔顾事实,缺乏对公共行政真实世界认真观察和严谨分析的肤浅之见。

由于公务消费信息公开涉及预算管理的内容,同样受新颁布实施的《预算法》的影响,《预算法》的制定和法条设计充分借鉴了西方议会的预算监督经验,赋予了各级人民代表大会的预算监督权,因而,在现行《预算法》

中不难发现推动预算信息公开的法条设计,即事实上,各级人民代表大会实质上拥有依法推进公务消费信息公开的制度化途径。然而,由于人大的预算监督权停留在整体的预算监督的层面之上,缺乏单项的预算修正权力,而且,T市的经验研究表明,公务消费预算并未在地方预算过程中单独列示、接受审核,实际而言,难以对公务消费预算信息公开发挥实质性的约束。无可否认,强化和细化各级人大的约束功能,特别是其推动地方政府机构公务消费预算信息公开,建立公众信息公开支持机制的人民代表联系制度,具有无可比拟的重要性。但是,强化各级人大推动作用的同时,必须尊重当下国家政治的现实,避免过于受制于西方制度框架和学术理论,充分重视国内政治分工的制度设计,既顺应现代政治发展的国际潮流,同时,坚持制度自信和文化自信,将权力分立,以权力制约权力,并以权力分立与制衡保证公众以权利制约权力的现代治理理念和现代法治观念嵌入国内的治理改革和治理实践中。十八大报告指出:"积极借鉴人类政治文明有益成果,绝不照搬西方政治制度模式。"根植于国内权力分工的现实,必须注重党纪监督、政治协商、审计监督等公权力既有主体的关键作用,同时,必须认识到建立政府信息公开专门化组织的重要作用,借鉴日本、英国等国家的政府信息公开建设经验,尝试在国务院设立信息公开审查委员会,强化行政性机制交易费用较低,宏观指导和推进作用突出的特性,有效降低公众获取具有一定数据质量的公务消费信息的成本,并有效降低各级政府的机会主义动机,实现整体性的绩效改进。

　　总之,基于法条设计和社会生活相结合的法律社会学分析,不难发现现行公务消费信息公开的法律机制具有明显的司法特征,偏向于通过公众个体推动公务消费预算信息公开。根植于传统政治文化的深厚的反诉主义,以及现代政治生活专业分工的时代特色,这一制度设计无疑在实现公开治理绩效层面,难以有效实现其制度使命。在完善公务消费信息公开的法律机制过程中,必须尊重其公法的本质属性,秉承以权力制约权力,并以权力分立与制衡保证公众以权利制约权力的现代治理理念和现代法治观念。既完善现有公众个体法律诉讼推动机制,又充分重视具有中国特色的公法权力主体的关键性功能。同时,特别值得注意的是,非常有必要建立公民个体同相关公权力主体的衔接和协同机制,实现制度协同和制度合力，真正地本着国家治理体系和治理能力现代化的目标，以依法治国和依法行政为具体途径，渐进性推进国内公务消费信息公开法律机制的完善。当然，在建构法律公务消费信息公开机制的过程中，仍需秉承法律社会学的理想与思路，以功能导向为出发点，视法为社会秩序，既要防止分析法学派法条主义的狭隘视野，又要发挥法律的能动主义。毕竟，法社会学家奠基人埃利希警示世人，必须客观看待国家立法和司法裁判的真实社会功能。"法的发展的重心既不在于立法，也不在于法学或司法判决，而在于社会本身。"割裂法律制度与其他社会制度之间的关系，夸大国家立法的社会功能，势必难以取得预期的效果。

第六章　制度嵌入与公务预算信息公开
治理机制支出控制绩效①

公务消费支出是一个国家行政成本的重要组成部分,合理的公务消费支出是一个政府提供公共服务的必要成本。然而,如果一个国家的公务消费支出过于庞大,缺乏有效的规范和制约,致使公共服务的行政成本过于高昂,则必然为民众所质疑和诟病。因而,当今世界的诸多国家无不建章立制,建立公务消费管理和控制机制。在计划经济时代,政府的权力高度统一,社会生活方式比较简单,所需提供的公共服务比较单一,公务消费支出一直处于较低的水平。改革开放以来,我国的公务消费支出一直保持着一个过快的增长速度,在严重挤压了政府提供公共服务的资金空间的同时,滋生了大量腐败问题。究其原因,既有政府管理职能扩展的服务成本问题,同时亦与行政机构与部分官员,在制度约束羸弱的情况下,机会主义动机诱发的损公肥私的腐败驱动。尽管仍然缺乏公务消费真实支出的可置信性数据,同时也缺乏公务消费支出合理规模的评价标准。但是,毋庸置疑,过于高昂的公务消费支出以及不断被曝光的过度公务消费行为,严重影响了执政党和政府的形象,成为高层治理者和现行制度体系必须予以回应的重要问题。

为遏制公务消费的非理性增长,高层治理者采取了诸多措施规范公务消费支出。其中,编制和公开公务消费预算和决算数据,是颇具现代治理理念的政府管理创新之举。公开公务消费预、决算数据,不仅是政府贯彻

---

① 本章的主要内容曾以《公务消费预算信息公开、治理机制与支出控制绩效——基于结构方程模型的实证分析》为题目,发表在《东南学术》2017 年第 2 期,此处略有修改和调整。

执政党,在十八大提出的"推进权力运行公开化、规范化"理念的具体体现,也是顺应国际行政发展趋势、建立责任政府和廉洁政府的必然选择。2015年开始实施的《预算法》,亦将建立公开透明的预算体制作为《预算法》治建设的重要目标。公务消费预算信息公开显然属于预算透明度的范畴。从国际范围来看,自1997年东南亚金融危机以来,预算透明度的治理功能,一直为学术界所推崇,认为其能规范和控制公务消费支出,降低政府机构和公共行政官员的机会主义动机,提升财政支出管理的效益,有利于实现民众对预算资金的控制和监督行为。然而,伴随着公共行政实践的发展和相关学术研究的深入,这一天然的理论假设,遭遇到理论界和实践者的挑战。

一、制度嵌入与治理绩效

激进的预算透明度治理功能的挑战者提出预算透明度自身并不具备太多的治理功能,预算透明度完全可能是统治者粉饰统治的工具,而难以发挥实际的治理功能;即使最为缓和的理论观点也认为预算透明度本身并不具有太大的意义,盛名之下,其实难副,预算透明度制度功能的发挥,取决于其他国家治理机制功能的协同和配合,其自身的治理绩效非常有限。公务消费预算信息公开制度,作为一种从西方移植而来的制度创新,其制度实践和制度绩效,一直饱受质疑。尽管李占乐在中央层面的公务消费预算信息公开之后,根据媒体报道的数据,指出政府公开信息数据中存在真实性欠佳的问题[①],在本书的前述章节中,曾经描述和分析了政府公务消费预算信息公开数据质量中存在的问题,但是,这些研究毕竟停留在公务消费预算信息公开制度自身的层面。从整体性政府的分析视角出发,作为一种全新的制度创新,该项制度必然需要嵌入既有的治理机制和治理体系之中,其治理功能取决于其他制度的协同作用。从制度嵌入理论分析视角来看,"任何一项制度之成立与推行,绝不是孤立的,它必须和同时其他几

---

① 李占乐.中国政府"三公"经费公开的现状、问题与对策[J].云南社会科学,2012(2):106-107.

项制度相配合,它必然会受其他某几项制度之牵动和影响。"①秉承此基于扎根于政治制度史学的思想洞见,本书认为理解预算信息公开制度与其他治理机制之间的嵌入和互动关系,不仅有利于提升其在控制公务消费增长方面的应有功能,而且有利于充分理解新的治理机制在内嵌入既有治理体系中面临的问题,从而有利于提升国家治理体系的现代化水平。因而,亟须研究在规范公务消费的过程中,公务消费预算信息公开机制与其他治理机制之间存在何种互动关系,这种互动关系又如何影响了公务消费信息公开整体的治理绩效。为科学回答上述理论研究问题,本章内容以面向在职公务人员的问卷调查数据为基础,测量影响公务消费预算支出的各类因素的影响力大小,并检验基于理论研究基础构建的结构方程模型,力图通过模型的修正和完善,获得解释包括公务消费预算信息公开规则在内的各类支出控制机制之间的复杂路径关系。

二、预算公开机制制度嵌入的理论基础

　　毋庸置疑,公务消费预算信息公开属于预算透明度和财政透明度的范畴。尽管预算透明度和财政透明度两个概念经常被无意识地交替使用,被赋予了同样的意义。但是,二者之间还是存在一定的差异。一般而言,财政透明度外延较为广泛,内涵更为丰富,涵盖预算透明度。但是,无论在理论界还是在实务界,二者常常被混合使用,以致混淆了讨论问题的本质。因为本书讨论的是公务消费预算信息公开的问题,所以多采用预算透明度的概念,以准确地表达所要论及的问题和思想。预算透明度概念滥觞于1997 年的东南亚金融危机,由于当时东南亚各国的黑箱政治,掩盖了长期以来存在的财政风险,加剧了危机的深度和投资者的损失,并对国际金融秩序造成了严重的冲击。在席卷全球的金融危机爆发后,痛定思痛,在维护国际金融秩序方面发挥重要作用的国际货币基金组织的学者提出,各国政府需要提高预算透明度,公开政府在财政领域的政策行为,以辅助投资者在确认财政风险的同时,提升民族国家或地区应对潜在风险的能力。

---

① 钱穆.中国历代政治得失[M].北京:生活・读书・新知三联书店,2005:121.

2008年爆发的次贷危机,快速在全球金融市场传播,同样破坏力惊人,再次凸显了提升预算透明度的重要性。囿于这一问题的重大影响和现实考量,预算透明度一直是国际金融、公共财政与预算研究领域的焦点和热点问题,学术研究者围绕预算透明度的测定、影响因素、治理功能,展开诸多理论和经验研究。由于此处关注的重点在于预算透明度制度建设与其他政治治理机制之间制度嵌入与制度协作和配合问题,理论文献探讨的重点在于预算透明度的控制功能,以及预算透明度机制与其他政治治理机制之间互动关系的研究范围之内。

(一)预算透明度的测量与政治机制

顾名思义,预算透明度即是提升政府预算行为和预算信息的公开程度。然而,尽管学者们都主张公开相关预算信息,但何为预算透明度,如何来衡量预算透明度,则一直处于争论之中。在预算透明度的内涵界定方面,既有共识,亦有分歧。但是,内涵界定并不是最为关键的问题。事实上,预算透明度研究面临最大的挑战,仍然是其测量问题,即使是在内涵界定统一的条件下,如何实现客观化的测量,亦是一个见仁见智的问题。由于内涵界定与测量方式是讨论预算透明度度问题的理论起点和基石,其争议直接关涉到理论探讨的客观性和可能性。特赫顿(Touchton)认为预算透明度的多样化的内涵和测量方法,影响了研究结果对话的现实性基础,是一个亟待解决又必须解决的问题。[①] 在既有的理论研究中,关于预算透明度的内涵界定,以凯普特斯(Kopits)与凯瑞格(Craig)的影响为最,在全世界范围产生了广泛的学术影响,他们认为预算透明度是"政府公开向公众提供关于政府结构与功能、财政政策意图、公共部门账目以及项目的信息。公众必须具有获取发生在政府机构内外所有活动信息的途径,而且,这些信息必须具有可信性、全面性、及时性、易懂性,以及国际可比较性,以便选民和金融市场能够准确地评估政府的财政状况、政府行为的真实成本

---

① Touchton, M., Wampler, B. Improving Social Well-Being Through New Democratic Institutions [J]. Comparative Political Studies,2014,47(10)：1442-1469.

和收益,以及此类行为对现在和未来经济与社会产生的影响"[①]。

在理论研究层面,以上述概念界定为标准,赫德(Heald)提出了预算透明度良好实现的三个基本要求:制度透明、会计透明、指标和预测指数透明[②];拜尼特欧(Benito)与巴斯蒂达(Bastida)则提出了实现财政透明度的三个基本要素:公开预算数据,立法机构的积极角色以及公民社会通过媒体和非政府组织的有效监督。[③] 上述理论层面的探究表明,预算透明度问题绝非一个简单的预算数据公开的问题,它涉及一个国家治理机制的质量,必然面临一个制度嵌入的问题,而且,这一理论观念的正确性与合理性亦伴随着预算公开的实践逐渐凸显出来。

在制度实践层面,国际货币基金组织(IMF)于1998年制定的《财政透明度最佳实践法案》,分别从预算结构、预算目标、预算过程和预算外活动等四个方面,阐明实现预算透明度的最佳条件,强调了通过独立审计机制,确保预算信息数据质量的重要性。经济合作组织(OECD)紧随其后,于2002年制定的《预算透明度最佳实践准则》,特别强调了确保可信性和责任的重要规则,以及独立的外部审计和立法监管制度体系在保障预算透明度过程中的关键作用。世界透明组织(OBI)作为非政府组织,相对于国际货币基金组织和经济合作组织,具有强烈的民间色彩,其宗旨在于全面评估国家或地区的预算透明度,其指数的编制不依赖于政府的合作,独立性较强,因而,近年来在全球的影响力与日俱增。然而,尽管其在测量预算透明度时,拒绝与相关国家的政府合作,以提升自身数据的客观性,但是,它同样非常重视一个国家审计机制和审计质量对于提升预算透明度的重要作用。

总之,无论从预算透明度的定义,还是从实现预算透明度的政治基础来看,充分实现预算透明度,必将涉及会计基础、预算过程,并依赖于其他

---

① Kopits,G. ,Craig,J. Transparency in Government Operations[M]. Washington, D. C. : International Monetary Press,1998:1.

② David Heald. Fiscal Transparency:Concept,Measurement and UK Practice[J]. Public Administration. 2003,81(4):744.

③ Bentio,B. , Bastida,F. Budget Transparency, Fiscal Performance, and Political Turnout:An International Approach[J]. Public Administration Review,2009,69(3):403-417.

政治治理机制的作用。在提升公开预算透明度的过程中，公开相关预算信息只是奠定了初步的基础，如欲切实提升预算透明度的水平，尚需重视其他治理机制的协同作用。而且，预算透明机制如何与其他治理机制实现良性互动，防止因制度拟合障碍引发的交易成本，提升预算透明机制的实际成效，亦是一个无从回避的重大理论问题。

（二）预算透明度与其他治理机制之间关系经验研究

预算透明度这一概念，追根溯源，其理论创设的初衷在于服务现实的政治需要。因而，对其开展理论研究，无法回避其在现实世界的治理绩效问题。而讨论治理绩效，必然触及预算透明度的测度问题。尽管预算透明度水平的测定，存在不同的测量方式，并存在较大的争议。然而，伴随着实践的推进和社会科学研究水平的提升，理论界和实践者在预算透明度测度方面，业已开发出一些相对客观化的测量方法，从而有利于制度绩效的测定和比较研究的开展。尽管无法绝对客观地测量预算透明度的实际水平，因为指标的选择总是具有一定的主观性，存在见仁见智的选择空间，但是，透明度较高的国家或地区，无论采用何种测量方式，都享有较高的数值。问题的关键在于如何科学地理解一个国家或地区的预算透明度水平是由何种因素决定的，因为，对此问题的科学回答，可以为提升预算透明度提供可操作性的建议。为解决这一理论难题，在 IMF、OECD、OBI 等国际组织的积极推动下，众多研究将研究的焦点放在预算透明度的决定因素上，而且，伴随着理论研究的深入，理论研究者逐渐从经济因素转向政治因素，而预算透明机制的制度嵌入问题，特别是预算透明度对其他政治治理机制的依赖效应，日益在世界范围内成为理论界经验研究的热点问题。

艾尔特（Alt）等人从概念和经验层面，研究美国各个州的预算透明度决定因素，发现政治和财政状况对预算透明度具有直接的影响，政治竞争越激烈的州，其预算透明度越高，从而将预算透明度研究同既有的政治制度关联起来。[①] 伯纳尔蒂欧（Bernardino）与巴斯蒂达（Bastida）利用相关经

---

① Alt, J. E., Lassen, D. D., Rose, S. The Causes of Fiscal Transparency：Evidence from the US States[J]. IMF Staff Papers, 2006(53)：30-57.

验数据,研究发现一个国家的预算透明度水平,与其国家的立法机构和公民社会的有效程度高度相关。有效的立法机构能够通过切实审查预算报告影响预算政策,而高效的公民社会,则可以主要通过媒体和非正式组织影响政府预算政策,敦促政府履行职责。[①] 杰克姆(Joachim)与帕罗(Paolo)利用85个国家的经验数据,采用更为复杂的回归分析数理方法,探讨公民和立法机构对预算透明度的影响。[②] 尽管囿于文献收集的疏漏,他们从未提及伯纳尔蒂欧与巴斯蒂达所做的上述研究,但是,两项研究共同焦点,均为立法机构和公民社会对预算透明度的影响方面,可以视为殊途同归。后者的研究主要验证了政治竞争程度对一个国家预算透明度的影响,而不简单局限在立法机构的有效性上。其研究认为一个国家预算透明度的高低,与其实现民主制度的时间长短,并未存在必然联系;自由和平等的政治竞争,才是关键性的影响因素。而且,立法机构能否在提升预算透明度方面发挥作用,同样取决于政治竞争机制的质量,再度凸显了竞争机制的机制,这一研究亦将理论关注的重点由静态制度的设计转到动态的制度过程之上。但是,他们的研究认为一个国家自然资源收益过高,其预算透明度必然低,则与罗斯(Ross)的研究结论相左,从而凸显了预算透明度研究的复杂性。与伯纳尔蒂欧、巴斯蒂达的研究兴趣相近,罗斯的研究同样关注自然资源政府收益对预算透明度的影响,在分析83个国家经验数据的基础上,他认为健全的民主政治制度,可以削减自然资源收益过高的负面影响,推翻了自然资源收益在国家收入中所占比例愈高,其预算透明度必然愈低的既有结论。在自然资源收益比例过高的国家中,其预算透明度的高低取决于其政治系统的调节功能。政治系统愈民主,其自然资源收益占比愈高,则预算透明度愈高;只有在专制体制中,才存在自然资源收

---

① Bernoth,K.,Bastida,F. Budget Transparency,Fiscal Performance,and Political Turnout:An International Approach[J]. Public Administration Review,2009,69(3):403-417.

② Joachim Wehner,Paolo De Renzio. Citizens,Legislators,and Executive Disclosure:The Political Determinants of Fiscal Transparency[J]. World Development,2013(41):96-108.

益占比愈高预算透明度愈低的关联效应。[1] 显然，预算透明制度自身，必须与其他治理机制相契合，才能凸显其治理功能。预算透明机制自身的制度功能，必须获得其他政治治理机制的支持和配合。

（三）政治因素与预算透明度治理功能

一个国家的预算制度，可以视为国家治理水平的重要测度指标，因其本身深深置于一国的政治生活之中，不能简单地将其视为经济问题。设立预算透明制度本身，有效削弱官僚组织的信息优势，强化公众对政府支出行为的监督的目的，具有强烈的政治色彩。20世纪90年代以来，预算透明度作为"善治"标准，倍受推崇。然而，伴随着愈来愈多国家加入公开预算的行列，其实际治理绩效与理念目标之间的差异，尤其是政治体制建设落后的国家，预算信息公开治理功能的羸弱，促使学术界开始质疑预算透明度的治理效用，开始反思单向度推崇预算透明制度的弊端和风险，逐渐认识到预算透明度治理功能的发挥对制度环境以及其他治理工具之间的交互作用，不再片面地强调预算透明度本身的治理效用，提出有必要引入更为高级的数理分析方法，科学甄别财政透明度的影响。尽管此类研究尚不足以否定预算透明度的治理功能，但凸显了政治因素对预算透明度功能的制约作用，惊醒学术研究者和公共行政的实践者，单向度地强调预算透明度水平的提升，而忽视其他政治治理机制功能的提升，必然难以企及透明机制的治理目标。

布鲁特格曼（Brutigam）认为预算透明度对于优化财政资金利用的效果，存在被歪曲或夸大的嫌疑。该项研究指出关于预算透明度优化财政资金功效的既有研究，多以南美的智利、巴西为研究对象，这些国家财政资金使用效率的提升，可能是获得统治权的左翼政党利用政治权利，实施自身政策偏好的结果，而且，独立而有效的审计机构和舆论自由制度，同样发挥着无可取代的作用。漠视这一事实，可能诱发错误的政策建议，忽视其他

---

[1] Ross，M. L. Mineral Wealth and Budget Transparency［M］. Los Angeles：UCLA，2011：63.

治理机制的改善,从而伤及行政发展和未来财政资金的利用效率。[①] 伊塞姆(Islam)认为预算透明度与政府治理质量之间存在自相关关系,预算透明度治理功能的发挥,取决于其他政治机制治理功能的改善。后续的相关经验研究进一步证实,审计机制功能的发挥,对预算透明度的治理效果,起着关键性的作用。缺乏独立、高效的审计机制,不仅预算透明度的治理功能难以发挥,其自身水平的提高亦受到很大的限制。[②] 林德斯蒂德(Lindstedt)与 南瑞(Naurin)认为媒体自由和选举机制在预算透明度机制效用的发挥方面起着关键性的推动作用。[③] 社会科学研究西方导向色彩明显的国内学者李敬涛、陈志斌通过市级政府面板数据的分析,发现预算透明度能够增强民众对经济型公共服务的满意度,但降低了对社会性公共服务的满意度,而且以 GDP 为导向的晋升制度,用国内的数据,印证了国际范围内的研究发现。[④] 此外,国内学者刘佳通过对省级政府面板数据的分析,发现预算透明度确实能压缩和削减行政支出,但她忽略了其使用的官方数据能否反映其真实的行政支出,即官方数据真实性这一严肃的问题,而且,她的研究,亦未能控制其他治理机制的影响,从而降低了理论的说服力和可信性。[⑤]

综合国内外的理论分析,不难发现一个非常突出的特征,伴随着理论研究的深入,学术界日益注意到预算透明度与其他政治治理机制之间制度嵌入和交互作用。尽管"经验的因果结构是复杂的。很多变量是不可控的,变量之间可能存在多重交互作用或者多重共线关系,有的变量两两互

① Brutigam,D. The People's Budget? Politics,Participation and Pro-Poor Policy [J]. Development Policy Review,2004,22(6):653-668.

② Islam,R. Does More Transparency Go Along with Better Governance? [J]. Economics and Politics,2006,18(2):121-167.

③ Lindstedt,C.,and D. Naurin. Transparency is Not Enough:Making Transparency Effective in Reducing Corruption[J]. International Political Science Review,2010,31(3):301-322.

④ 李敬涛,陈志斌.财政透明、晋升激励与公共服务满意度:基于中国市级面板数据的经验证据[J].天津财经大学学报,2015(7):91-104.

⑤ 刘佳.地方政府财政透明对支出结构的影响:基于中国省级面板数据的实证分析[J].中南财经政法大学学报,2015(1):21-27.

为因果,有的变量存在时滞变异,变量关系的函数形式有很多是未知的。因此,因果结构很难理清,行动效应很难确认"[1]。微观行为学知名学者马奇的论断,警示理论研究者,预算透明度的治理绩效与其他治理机制之间的复杂关系,需要引入更为复杂的计量方法,运用更为智慧的分析视角,予以分析。现实社会的复杂,并不意味着理论研究无可作为。毕竟,一个国家或地区的政治治理机制,对预算透明度水平的提升,以及治理效果的实现的效应,已经获得广泛的共识,这些学术猜想和理论共识,呼吁更为科学的研究方法,对其进行检验和测试。毕竟,立法机构、审计机制、媒体自由度和选举制度的质量,关乎预算透明度发挥作用的重要基础,已在学术界获得了广泛的认知。科学评价预算透明度的治理功能,必须将此类治理机制涵盖其中;欲提升预算透明度的治理功能,亦必须注重其他治理机制对预算透明度功能发挥的促进作用。

由于国内真正引入预算透明度机制的时间较短,加之研究视野的限制,国内关于预算公开的研究,目前仍然停留在预算透明度水平的测量和决定因素以及公开数据的质量层面上。尽管有少量文献开始关注预算透明度的治理功能,但仍处在起步阶段,对诸如立法机构监督、审计监督等治理机制与预算透明度之间的交互作用,缺乏必要的理论关怀和学术探讨,这显然不利于全面而系统地理解我国预算透明度机制的运行现状,亦难以跟上国际同行的研究进程。因而,在大规模问卷调查的基础上,通过借助结构方程模型,来衡量我国政治问责机构、媒体监督等社会治理机制,是否促进了我国预算透明度的治理功效,它们之间究竟存在什么样的交互作用,以期更加系统地评估我国预算透明度的治理功能,具有一定的理论意义和现实价值。公务消费预算信息公开制度建设,是我国政府在推进预算透明度方面的工作重点,而且其治理目的带有强烈的反腐败色彩,亟须获得社会公众的认可。发现其制度实施中的问题,精准厘定问题的所在,亦是提升制度绩效无可回避的问题。因而,探究公务预算透明机制与既有国家治理机制之间的制度嵌入问题,不仅涉及公务消费信息公开机制自身的制度健全问题,亦是国家治理体系,融入当代国家治理国际发展潮流,直面

---

① 詹姆斯·马奇.经验的疆界[M].丁丹,译.北京:东方出版社,2011:.83.

政治现代化的时代命题,提升治理体现现代化的实践课题。

三、公务消费预算信息公开机制
制度嵌入问题的理论假设

居高不下并恶性增长的公务消费支出,不仅挤压了用于提供公共服务的资金,而且诱发腐败行为,严重影响了执政党的形象,降低了公众对政府的信任,扭曲了公务人员提供公共服务的动机。为遏制公务消费支出的非理性增长,营造风清气正的行政环境,国家高层治理者先后采取一系列政策规范公务支出行为。其中,在公务消费财务支出管理方面,推行公务卡结算和国库统一支付制度,约束政府预算单位的支出权限,减少公务消费资金的自由裁量空间;在公务接待方面,2013 年 12 月,中共中央办公厅、国务院办公厅印发了《党政机关国内公务接待管理规定》,不仅规定了公务接待的原则、范围,而且,制定了具体的公务接待标准和报销要求,使得公务接待有章可循。此类管理行为在前文已有详细地说明,在此不再赘述。在财政管理制度方面,将"公务消费支出"纳入财政预算和决算工作,为预算单位公务消费总额设立前置性限制。理论上而言,公务消费支出管理规则的强化,必然能降低政府部门公务消费支出的自由裁量空间,有利于控制和规范公务消费支出行为,势必能降低公务消费支出的规范和随意性。[①] 因而,我们假设:

H1:规范公务消费的各类规则,有效约束了公务部门和公务人员的公务支出行为。

然而,在现行的行政生态环境中,规范公务消费的各类规则执行,毕竟是政府部门的内部控制行为,如果缺乏有效的外部监督,则必然引发政策的空转和扭曲,弱化规则的效力,乃至于使其形同一纸空文。为化解内部执行人这一棘手问题,充分贯彻执政党在十八大报告和十八届四中全会制定的推行权力运作公开,保障民众知情权和监督权的政治承诺,2013 年财

---

① 关于规范公务消费支出制度沿革的详尽分析,敬请参阅导论中的相关内容,此处概要性的介绍,主要是为了提供一个背景性的说明。

政部制定了《关于推进省以下预决算公开工作的通知》（财预〔2013〕309号），明确规定在2015年之前，各个省区内所有县级以上政府，开展包括财政预决算、部门预决算及"三公"经费预决算的公开工作；2015年开始实施的《预算法》（修订版），更是在其总则第一条明确了"建立健全全面规范、公开透明的预算制度"的目的，并在第14条进一步明确了公务支出公开的相关要求。① 毋庸置疑，公开公务消费预算信息，引入外部监督，已经成为各级政府行政管理的重要任务，预算透明度水平的提升，初步获得了制度化基础。因此，本书假设：

H2：公务消费预算信息公开产生的声誉压力，能够有效控制公务部门和公务人员的公务支出行为。

但是，正如既有的制度嵌入理论所言，公务消费预算公开制度，毕竟是制度移植的结果，面临本土化政治支撑资源的挑战。因而，这一颇具现代意义的制度创新，引发了一系列的学术追问：作为政治制度建设的舶来品，公务消费预算公开的控制效果如何？尤其是预算公开制度如何内嵌于既有的制度体系？公务消费预算信息公开与政治责任机制和社会责任机制之间的相互作用机制，如何在控制公务消费支出的政治过程中发挥作用？这些成为公务消费预算信息公开过程中，不可回避的重要议题。国外关于预算透明度治理绩效的相关理论研究表明，预算公开与其他治理机制之间存在交互作用，即其他治理机制对预算公开的治理绩效，作为中介变量，起着一定的调节作用。如果一个国家的政治和社会问责机制健全，则必将强化预算公开的治理功能；反之，则削弱其治理绩效。因而，有理由认为我国的公务消费信息公开制度绩效，同样将受到我国政治与社会问责机制的制约。而且，"民可使由之，不可使知之"的暗箱行政传统，将使这一制度创新在内嵌入既有制度体系的过程中，衍生出更为复杂的互动关系，有必要对其进行数据检验，从而发现制度移植和制度重生过程中急待解决的问题。

由于我国的政治责任机制主要通过人民代表大会和政治协商会议实

---

① 具体规定如下：经本级政府财政部门批复的部门预算、决算及报表，应当在批复后二十日内由各部门向社会公开，并对部门预算、决算中机关运行经费的安排、使用情况等重要事项做出说明。

现,而社会问责机制则主要通过舆论监督实现的,本书将主要考察公务消费信息公开、公务消费管理规则、政治责任机制和舆论监督之间的复杂互动关系,以期在深入理解现实的基础上,同相关理论研究开展学术对话。我国《宪法》总纲第 2 条规定:"中华人民共和国的一切权力属于人民。人民行使国家权力的机关是全国人民代表大会和地方各级人民代表大会。"《宪法》第三章第一节第 62 条第 11 款,明确规定全国人民代表大会拥有"审查和批准国家的预算和预算执行情况的报告"的权力。第五节第 96 条规定:"地方各级人民代表大会是地方国家权力机关。"第 99 条亦规定:"县级以上的地方各级人民代表大会审查和批准本行政区域内的国民经济和社会发展计划、预算以及它们的执行情况的报告。"《预算法》在第二章中明确了全国人民代表大会、地方各级人民代表大会的预算管理职权。

政治协商制度作为我国政治制度的重要组成部分,是我国协商民主制度的重要形式,发挥着一定的民主监督作用。现行《宪法》序言中明确"中国人民政治协商会议是有广泛代表性的统一战线组织,过去发挥了重要的历史作用,今后在国家政治生活、社会生活和对外友好活动中,在进行社会主义现代化建设、维护国家的统一和团结的斗争中,将进一步发挥它的重要作用"。近年来,在国家治理体系现代化建设的大背景下,协商民主在社会治理过程中的作用,获得了前所未有的重视,其实际功效亦有所加强。中共十八届四中全会强调:"加强社会主义协商民主制度建设,推进协商民主广泛多层制度化发展,构建程序合理、环节完整的协商民主体系。"在实际的政治生活中,人民政协的提案制度,已经成为各级政协参与国家治理、强化民主监督、规范和约束权力的重要制度形式。既有的理论文献研究表明,立法结构的有效监督和专门机构的监督,非常有利于预算透明度的提升。在强化人民代表大会制度和政治协商制度的时代背景下,有理由认为各级人大机构和政协组织,会充分利用《宪法》和《预算法》所赋予的职责,积极推动公务预算信息公开水平和公开质量的提升。基于理性预期的判断,这一制度性的监督压力,可以督促各级政府机构,更为认真地恪守各项公务消费支出规则,从而强化公务预算信息公开的制度约束功能。因此,特推出如下假设:

H3:人大和政协的政治问责和压力机制,能够有效地提升公务消费预算信息公开的水平。

H4:人大和政协的政治问责和压力机制,能够有效提升规范公务消费的治理绩效。

公共舆论是民众对特定社会问题和公共事件的反应,任何类型的政府都难以任性地罔顾众议,一意孤行,而且,在很大程度上,公共舆论还发挥政治沟通工具的作用,能够在政府和民众之间架起沟通的桥梁,有效表达公众的利益诉求,提升政府公共服务的针对性。在现代社会,舆论的形成,除却传统的面对面的交流,以报纸、电台和电视为主的传统媒体,以及以互联网为基础的新媒体,在政治沟通的过程中,发挥着日益突出的功能。"大众传媒强烈地影响着政治。在 18 世纪 80 年代,《联邦党人文集》被发表在 13 个州的报纸上,以争取民众对新宪法的支持。"[①]一个国家公民社会的舆论监督力量,对一个国家的预算透明度水平的提升,以及财政支出的规范程度,具有重要的影响。我国建设预算透明制度的初衷,就有利用信息公开的舆论机制倒逼政府机构规范支出行为的目的。

尽管国内并无公民社会建设的传统,且非营利组织在国家社会治理过程中的作用,仅限于公务服务的提供领域。但是,关注社情民意,回应民众诉求,一直是我国精英治国模式的优秀传统。在国家治理体系现代化的过程中,国家的政治机制,不仅非常重视民众参与和监督,而且非常注重舆论监督作用的发挥,从而有效地契合了公务消费预算信息公开制度建设的理性预期。十八大报告强调指出:"保障人民知情权、参与权、表达权、监督权,是权力正确运行的重要保证。"十九大报告中亦将人民的权利放在突出的位置予以强调,"坚持以人民为中心。人民是历史的创造者,是决定党和国家前途命运的根本力量。必须坚持人民主体地位,坚持立党为公、执政为民,践行全心全意为人民服务的根本宗旨,把党的群众路线贯彻到治国理政全部活动之中,把人民对美好生活的向往作为奋斗目标,依靠人民创造历史伟业"。主张通过全面深化改革,完善制度建设,"坚持全面深化改革。只有社会主义才能救中国,只有改革开放才能发展中国、发展社会主

---

① 迈克尔·G. 罗斯金.政治科学[M].林震,译.北京:中国人民大学出版社,2014:155.

义、发展马克思主义。必须坚持和完善中国特色社会主义制度,不断推进国家治理体系和治理能力现代化,坚决破除一切不合时宜的思想观念和体制机制弊端,突破利益固化的藩篱,吸收人类文明有益成果,构建系统完备、科学规范、运行有效的制度体系,充分发挥我国社会主义制度优越性"。执政党的先进执政理念显然有助于公众知情权的实现,仍需现代化治理体系的支持。

公务消费预算信息公开制度建设,显然属于知情权的范畴,但知情权的实现急需监督权作为保障。如果缺乏监督权,知情权建设就会沦落为权力所有者手中的工具,民众只能翘首以盼权恩浩荡,而难以参与其中,并发挥推动作用。当然,知情权的缺乏,亦会使得监督权难以为继。在当下的政治体系下,监督权属于宪法明确支持的权利,在强调以宪治国的制度背景下,监督权理应获得更加坚实的制度基础和实质性的监管作用。在当前的法律体系下,民众监督政府的法定形式包括申诉、控告或者检举的制度性权利[①];在科技进步的推动下,通过媒体曝光的舆论监督形式,特别是以互联网为依托的自媒体的兴起,极大便利了民众的监督力量。经由媒介传播的公共性,改变了传统的共同在场的公共性。"传播媒体的兴起,已经改变了政治的性质和政治领导人与他们治下的人们的联系方式。"[②]致使公共生活的条件发生了根本的转变。这一治理环境的改变,不仅削减了官僚组织的自由裁量空间,而且会约束民意代表机构履行监督职责的随意性,从而有利于预算透明度的提升,亦能有效敦促地方政府,严格执行公务消费支出政策。因此,本书假设:

H5:舆论监督能够有效地提升公务消费预算信息公开的水平。

H6:舆论监督能够规范政治问责机构的履职行为,有效提升公务消费预算信息公开水平,从而提升公务消费支出的控制绩效。

H7:舆论监督能够有效地削减官僚组织的自由裁量空间,提升公务消

---

① 《宪法》第41条规定:"中华人民共和国公民对于任何国家机关和国家工作人员,有提出批评和建议的权利;对于任何国家机关和国家工作人员的违法失职行为,有向有关国家机关提出申诉、控告或者检举的权利,但是不得捏造或者歪曲事实进行诬告陷害。"

② 凯特·纳什,阿兰·斯科特.布莱克维尔政治社会学指南[M].李雪,吴玉鑫,赵蔚,译.杭州:浙江人民出版社,2007:185.

费支出的控制绩效。

H8:舆论监督的声誉压力,能够直接约束官僚组织成员,提升公务消费支出的控制绩效。

四、数据收集与相关变量

(一)样本选择与数据收集方法

良好的数据基础,是提升量化研究质量的根本。本书的数据收集于2015年3月至2015年9月之间。调查问卷的发放对象为广东、海南、河南、福建、贵州、江苏6个省份的MPA在读公务人员。选择MPA学员作为调查对象的一个重要原因,在于MPA专业学位报考的重要条件——获得本科学位,且在政府相关部门拥有3年以上的工作经验。这一报考条件前置性地保证了在读的MPA学员具有良好的教育背景和丰富的政府部门工作经验,多属政府机构的骨干人才。此外,MPA学员本着提升自己理论水平的目的,聚集在高等学院集中学习,可以有效降低获得调查样本的经济成本和时间成本,成为调查各类政策效果的理想对象。而且,MPA的多数学员正处于事业的上升期,相对而言,更为关注政府管理规则和政策的嬗变,亦有利于调查目标的实现。在设计调查问卷时,主要的目的在于获取公务人员对于各类规范公务消费支出规则,以及行为主体效果的感知现状,以构建反映各类规则间相关作用的结构方程模型。本书认为各类管理规则的实际效果,必然为深度内嵌于治理体系的公务人员所感知,而且,相对于所谓的客观测量而言,这种主观感知到的规则约束力,实质上更能客观再现治理的效果。因为,尽管"测量指数难以'反映''绝对客观'的环境,但能够评估组织成员所感知的组织环境的质量"[①]。显然,未能为组织成员感知的治理规则,必然是无效的,因为官僚组织中的各级公务人员,尤

---

① Kaifeng Yong, Jun Yi Hsieh. Managerial Effectiveness of Government Performance Measurement:Testing a Middle-Range Model[J]. Public Administration Review,2007(67):861-979.

其是基层公务人员,是政治意图转变为政策效果的关键中继者,他们对身处其中的约束力量具有最为直接的感知,最能体察制度建设的效果和治理绩效,他们对制度和规则的态度,可以有效地反映出公务消费预算信息公开制度的社会现状。

在问卷收集的过程中,研究者针对 6 个省份、6 所高校的 MPA 学员,共发放问卷 560 份,回收 542 份,其中有效问卷为 515 份。在 515 份有效问卷中,就样本的性别分布而言,男性占 43.5%,女性占 56.5%,就样本的年龄分布而言,30 岁以下年龄段所占比例为 54.5%,31 岁至 40 岁的占 33.4%,41 岁至 50 岁的占 1.9%,50 岁以上的样本仅 1 人,所占比例为 0.2%。就样布所在地区的经济发展程度而言,来自东部地区的占 70.5%,中部地区的占 28%,西部地区的仅占 1.6%。就工作性质而言,47% 的样本在业务部门工作,而在综合部门工作的比例为 53%。调查对象所在单位的行政级别分布状况为:38.6% 为科级单位,39% 为处级单位,19.6% 为厅级单位,2.7% 为省部级单位。就调查对象的政治面貌而论,其中 76.9% 为中共党员,11.5% 为共青团员,民主党派为 1.6%,普通群众为 10.1%。综合而论,从样本的各个属性出发,均呈现出良好的分布特征,能够较为全面地反映公务人员的认知现状,从而侧面反映出真实的制度绩效。

(二)相关变量与测量

由于制度嵌入与治理绩效问题研究的焦点在于探索公务消费预算信息公开与支出规则约束、政治监督,以及舆论监督之间的复杂互动关系。但是,截至研究项目开展时,尚未发现规则约束、政治监督,以及舆论监督效力的公开,且有信度的客观数据。因而,本书主要依据调查对象对制度和政策绩效主观感知的数据,作为衡量各个潜在变量的测量指标;为保证测量结果的可信性,本书根据治理机制的特定属性,每个潜在变量均通过复合指标予以测量。尽管这种主观感知的测量,可能由于被测试对象的个体偏见而影响其客观性,但这种影响测量效果的威胁,并不足以否定这种测量方式与研究发现的可信性①。当然，在后续的研究中，可以引入心理学的专业人员，设计出更为合理的测量指标和测量方法。表 6-1 为各个潜在变量及其测量指标的相关数据。

表 6-1　潜在变量信度的各项数据

潜在变量及其指数		标准化负载因子	指标综合信度α值	F 值	显著性系数
政治监督	人大监管	0.880	0.919	40.29	0.000
	政协监督	0.879			
规则约束	会计规则	0.726	0.716	7.51	0.001
	预算制度	0.582			
	审计压力	0.532			
舆论监督	新媒体监督	0.815	0.765	29.27	0.001
	普通群众举报	0.669			
	官媒曝光	0.572			

根据当代中国的政治制度的现实，结合相关社会科学研究的成果，潜在变量政治监督的控制绩效测量，主要是通过人大监管和政协监督两大测量指数予以体现，指标综合信度α值为 0.919，并且通过显著性检验，具有较高的信度，表明测量指标之间具有高度的内在一致性；潜在变量规则约束的影响，则通过会计规则、预算制度、审计压力三项测量指标予以测定；选择此三类测量指标的原因在于公务消费支出已经明确被纳入预算管理之列，预算管理制度必然会对公务消费支出行为产生一定的抑制作用。公务消费支出必然涉及会计规则的制约，包括引入公务卡结算在内的公务消费支出会计制度的健全，必将削减公务消费支出的自由裁量空间，规范公

────────────────

　　①　Spector，Paul E. Method Variance in Organizational Research：Truth or Urban Legend？［J］. Organizational Research Methods，2006，9（2）：21-32.

务消费支出行为，从而达到控制支出的目的；审计监督作为事后监管制度，近年来伴随着执政环境的改善，以及反腐形势的转变，监督力度不断增强，审计监察对公务机构和公务人员的支出行为，必然起到一定的惩戒作用；信度检验表明潜在变量指标综合信度α值为 0.716，处于高信度区间。潜在变量舆论监督指标综合信度α值为 0.765，显著性系数为 0.001，同样通过了显著性检验，具有较高的信度。舆论监督的支出控制绩效，主要选择新媒体监督、普通群众举报和官媒曝光三个指标予以测量，从而反映社会力量对公务消费支出行为的监督。公务消费信息公开，由于缺乏可以选取的有效测量指标，在本书中未将其列为潜在变量，而是直接测量其控制绩效，让公务人员判断公务消费支出的控制效果，并将其纳入后续的结构方程模型检验之中。

五、预算信息公开制度嵌入数据检验结果的理论解释

为科学评价公务消费预算信息公开制度，在嵌入既有制度过程中，复杂的制度互动影响效果，本书拟在进行单变量分析和相关分析的基础上，通过结构方程模型检验，系统性地描述政治监督、舆论监督、信息公开、规则约束与公务消费支出控制绩效之间的复杂关系。关于选择结构分析模型的原因，参照第一章关于研究方法的说明。在进行结构方程分析之前，为提升测量模型的准确性，先使用验证性因素分析，合理确定各个潜在变量的测量指数，并修正结构方程模型的设定。前文理论分析部分所设定的 8 个假设，均出现在模型 M1 中。此模型假定信息公开、政治监督和舆论监督，均对公务消费支出控制具有一定的作用，并且政治监督和舆论监督亦通过强化信息公开增进了支出控制效果。出于比较模型合理性，真实再现社会治理绩效的需要，基于相关理论猜想，为提升研究的可信性和科学性，本书还设定了 M2 和 M3 两个替代模型，其中 M2 将信息公开完全作为独立的外在变量，即信息公开并未被政治监督和舆论监督机制援用，且未对规则约束产生明显的推动作用，M3 则将信息公开作为中间调解变量，即政治监督与舆论监督的监管绩效，完全是通过推动信息公开机制实现的。

(一)单变量统计分析

表 6-2 为单变量统计数据情况。数据的变化范围为最大值和最小值之间的差异,对于潜在变量而言,它的大小不仅取决于其测量指数的多少,而且取决于每个测量指数的大小。依据表 6-2 中的数据,不难发现公务人员认为政治监督的效果不佳,其均值与理想状态具有较大的差距,这一数据暗示了政治监督在提升支出控制绩效方面仍有较长的路要走,规则约束的力量居中,比较接近理想的状况,表明规则建设成绩斐然,舆论监督的作用体现得最为明显,平均值为 12.07,非常接近理想状态。规则成效的平均值为 3.52,信息公开的监管作用平均值为 3.75,虽与理想状态有一定的差距,但均接近有效水平,而且,二者的方差较小,表明公务人员对二者的评价达成了较高的共识。总之,上述数据相对比较符合国内行政管理的现实,为结构方程模型分析提供了信心支撑。

表 6-2 单变量统计数据

	测量指数量	变化范围	最小值	最大值	平均值	标准误	方差
政治监督	2	8	2	10	6.30	2.060	4.243
舆论监督	3	12	3	15	12.07	2.107	4.440
规则约束	3	12	3	15	11.40	2.176	4.734
信息公开	1	4	1	5	3.75	0.970	0.941
控制成效	1	4	1	5	3.52	0.878	0.771

(二)相关性矩阵分析

表 6-3 为相关性矩阵的分析结果。所有单变量之间的相关性,均通过双尾检验,达到统计显著水平($p < 0.01$)相关系数的变化范围为 0.321 至 0.515。相对较低的相关系数,表明各个测量变量之间差异性显著,这意味着本书设计的潜在变量,具有良好的区分度,可以用来构建结构方程模型。

由表 6-3 中的数据可知：规则约束和信息公开之间的相关性相对较高（r＝0.515），表明信息公开强化了规则的有效执行，从而增进了支出控制效果。然而，舆论监督和政治监督之间的相关系数为 0.321，相对处于较低的水平，暗示在受测的公务人员观念中，舆论监督未能有效推动政治监督机制的启动，不仅符合国内的政治现实，而且符合既有理论研究的判断，再度凸显了研究结果的可信性和研究结论的真实度。

表 6-3　单变量相关矩阵

	政治监督	舆论监督	规则约束	信息公开
政治监督	1			
舆论监督	0.321**	1		
规则约束	0.513**	0.443**	1	
信息公开	0.490**	0.350**	0.515**	1

＊＊相关系数的显著性水平为 0.01（双尾检验）。

（三）测量模型检验结果

在模型模拟的过程中，本书利用 AMOS 软件，建构了三个理论模型，详情参见图 6-1，分析结果显示，理论假设模型一具有良好的适配度，本书接受模型一。正如表 6-4 的数据所示，CMIN/df 的值为 2.004，略微高于比值低于 2 的理想标准。但是，美国学者的理论研究表明，这一标准过于保守，其他适配度指标更为重要。[①] 从数理角度出发，这一比值易于受到样本容量大小的影响，如果样本的容量较大，非常容易扩大这一比值，从而使其超出理想指标；本书用于分析的样本容量为 515，显然，属于样本容量较大。我国台湾学者吴明隆指出："其（CMIN/df）值若介于 1～3 表示模型适配度良好，较严格的适配度准则是卡方自由度比值介于 1 至 2 间，此值介于 1 至 2 或 1 至 3 间，表示假设模型与样本数据的契合度可以接受。"[②]

---

① Hair，Joseph，Jr.，Rolph E. Anderson，Ronald Tatham，William Black. Multivariate Data Analysis[M]. Upper Saddle River，NJ：Prentice Hall,1998.

② 吴明隆. 结构方程模型：AMOS 的操作与应用[M]. 重庆：重庆大学出版社，2012：43.

因而，卡方自由度比值测量结果为 2.004 的比值，尽管未能达到绝对理想状态，但在良好的接受区间。

模型一的其他适配度指标，则均达到非常理想的状态：拟合指数（GFI）为 0.978，极大满足了大于 0.90 的标准；比较拟合指数（CFI）为 0.985，远远超出了大于 0.90 的标准；调整后拟合指数（AGFI）为 0.958，同样大于阈值标准；增值适配度统计量规准适配指数（NFI），相对适配度指数（RFI）和非规准适配度指数（TLI），亦满足大于 0.90 的阈值标准。渐进残差均方和平方根（RMSER）值为 0.044，不仅小于 0.80 的初始标准，而且小于 0.05，表明模型适配度非常好。简约适配度指数（PGFI）大于 0.5 的基本适配度标准。最后，观察变量均通过正态性检验，模型所有路径系数，均通过极大似然法性检验，估计值均达到了 0.05 的显著水平。总之，模型一具有良好的适配度。

在建构的三个理论模型中，模型一的适配度指数显然优于模型二和模型三。模型二和模型三除却拟合度指数（GFI）和简约适配度指数（PGFI），满足基本适配度标准外，其余指数均未达到基本标准，而且，就拟合度指数（GFI）和简约适配度指数这两项指标（PGFI）而言，模型一的拟合度指数显著优于模型二和模型三，仅简约适配度指数（PGFI）略逊于模型三，但依然优于模型二。整体而论，模型一的适配度指标，具有强烈的优势，所有的假设得到了有效的检验，本书接受模型一的各项测量结果，认为它能够较好地反映公务消费信息公开制度嵌入国内治理体系的基本情况，可以折射出公务消费信息公开制度建设亟待解决的问题。

表 6-4　结构方程模型适配度指数比较

模　型	CMIN/df	CFI	GFI	AGFI	NFI	RFI	TLI	RMSER	PGFI
M1	2.004	0.985	0.978	0.958	0.970	0.953	0.976	0.044	0.516
M2	7.588	0.896	0.927	0.866	0.822	0.824	0.843	0.113	0.506
M3	8.546	0.868	0.9.3	0.839	0.854	0.801	0.821	0.121	0.542
适配度标准	<2	>0.90	>0.90	>0.90	>0.90	>0.90	>0.90	<0.08	>0.50

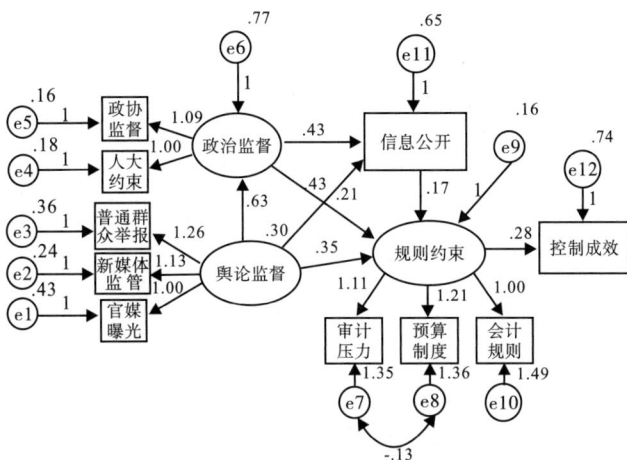

（a）M1理论模型

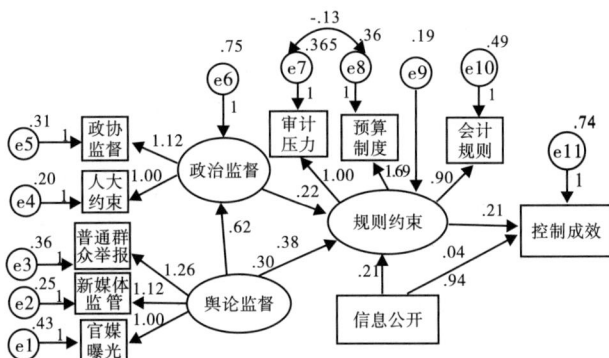

（b）M2外生变量模型

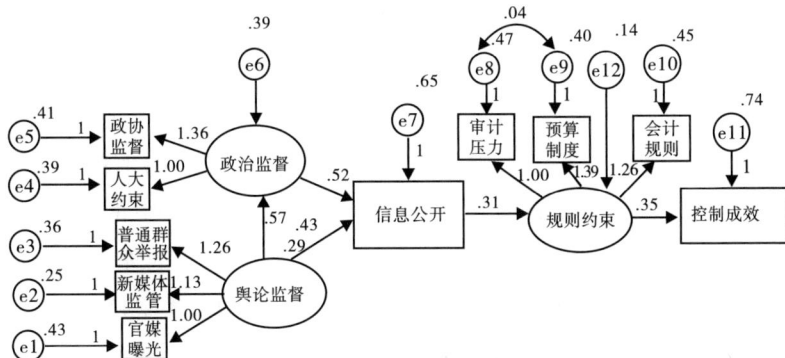

（c）M3调解变量模型

图6-1　公务消费支出控制绩效模型

（四）理论模型 M1 的理论阐释

公务消费预算信息公开制度,作为控制和规范公务消费支出的重要治理工具,其制度初衷在于借助预算透明度水平的提升,保证公众的知情权,为启动其他问责机制奠定信息基础,有效约束公务机构和公务人员的支出行为。国外的相关理论研究表明,这一治理工具,必然与其他同处于同一制度体系内的治理工具发生交互作用,从而内嵌入既有制度体系,共同决定控制公务支出的治理绩效。自公务消费信息公开制度创设以来,国内学者对其治理绩效的关注渐趋增加。但是,既有理论研究多集中在公开行为和公开数据质量层面,仅有少量文献关注预算透明度的决定因素及其政策功能方面。但是,公务预算信息公开的治理效果的决定性因素,尤其是公务消费预算信息公开制度,如何能有效嵌入既有制度体系,以及既有制度体系内的其他治理机制如何调整才能发挥整体性政府的合力,提升治理绩效问题,尚未引起理论研究人员应有的关注,获得与其重要性匹配的理论探索。本章理论研究借助建构结构方程模型,探讨公务消费预算信息公开政策、政府管理规则、政治监督,以及社会舆论监督,如何通过复杂的交互作用,共同规范公务消费支出行为的学术和实践问题。在一定程度上,弥补了国内相关研究,忽视预算透明度治理绩效的不足,引导理论研究关注信息公开与其他社会治理机制之间的复杂交互作用,以期相关理论研究更为贴近国内政治和行政生态环境的现实。

当然,受制于学术资源和研究能力的制约,本书尚存在广阔的提升空间,上述研究更大的功能在于提醒学术同仁关注这一现实问题,以抛砖引玉,深化国内透明政府的理论研究。本书的局限性,主要表现在以下几个方面:首先,本书所采用的数据是基于公务人员的主观感知测量,尽管这种感知测量相对能够反映出公务人员主观世界中的行为约束函数,但是,其客观性较为不足,尤其是对现行政策体系治理绩效的测量,可能会在一定程度上,扭曲实际的制度绩效。其次,囿于研究条件的限制,问卷调查未能严格按照随机抽样的原则,在全国范围内予以开展,尽管既有的调查范围涵盖东、中、西部省区,但西部省区的样本数量较少,可能会影响研究结论的可推广性。最后,伴随着执政党自身建设的强化,党纪监督在国家治理过程中的作用日渐增强,由于纪检监督对预算信息公开的相关研究,付之阙如,将其纳入结构方程分析,缺乏成熟的理论基础,因而本书未能将其纳入分析范围之内。在未来的研究中,急需积极利用客观的绩效测量信息,扩大问卷调查的覆盖范围,并在通过"质性"研究,考察纪检监督与预算信息公开之间关系的基础上,将党纪监督纳入政治监督的范畴,全方位考察我国预算信息公开与其他社会治理机制之间的复杂互动关系。

尽管存在上述局限性,但是基于既有学术研究理论基础构建的理论模型,尤其是通过数据检验的理论模型 M1,为理解国内公务消费预算信息公开制度建设提供了科学的分析基础。表 6-4 中的适配度指标现实,理论模型 M1 的理论解释能力,显著优于外生变量模型 M2 和调解变量模型 M3 的数据检测结果,表明公务消费预算信息公开政策,已经嵌入既有的制度体系,并发挥出一定的约束力量。正如图 6-1 理论模型 M1 中的影响路径及其回归系数所示,H1 的理论假设获得了有效验证,即规范公务消费支出的各类政府内部管理规则取得了明显地成效,规则之治,成效显著,但是,公务消费信息公开自身的约束功能,并未获得有力的数据支持。其约束功能的发挥,并非直接作用于公务支出行为,而是通过强化公务机构的规则约束作用予以实现。H2 的理论假设,同样未能通过数据检验,即公务消费信息公开产生的声誉压力,尚未能起到有效控制公务部门和公务支出行为的目的。形成这一问题的原因,可能源于公务消费信息公开低劣的数据质量,亦有可能与既有的制度体系缺乏公众直接问责政府的途径有关,而且,由于政府公开的相关数据过于模糊和粗略,社会公众尚缺乏评判政府公务支出行为合宜与否的评价标准,只能被动地接受政府公开的相关数据,评价数据质量和公开行为是否及时,成为公民唯一的无奈选择。为发挥群众监督,启动其他问责机制,倒逼官僚组织和政府机构工作人员,规范公务支出行为的制度设计初衷,并未获得预期的目的。

正是合理评价标准的缺乏,致使公众无法判断政府支出行为的总额及其具体支出是否合规,因而,难以形成必要的声誉机制,督促公共部门和公务人员规范公务支出行为。在未来的制度建设过程中,不仅需要细化公务消费预算信息公开的内容,而且要引入绩效预算的概念,并公开公务部门的人员构成和公务支出的绩效信息，从而赋予民众合理评判公共支出行为的理性空间，以完善公务消费预算信息公开的声誉压力机制。

既有的理论研究表明，一个国家的预算透明度水平与国家政治结构的民主化程度息息相关。有效的政治竞争，以及立法机构的真实制约和监督功能，必然能有效地促进其预算透明度水平的提升。世界上其他政府透明度较高的国家，无不与其公权力机构的积极推动有关。我国具有同西方国家迥然不同的政治体系，不能简单地对照西方的政治体系来思考国内的透明度建设问题。但是，从制度的本质属性出发，国内并不缺乏西方政治建设意义上的公权力问责机制。作为人民参政、议政代议机构的人民代表大会和作为民主协商机制的政治协商会议，是我国实施政治问责的固有公权力机制，也是建设社会主义国家治理体系的重要组成部分。近年来，在社会转型各方利益深度调整的历史背景之下，人民代表大会的监督职能和人民政协的协商监督职能，得到了不断的完善和深化，其对各级政府的约束作用渐趋增强[①]。模型检测的数据结果再度证实了，国内政治问责机制建设的突出成就。理论模型 M1 的数据显示人大和政协的政治问责和压力机制，在提升公务消费预算信息公开水平方面成效显著，从而验证了 H3 的理论假设。但是，人大和政协的监督功能，并未能直接提升规范公务消费的治理绩效，从而否认了 H4 的理论假设。人大和政协监督功能主要是借助提升预算公开水平，进而强化政府组织的内部规则而实现的，直接的监管效果并未获得数据的支撑。

然而，必须承认尽管相关数据否认了 H4 的理论假设，但这一研究发现非常符合国内政治监督的现实。由于国内的政治监督多停留在宏大政策的层面，囿于代表职业素质和操作途径的制约，政治问责机构往往仅从政府机构是否履行职责的角度履行监督职责，而难以从履职质量和效益上有效地监管政府机构。这一问题在人大的预算监督方面体现得尤为明显，最具有说服力。尽管《宪法》和《预算法》赋予了人大预算监督职能，各级人大亦努力履行这一职责，但这种监督，尤其是对许多地方人大而言，仍然是

---

① 林慕华,马骏.中国地方人民代表大会预算监督研究[J].中国社会科学,2012(6):
77.

一种表面的监督,监督行为的仪式性和符号性,大于实质性的监督和制约。尽管有研究证明全国和省级人大的预算监督职能有了实质性的改善,但这并不能说明地方人大的监督能够起到实质的作用。因而,在未来的制度建设上,作为政治问责机制的人大和政协机构,不仅需要关注政府机构是否公开了自身的公务消费预算信息,更应增强组织能力建设,精进问责和监督能力,从质量和效应上监管政府机构公开数据的质量,确保公务支出行为合法、依规、合理,全方位地提升其公务消费支出监管职能。

最后,经验数据验证了舆论监督的社会治理功能。理论模型 M1 的路径网络显示,舆论监督不仅增强了政治问责机构的履职激励,推动了人民代表大会和政治协商组织监管作用的发挥,从而验证了 H6 的理论假设,而且,官僚组织在社会公众的舆论压力下,强化了公务消费支出控制规则的遵从机制,有效削减了官僚组织的自我裁量空间,证实了 H7 理论假设。上述研究发现非常符合官僚机构的真实情况,在八项规定的政治履职压力下,各级官僚组织利用公务消费支出谋取个人私益的机会和空间,已经得到有效遏制。

公务消费预算信息公开的目的,在于保障民众的知情权和监督权,形成声誉压力,削减和规范公务消费支出行为,发挥舆论监督的约束功能,正是其政策初衷所在。理论模型 M1 中的路径系数,验证了舆论监督在推动政府机构公开公务消费预算信息的社会功能,理论假设 H5 获得了经验数据的支撑。但是,舆论监督作用的发挥,仍然是通过推动政府机构严格遵守支出控制规则间接实现的,舆论监督的声誉压力,难以直接有效控制公务消费的实际支出,从而否认了 H8 理论假设。这一研究发现折射出我国制度设计中存在的问题,我国的《政府信息公开条例》和《预算法》缺乏公众直接问责预算信息公开行为的途径,而且《行政诉讼法》尚不支持公益诉讼,社会公众只能被动地接受官僚组织的公开行为,导致舆论监督能力的羸弱。这一理论判断,其意不在于否认舆论监督对官僚组织的压力,但是,必须清醒地认识到,在现有的制度安排下,舆论压力能够在多大程度上,监督官僚组织和公务人员,取决于官僚组织面对公众诉求的态度和组织意识,仍然具有传统威权主义政治精英模式的特征,离真正完全实现公众问责,仍然存在一定的距离。在未来的国家制度建设过程中,尤其是法律修订过程中，理应顺应社会发展潮流，强化公民维护社会公益的制度途径建设，推动公益诉讼制度的健全与完善，鼓励普通公众捍卫公共利益和国家利益，为普通公众和社会媒体监督政府，提供法治化程度高、操作性程序完善、问责机制健全的监督途径。

六、注重制度协同，健全制度设计的思考

伴随着预算信息公开工作在实践层面的展开，关于预算透明度的理论研究，渐趋成为国内学术研究的热点问题。预算透明度水平的测量、预算透明度的决定因素、国外预算信息公开的经验，以及预算公开数据的质量问题，均已获得应有的学术关注，成为国内预算信息公开研究的重心所在。然而，既有的研究文献很少关注预算信息公开的实际影响，从而忽视了预算公开制度创立的核心使命，预算信息公开实际绩效的测量与评价，尚未获得应有的理论关注，更未有研究关注预算信息公开制度，如何内嵌入既有的制度体系，与其他社会治理机制发生复杂的交互作用，从而规范公共机构的预算支出行为。本章内容试图检验公务消费预算信息公开制度的实际影响，并将其内置于官僚组织规则、政治问责机制与舆论监督的环境之中，通过构建结构方程模型和经验数据的测量，尝试解释其如何在复杂的政治制度环境中，约束和规范公务消费支出行为。因而，该项研究不仅有助于引导国内的学术界努力关注预算信息公开的制度绩效问题，而且能够惊醒相关的理论研究者，跟踪国外将预算透明度与其他国家治理机制相互关联的学术研究前沿，以便系统而客观地开展相关理论研究工作，从而积极为国家治理体系和治理能力的现代化，提出具有民族生命、贴近国内现实的良策箴言。

囿于学术资源和研究者自身能力的限制，这一学术努力无疑具有一定的局限性。但是，上述学术努力将公务消费预算信息公开，置于官僚组织管理规则、政治问责机制和舆论监督机制的行政生态环境之中，考察其治理绩效的实证数据检验，不仅弥补了国内研究忽视其他治理机制与预算信息公开交互作用的缺陷，而且从经验层面上，考察了公务消费预算信息公开的实际影响，为未来的理论研究，提供了有益的研究方向。而且，本书发

现预算信息公开的治理功能,主要是通过强化官僚组织管理规则予以实现的,预算信息公开自身的社会价值,尚未完全实现;舆论监督机制和政治问责机制,亦存在同样的问题。在未来的预算信息公开过程中,应深化公开的深度和广度,并建构普通公众有效监督公开行为和进行政治问责的可操作途径。这一研究启示可以为国家治理的实践部门提供有益的参考,以充分发挥预算信息公开这一现代化治理工具的实践价值,从而服务于全面提升国家治理能力和治理体系的现代化建设。

整体而论,本章的研究结论提醒高层治理者和公共行政的实践者,公务消费预算信息公开制度的建设,不能局限于该项制度自身的完善和提升层面,更需要关注其与其他制度的协同机制建设,以发挥我国整体性政府的制度优势,充分实现阳光行政理念的治理绩效。协同机制建设一方面要注重公务消费信息公开制度与其他制度的有效衔接问题,另一方面是必须重点关注其他治理机制对公务消费信息公开制度的支撑作用,通过有效衔接和协同治理,提升其整体的治理绩效。首先,需要建设公务消费信息公开与其他政治问责机制的有效衔接机制,充分发挥民众监督的主动性和积极性。既有的公务消费信息公开制度,虽然在抽象层面上,承认公众的知情权和监督权,但是,直接实践机制和责任机制的缺乏,常常使得公权力主体可以有选择地,乃至漠视公众的诉求,以权力的偏见和傲慢,对待权利普遍分散的无奈,影响公务消费信息公开制度绩效的发挥。因此,必须构建起直接的公众问责机制,明确普通公众的知情权和监督途径。在治理体系现代化的过程中,必须普及现代政治科学知识,增强其参与国家事务的愿望和能力,扫除农业文明狭隘意识的影响。"理想上最好的政府形式就是主权或作为最后手段的最高支配权属于社会整体的那种政府;每个公民不仅对该最终的主权的行使有发言权,而且,至少是有时,被要求实际上参加政府,亲自担任某种地方的或一般的公共职务。"[①]以防止政治精英因独掌公权力而诱发的政治风险。在未来的制度设计过程中,不仅需要细化公务消费预算信息公开的内容,而且要引入绩效预算的概念,并公开公务部门的人员构成和公务支出的绩效信息,从而赋予民众合理评判公共支出行为

---

① J.S.密尔.代议制政府[M].王瑄,译.北京:商务印书馆,2008:43.

的理性空间，并辅以必要的公众问责机制，以实际治理绩效，提升制度认同。

其次，积极提升其他国家公权力主体的协同机制建设。M1 的理论模型显示，公务消费预算信息公开的制度建设成就，基本上仍然是行政机构独木支撑的状态。这一现状不仅不利于其制度绩效的提升，而且有违国家治理体系现代化权力分立制衡的基本原则。在未来的制度建设过程中，需要根据我国政治体系的特点，强化人民代表大会和人民政协的监督作用，至于如何建构这种路径，则是一个非常复杂的问题，在此不在展开论述。因为一个国家政治建设绝非政治思想简单更新的产物，它是一国政治逻辑发展的必然产物。但是，从最易为现行政治体系接受又最具有操作性的制度建设路径，则是充分发挥审计机制的监督作用，引入数据真实性审计规则，并增设相应的惩处性条款，增强公务消费预算信息公开的真实性和约束力。

政府公务消费信息公开的数据，能否真实反映实际的公务支出，是该项制度发挥规范和约束作用的基础。鉴于国内财政体系的特征，在现行的财会管理规则下，几乎所有的财政账户资金，均可以用于公务消费支出，如果缺乏有效的监管机制，在机会主义动机的激励下，政府机构的工作人员极易利用这一制度缺陷，将公务消费费用列支在其他的预算开支中，掩盖真实的公务消费支出状况。此外，各级政府数据造假，一直是我国地方治理的一个顽疾。中央全面深化改革领导小组第二十八次会议，专门审议通过了《关于深化统计管理体制改革提高统计数据真实性的意见》，地方政府数据真实性问题的严重程度，可见一斑。在现行的政府公务消费信息公开的规则之下，其所公布数据的行为，近似于一种自主性的行动，缺乏必要的技术审查和外部监督。因此，模糊公开、局部公开等机会主义行为，屡见不鲜，难以起到有效地满足人民群众的知情权，并制约了其规范和控制公务消费支出的功能，这也是公务人员轻视其监管作用的重要原因。鉴于公务消费支出复杂的技术特征，普通民众即使拥有监督的意愿，亦会受制于技术壁垒的限制，从而难以实现有效地监督。国家审计是国家治理体系的重要组成部分，具有"免疫"功能和矫治功能，其专门的人力资源和专业的审查能力，能够有效击破行政机构的技术壁垒，可以有效地发现违规和失范行为。因而,为提升公务消费信息公开的数据质量,必须引入审计监督环节,发挥审计机构的专业优势,防范机会主义公开行为,提升数据的真实性,使其如实反映政府的公务支出行为,从而为公务消费信息公开制度的规范和控制作用,奠定良好的基础。

最后,契约没有刀剑,等于一纸空文。在强制性的制度变革进程中,与其空洞而无力地强调转变观念,不如在制度设计中,增设惩戒性的条款,通过制度转型,推动观念转变。既有的公务消费信息公开制度,尽管强调了公开主体的行政责任,但是,由于缺乏具体的实现机制,加之惩戒机制的缺乏,相关公开主体的积极性和主动性严重不足,提供虚假数据,掩盖真实公务消费情况,更是屡见不鲜。因而,无论从提升公务消费信息公开的积极性,还是提升公开的数据质量而言,增设鲜明的惩戒性条款,对于不同形式的违规行为,确立特别的惩戒措施,均具有非常重要的现实意义。考虑到非理性公务消费行为的广泛的负面影响,在未来的制度设计中,可以考虑将纪检部门作为公务消费信息公开制度的主要监督主体,扭转既有制度依赖财政部门监管,缺乏威慑力和有效制约手段的不利局面,从而切实约束各级政府机构在公开过程中的恣意行为,实现监管到位、失信严惩的制度建设目的。

第七章　结束语

　　公务消费信息公开机制是一个国家政府信息公开制度的重要组成部分，国家构建公务消费信息公开制度对于构建现代国家治理体系，提升现代中国政治的现代化水平，具有深层政治意义和长远的政治影响。在某种程度上而言，尽管它是位于权力中心的执政者为遏制公务支出腐败，应对公众诉求，构建现代法治政府执政方式的转变。但是，从深层次意义上而言，站在大历史的角度，不难将其纳入传统中国治理模式在西方现代文明重压之下，适应新的国际和国内环境的现代转型的范畴之内。作为文明古国之一，中国的政治文明虽历经内忧外患的沧桑变化，但辗转相承，在王朝更迭的过程中，汲取历朝的治理教训，自汉朝以降，"外儒内法"，以道德伦理化人，以严刑峻法治人，在浩瀚的历史长河中，形成了独具特色的政治思想和治理体系，加之特殊的地理位置，传统的治理模式创造出了璀璨的东方文明，使中国享有崇高的国际地位，具有广泛的世界影响。汉唐盛世、宋明辉煌，蔚为壮观。但是，由于清朝末年的闭关锁国政策，加之其封闭陈旧的政治理念，古老的中国政治文明在西方政治文明孕育出的科学技术和军事优势的冲击下，轰然崩塌，西方列强的持续入侵和全方位掠夺，使得这一曾经孕育出璀璨文明的古老政治制度，不得不处于"三千年之未有的变局"之中，如何适应世界现代化的变局，调整政治思想和治理模式，成为自洋务运动以来，历代国家治理者和仁人志士，夙夜忧叹，孜孜以求，积极探索的目标。

　　尽管在这一浩浩荡荡的历史发展潮流之中，时而暗流涌动，时而春雷阵阵，间或雷电交加的激烈政治革命，各派政治势力和政治人物，因秉承政治观念的差异而选择的道路各异，并最终在历史激流中履行了相应的政治使命，或熠熠生辉为公众所瞩目叹服，或声名狼藉而黯然销魂，或中途节变谋求功名利禄而身败名裂,或大义灭亲顺应时势而名垂青史。时至今日,当代中国政治始终面临的一个重要的历史问题,即如何契合国之需要,更新既有的政治思想和治理体系,适应世界范围内的现代治理变革,实现国家治理和治理体系的现代化。而在这一转变的过程中,其中的一个核心问题就是如何处理既有政治文明与起源于现代西方国家治理实践的政治思想和治理体系之间的关系。泥古不化,抱残守缺,显然难以为继,但盲目照搬,忽略环境差异,同会南辕北辙,误国误民。显然,处理这一问题不仅需要理论上的积极探讨,而且需要基于实践检验的持续性制度创新,从而才能有效地平衡政治发展的交错力量,实现现代中国的国家治理现代化,亦可以称其为官方话语中的"中国模式"或"中国方案"。显然,在实现真正的民族复兴和大国实质意义上的崛起之前,如何评价制度建设的成就和问题,只能是阶段性的调整而不是终结性的制度定型。社会发展永无止境,制度调整亦持续不断,但是,确立适应现代世界政治发展趋势,有效整合国内政治和发展力量,重塑大国政治地位,使得国家的政治机制有效满足民众的政治诉求,整合四海之内的芸芸众生的聪明才智,实现国家治理现代化的近期目标,则不容置疑,而且知易行难。

一个国家的政治制度和治理体系,具有鲜明的民族性色彩,它是一国民众在变幻莫测的历史长河中,既有治理理想和实践理性选择的结果,尽管偶然性因素存在一席之地,甚至左右了特定历史时期的政治变迁,但是,整体而论,任何一个国家的治理体系,乃至治理工具均具有强烈的内生性,包括民众的价值观念和感情认同的复杂性,作为社会工程的约束函数,在很大程度上限定了国家治理者的选择空间和路径取向。鸦片战争以来的历次政治革新,或风雨激荡,或和风细雨,但观其成效,合情合势,则事有所成,急功近利,激进求变,则折戟沉沙。所以审视公务消费信息公开制度建设,必须顾及中国政治的传统特征和当下中国政治制度和政治体系的内在特征。"革命的、历史的和国际的背景对研究中国政治的学生(不管是初学者还是老手)提出了巨大的挑战。他们必须努力去理解中国革命时代变革的广度和速度，同时又得认识它与植根于中国两千年帝国秩序中的那些模式的联系。"①尽管一个国家的政治传统并不是恒常不变，但其持久的韧性则是不容回避的。

一、基本结论

公务消费信息公开制度而言，发轫于西方国家，其制度之基源于主权在民的代议制政治制度，其制度设计立足于对政治权力的不信任。西方确立公务消费信息公开制度，是在建立代议制间接民主制度，在政治机制上真正实现了主权在民的背景下，利用投票的权力迫使作为代理人的政客和官僚组织成员，揭示公务消费支出的真实情况，防止其运用公权力和信息不对称的优势，损公肥私，谋取私利。反观具有两千多年封建传统的中国政治，强调伦理秩序，尊奉贤者的政治传统文化，历经改朝换代的血型政治冲突和诡谲宫廷政变的洗礼，孕育出来精英主义的政治权威构架，其科举制度在具有选贤与能的社会功能的同时，其潜功能则堵塞了普通公众参与治理的制度设计的诉求和动机，贤能政治在注重官员个人道德与政治修为提升的同时，将治理的理念和治理的绩效寄希望于皇帝和官吏的治理追求和执政能力，"少数握有权柄的精英与无权无势的民众之间的这种截然分明的界限，是传统中国政治的一个明显特征"②。尽管这种政治权威中的精英主义和等级制，在新中国成立后，历经制度建设的重塑和包括"文化大革命"在内的运动的冲击，但客观而言，囿于国内社会经济发展的现状和政治制度建设的现实，在既有的中国政治体系和治理框架，特别是在整个的政治体系和政治过程中，普通公众对权力的制约和监督依然非常有限。虽然获得互联网支持的新媒体弱化了执政者对舆论媒体和话语权力的控制程度，但是，整体而论，当下的政治体系仍然具有强烈的精英主义和威权治理的色彩。为积极应对国家治理存在的诸多问题，在国家政治现代化的过

---

① 詹姆斯·R.汤森，布兰特利·沃马克.中国政治[M].顾速，董方，译.南京：江苏人民出版社，2005：8.

② 詹姆斯·R.汤森，布兰特利·沃马克.中国政治[M].顾速，董方，译.南京：江苏人民出版社，2005：8.

程中,高层治理者大胆借鉴西方国家治理的有益经验,创造性地发展其意识形态基础,汲取了包括公务消费信息公开制度在内的治理机制建设,然而,其基本思想仍然是"中学为体,西学为用"。客观而言,无论从政治稳定的视角出发,还是从历史的经验出发,这一基本思想本无弊处,然而,其潜在的制度基础,则必将制约这些发轫于西方治理机制的社会功效。如果援用新制度经济学的学术话语,则可以归结为"路径依赖"效应的影响。"路径依赖"的概念,由诺贝尔奖获得者、世界著名的新制度经济学道格拉斯·诺斯创立,其初衷是从制度的角度尝试解释国家经济发展路径差异的原因。

所谓"路径依赖"类似于物理学中的惯性,一个国家或地区的初始状态,常常会锁定这个国家可以选择的发展模式和发展路径,从而对既有的模式或路径产生依赖效应,初始的模式或路径的自我强化机制,常常扭曲甚至消除制度企业家的创新空间,在缺乏非凡的技术变迁或外部冲击之下,非常稳健地获得持续的动力。"路径依赖"肇始于经济制度领域的概念,亦常被类推用于解释政治制度变迁现象。秉承"路径依赖"的分析思路,不难发现国内的公务消费信息公开制度,与西方建立起现代代议制民主制度的制度环境,存在较大的差异。这种制度性的差异,不仅很大程度上决定了其制度绩效的差异,而且前置性地决定了提升其治理绩效可采取行动的制度选择空间和政策工具。质言之,西方的代议制民主制度,业已从根本上解决了政治家和官僚组织成员的权力动机,尽管仍然存在统治租金和制度的疏漏,但是,作为国家治理者的统治集团,必须积极地应对民众的信息诉求,从而在制度设计或信息公开的深度上,具有强烈的民众导向色彩。而政治制度仍然处于现代化进程中的国内政府信息公开制度,则因政治整合机制的特殊性,权力体系和治理机制与民众意愿之间缺乏直接的联系,政治家和官僚组织成员在公开相关信息的过程中,具有较大的选择空间,从而具有强烈的精英导向色彩。这一特征在政府信息公开制度的法律基础《政府信息公开条例》中体现得非常明显,其总则中的第8条规定:"行政机关公开政府信息,不得危及国家安全、公共安全、经济安全和社会稳定。"加之该项规定并未详细说明其适用条件,从而使得国内的信息公开规定,具有强烈的工具主义和选择性色彩,赋予了政治家和官僚组织成员较大的选择空间,包括公务消费信息在内的信息公开和深度和广度,均取决于政治安全和社会稳定的需要,甚至在某种程度上取决于政府体系和官僚组织成员的良好意愿,制度设计的模糊性和责任机制的羸弱,弱化了公务消费信息公开机制的约束力和公信力。客观而言,政府公务消费信息公开制度创立的路径差异,不但很大程度上决定了其治理绩效的差异,而且也在很大程度上决定了提升其治理绩效的可供选择的政治空间和策略选择。

立足于国内深厚的政治文化传统,援用现代的社会科学研究方法,抛弃传统停留于思辨层面的窠臼,本书立足于地方政府公务消费信息公开的经验事实,主要从政策执行过程及其治理绩效的层面,科学检验在建设"透明政府"时将权力置于笼子之中国家政治现代化建设努力的成效,力图发现治理体系和政策执行链条上的阻滞因素,以期为这一颇久现代政治治理理念的制度设计和治理工具,提供根植于国内治理理想和政治现实环境,并具有一定可执行性的前瞻性的治理路径选择。尽管行政学是一门行动意义上的科学,但是,本书的初衷不在于提出过于具体的对策建议,而在于扎根现实治理体系和治理绩效,深入追问治理绩效出现偏差或者执行机制或执行链条制约治理理想的根本所在,因而,将研究的重点置于机制的探究层面。但是,这一研究重点的选择,并不影响本书在结语部分提出若干可以在短期内提升制度绩效的浅陋之见。然而,从根本意义上,本书在结语部分主要着眼于国际政治现代化发展的潮流,以及国内政治发展的现实,深入思考政府公务消费信息公开制度建设,这一肇始于西方政治制度文明的机制设计,内嵌入国内政治治理体系以及其在转变国内政治文化过程中,难以回避的关键性问题,尝试惊醒国内学术同仁和国家治理的实践者,关注国内政治现代化发展的特殊问题,以实现真正意义上的"他山之石,可以攻玉",防止其沦为符号性的政策,甚至成为政治机会主义者逃避治理责任、降低现代治理机制的吸引力、迷惑民众、遗祸国家的风险。

基于各类经验数据的深入挖掘,上文的研究表明包括公务消费信息公开制度在内的各项管理规则,确实在很大程度上约束了非理性的公务消费支出行为,有效地减缓了公务消费支出的腐败空间,净化了行政执纪的政治环境。但是,定量研究的结果表明,公务消费支出治理绩效,在很大程度上并非官方话语中法治建设之力,亦不是公之于众,接受公众监督的效用。至少在公务人员感知的主观世界中,公务消费支出的削减,在很大程度上取决于执政党纪律检查部门强化执纪监督,尤其是八项规定的强大震慑能力。尽管成效明显,倘若从公务消费信息公开制度建设自身的功效出发,则彰显出其制度威慑力不强进而也未能实现其作为现代治理工具应有的政治意义和治理功能。因为,毋庸讳言,执政党的纪律检查部门,在当下国内的政治体系下,仍然是作为"权力"主体出现的,依赖其震慑能力取得的治理绩效,仍然难以走出中国传统政治威权治理的窠臼,尽管执纪部门时而也会以党纪条例的若干条款作为行政性执法的依据,但是,整体而论,公务消费信息公开制度的效应,仍然取决于权力分立的对垒,而不是以公开提升民权,引入真正意义上的民众监督,实现以"权利"制约"权力"的现代政治制度建设约束力。

然而,以"权力"监督"权力"的威权主义执行色彩,并未消除公务消费信息公开的进步意义。它有力触及官僚组织成员隐蔽的私利,打破了1949年以来视政府机构预算支出为国家秘密的传统管制型财政支出行为,提升了财政支出的"公共性"色彩,对于一个浸淫于"民可使由之,不可使知之"传统的治理体系而言,其制度创新之举,即具有非凡的现代政治意义。尽管公众仍然缺乏直接的途径,推动公务消费信息公开制度的完善和问责行动不力的官员和官僚组织,但是,任何官员和官僚组织成员试图掩盖公务消费支出的行为,均将承担党纪国法追责的政治和法律风险。所以,制度建设的精英主义色彩,无碍于其政治进步价值,在某种程度上,这一违背官僚组织政治精英利益的制度,在西方意义上的民主选票制度尚未在国内予以确立的外部环境之下,予以确立,获得发展,从而具有日常化行为程序和行动基础的现实,无疑彰显了国内民主政治进步的价值。与此同时,该项制度亦是国内治理体系拥抱国际政治发展潮流,推动国内政治现代化发展的明证,凸显了社会主义政治制度的革故鼎新的能力和适应能力。尽管创始之初,疏漏颇多,制度的刚性和约束力仍有较大的提升空间,更谈不上公务消费信息公开的"中国方案"和"中国模式"。但是,仅这一制度在实施过程中,涌现出的诸多问题,已是丰富了国际范围内"透明政府"或"阳光政府"建设的经验基础,为该领域的理论创新提供了广阔的发展空间。在很大程度上，公务消费信息公开制度在实施过程中遭遇到的问题，可以视其为与西方政治体系相呼应的"透明政府"或"阳光政府"的制度建设模式，丰富了人类政治发展的经验和教训，有助于扫除西方政治建设或政治研究的话语霸权。

儒家的传统政治文化坚持从道义上赢得政治权威，强调贤能政治，选贤与能，"修身、齐家、治国、平天下"的政治传统在当下的治理体系中，仍然具有相当大的影响力；同时，这一官僚治理模式的优越性，亦不可抹杀，但是，这种缺乏制度化限制的传统政治文化，日益式微。"为了确保政治决策的公正和明智，中国的传统依靠为官者的个人素质，而不是依靠规则或体制结构。"①西方的政治制度设计，则以人性的"恶"为基础，强调对权力的监督和约束，强调人性的自私、贪婪对国家治理的危害。当然，西方学者亦承认人性中"善"的一面，所谓人性一半是火焰，一半是海水。但是，即便承认这种向"善"的力量，西方的制度设计，依然强调制度的约束与控制。"人自有一种与生俱来的能力，它能使个人在自我之外构设自己，并意识到合作及联合努力的必要。这就是理性的能力。没有这种能力，人就将在非理性的、自私自利的抑或受本能支配的大漩涡中茫然失措，进而在人与人之间导致各种各样的充满敌意的对抗和抵牾。理性乃是社会化和尊重他人行为的源泉。理性之声告诉我们：为使我们自己的需要适应他人的需要，为使公共生活具有意义，对个人行为施以一定的道德限制和法律约束是必要的。"②发轫于西方国家公务消费信息公开制度，可以视其为基于人性"恶"的治理机制的体现，因而，作为制度移植的产物，国内的公务消费信息公开制度，首先面临政治文化的衔接问题。精英主义的权威政治模式，视民众为治理的对象，在历史的长河中，每每以民智未开为由，拒绝接受西方社会的公众之治的理念，即使表面接受，亦在深层次领域受到特定的控制，或者以民族国家治理的特殊性为由，抗拒社会变迁带来的制度变革压力，实在是为一己所私所困，怯于彻底改革不合时宜的制度设计。亦有改革的

---

① 詹姆斯·R. 汤森，布兰特利·沃马克. 中国政治[M]. 顾速，董方，译. 南京：江苏人民出版社，2005：32.

② E. 博登海默. 法理学：法律哲学与法律方法[M]. 邓正来，译. 北京：中国政法大学出版社，2004：7.

观望者,虽看清历史大势,但缺乏革新同僚利益的勇气,缺乏应有的责任担当,坐搭集体行动的便车,造成改革的滞后或迟滞。事实上,在全球化的今天,互联网技术的飞速发展,自媒体的勃兴,极大地加快了公众知识更新的速度,即使是最为普通的社会公众,亦难以接受人性"善"的制度设计理念,加强对权力的监督,把权力放在笼子里,早已在全社会达成了广泛的共识,尤其是早些年公务消费支出的腐败行为,早已为普通公众所诟病。因而,至少在公务消费制度设计层面,政治亚文化的基础已经存在,在借鉴西方国家的治理机制过程中,制度依托的文化基础已经相当地契合,可以深植于华夏变迁的文化中,以影响社会稳定为名拒绝西方国家合理的制度设计,已难以取信于民。根据本书经验研究的发现,至少在微观的管理领域,在不触碰核心的国家政治制度前提下,许多西方国家成熟的经验,可以用于完善国内的制度设计,扎实公务消费信息公开的藩篱。

本土法制史著名专家张晋藩教授,在分析中国法制在创造辉煌之后,造成制度的闭锁效应,难以为国家的发展提供法制支持,推动国家现代化转型,从而造成西方坚船利炮,从横亘家门,到长驱直入,阻断中国社会制度自我转型,从而被迫进行强制性变革时,指出:"中国固有的法制曾经经历了汉唐宋明的辉煌时代,但其发展轨迹只是陈陈相因地纵向传承,缺乏横向地比较吸收与实质性的变革,因此,至 19 世纪中叶,已经处于变亦变,不变亦变的严峻形势。"①因此,顺应历史潮流,回应民众诉求,积极采取西方成熟的经验,完善相关制度设计,不仅不会丧失自身制度的优势,反而是一种制度自主性的体现。

基于本文的经验数据分析,为提升公务消费信息公开的制度绩效,在微观机制层面,首先,需要继续细化公开的规则和格式,防止以笼统的信息公开,掩盖具体公务支出的组成比例以及具体的用途,即为向公众提供了何种公共服务,而提升了财政支出的数额,从而有效外化公共服务的成本,方便公众的监督,实现真正地监督目的。

实现公务消费支出的全覆盖,这主要包括两层含义:一是既有的公务消费支出公开制度,只是要求行政机构公开公务消费支出,但是,由于中国

---

① 　张晋藩.中国法制史[M].北京:商务印书馆,2010:3.

特殊的政治制度和治理体系，包括党政机构在内的诸多群团组织，亦依赖财政支出供养，并且，在一定范围内，提供着一些特殊类型的公共服务，此类机构的公务消费支出，如果继续讳莫如深，不仅影响公务消费信息公开的权威性，而且会降低其公信力。二是在现行的公务消费信息公开行为中，许多专项经费中用于公务消费支出的部分，并未公之于众。尽管行政机构以其不具有稳定性，而且是提供特定公共服务的支出为由，但这并不影响其作为公务支出组成部分的根本性质。如果这一制度疏漏在未来的制度设计中，继续门户大开，则必将诱惑部分官僚组织和行政人员，采取机会主义行为，将其公务消费支出转移到此项预算之中，从而掩盖真实的公务消费支出，无法有效满足公众的知情权，亦难以真正实现以公开来压缩公务消费支出、规范公务消费支出行为的目的。

再次，建立公务消费预算信息公开数据质量真实性责任机制。既有的公开机制，相关制度设计只是要求官僚组织在规定的时间内，公开公务消费信息的相关数据，但是并未对公务消费信息公开的数据质量确立明确的行政责任，导致形式公开、虚假公开、机会主义行为泛滥，降低了公务消费信息公开制度的严肃性和约束力。数据作假一直是国家地方治理的顽疾，但其他领域相关数据核实的成本，异常高昂，唯公务消费支出具有明确的账面票据，便于核查。倘若能确立数据真实性责任机制，并明确公开的范围和深度，则可以有效降低各级政府机构的博弈空间，提升制度的治理绩效。

复次，积极探讨"互联网＋"科技背景下，公务消费信息公开制度平台建设，实现数据的自动生成功能，转变依赖下级官僚组织逐级汇报的传统数据信息收集路径，实现公务消费信息公开的科技化和智能化。伴随着互联网的普及和应用，包括公务支出在内的诸多公共服务，均需通过计算机来予以实现，人类进入大数据时代，"大数据是人们获得新的认知、创造新的价值的源泉；大数据还为改变市场、组织机构，以及政府与公民关系服务"[①]。由于公务消费支出具有良好的数据基础，如果引入互联网的大数

---

① 维克托·迈尔-舍恩伯格，肯尼思·库克耶.大数据时代[M].盛杨燕，周涛，译.杭州：浙江人民出版社，2013：9.

据思维,建立统一公务消费支出平台,通过平台自动汇总各项公务消费支出,可以改变既有公务消费信息由各个支出单位自我申报的人为因素干扰,提升数据信息的迅捷性和真实性,实现在线即时公开。在田野调查的过程中,某地级市已经在市直机关实现了大数据管理,因而,充分利用公务消费支出的数据化特征,利用互联网的智能技术,实现公务消费制度信息公开的技术条件已经完全具备,只需本着尊重公众知情权和提升公务消费信息公开的治理绩效的精神,摒除部门之间的行政壁垒,建立统一的预算与会计监督管理平台,实现公务消费信息公开的智能化积极可为。

最后,契合国内政治制度的特征,建立其符合社会主义政治特色的监督管理体制,尤其是预算责任机制的健全与完善,真正实现预算的支出控制功能,改变既有的由政府尤其是行政主官控制预算,而不是预算控制政府的现状。预算管理问题是治国理政的核心问题,预算软约束一直是社会主义国家预算管理的一个棘手的问题,由官员控制预算,而不是由预算控制官员和官僚组织,虽然在一定程度上可以扩大执政者的施政空间,并有利于特定治理目标的实现,但是,这毕竟是一种人治色彩浓厚的管理技术,其规范化和法治化的程度较低,较大的自由裁量空间极易诱发支出腐败,并最终导致预算支出失去控制,有悖于政治现代化的制度建设目标。客观而言,新版的《预算法》在强化预算控制功能、提升预算透明度方面,取得了长足的进步。但是,该版本的预算政治责任机制设计,具有强烈的西方政治色彩,在很大程度上是仿效西方国家的政治体系和责任制度。预算控制的主要责任机制交由人民代表大会制度予以实施,以凸显社会主义制度人民当家做主的政治优越性,但是,这并未真实地反映出我国政治制度的本质特征,囿于人民代表大会制度建设中存在的问题,以及我国政治权力运用的现实,这种参照性的法律制度规定难以约束真实的权力主体,也难以有效凸显公务消费预算信息公开的责任。在未来预算编制法律修订的过程中,应采取法社会学的分析途径,根植于国内的政治现实,凸显社会主义政治的核心特色,厘定真正的预算权力支出主体,确立其预算支出及公开责任,实现真正的权责统一,提升预算编制和管理的权威性和严肃性,从而为公务消费预算信息公开奠定良好的政治责任基础。由于公务消费信息公开属于预算信息公开的范畴,对于符合社会主义政治特色预算监督管理体系问题的探讨,引发了本书曾经提及的制度嵌入和制度契合问题。在对制度契合这一与公务消费信息公开治理绩效最具有直接关联的问题,只是在对公务消费信息控制制度建设进行社会科学调查和理论思考时,对具有数千年儒家文化浸淫的政治制度和治理体系现代化反思的三个深层次问题之一。除却借鉴西方政治制度和治理技术的制度契合问题,笔者亦有兴趣探讨一下国家治理体系和治理能力现代化过程中,颇具有吸引力、引发诸多讨论、莫衷一是的法治建设问题,以及科学执法与执行力建设问题,这三大问题不仅涵盖了公务消费信息公开的制度绩效问题,而且,涉及国家治理体系和治理能力现代化的诸多制度设计和政策执行。

关于治理制度契合的问题,在围绕政府信息公开制度发挥效力支撑环境部分,已经做出了相关的说明,但相关部分的论述仅仅止于如何使公务消费信息公开制度治理绩效提供良好的制度环境的层面之上,未能在国家治理体系和治理能力现代化过程中,如何科学合理地借鉴发轫于西方的治理制度和治理技术,展开深入的论述,颇有必要行文泼墨,阐释其间的关隘和值得治理理论研究者和实践者关注的深刻问题。现代化赋予中国的不只是革故鼎新的机会,亦给其制度建设提出了难以回避的挑战。历史深远,追溯变革的历史进程,评价历史人物的成败得失,固然具有借古醒世的启发作用,但是,问题的关隘却在于如何在世界现代化的浪潮之中实现传统治理智慧和现代制度理念和机制设计的契合。历史上诸多政治改革遭遇失败,固有人事的原因,但从政治理性和政治科学的角度而言,其指导思想和战略制定的疏漏,更是问题的关键所在。

理解国内治理体系和治理能力现代化过程中,如何使发轫于西方社会的治理制度和治理技术与国内的政治文化和制度契合的问题,必须立足历史,站在当下,放眼未来。在知识经济的时代,一个拥有数千年文化传统的政治大国,必将具有其自身特殊的问题,而无法照搬照抄西方的经验模式;故步自封,盲目自信,用短期的、局部的成就鼓吹自己已经形成了成熟的治理模式,亦是政治短视的表现。无可否认,在既有的治理体系下,国内无论经济建设和制度建设,均取得了非凡的成就。但是,从历史唯物主义的立场出发,正如著名的现代化学者罗兹曼所言:"共产党在 1949 年取得的胜利是一个政治组织的胜利,而非纲领、制度或者社会政策的胜利。这些国内纲领、制度和政策仍然有待于制定,而且30多年过去了,能使历史经济的潜在力量和现时代具有的政策和组织相得益彰,这样一个重建的中国的基本轮廓仍然是不清晰的。"①而且,时至今日,我国的治理现代化仍然具有举世瞩目的地位,作为社会主义大国,以及其深厚的封建治理文化传统,如何在世界范围内的现代化浪潮中,在借鉴西方治理技术的同时,不被蚕食和吞没,确实是一项巨大的挑战。毕竟,西方治理体系和治理制度的演化,是在政治传统的基础上,着眼于其国家需要创设的,而且是其政治体系历经公共选择的结果;在制度设计过程中,并未考虑我国国内的现实;在汲取西方治理经验的过程中,罔顾这一前置性差异,以其治理绩效为制度引入正名,是缺乏政治知识和政治经验的浅见。

在可见未来的治理体系和治理能力现代化的过程中,既要勇于借鉴,锐意创新,又要扎根国内现实的文化土壤和政治现实,注重制度建设的目的和实质性功能,反对简单的形式化模仿。一个国家的政治制度建设,不仅是法律和规则的修改,它的运作与实施,需要组织化的支持,才能获得日常的治理成效。如若单纯是形式上的模仿,不仅无益于社会治理目标的实现,而且,新增的组织架构和人力配置,会增加纳税人的负担,并且存在衍生组织利益、干扰既有体系运作的风险。为实现制度借鉴预期的目的,首先,必须深入研究国外制度发挥治理功能的制度性环境和支持条件,反观国内的制度性基础,厘清制度发挥作用的制约性因素,制定合理的改革战略和行动方案。法律制度是社会需要的产物,就公务消费信息公开制度而言,作为一种行政管理或者更广泛意义上的政治制度,其制度目的在于约束和规范公务消费支出行为,而且是一种基于主权在民的制度理念,满足公众知情权,参与国家公共事务治理的制度建设工程。民众只有具有充分参与政治,影响政府机构和公务人员的途径,才能拥有获得相关信息的动机,法律、法规和制度设计,才会拥有充分的民众基础,才会给法学和政治学的研究提供创制的空间。缺乏民众基础的制度移植,要么被束之高阁,要么缺乏充分的日常基础和民意支持,而难以真正地发挥绩效。

---

① 吉尔伯特·罗兹曼.中国的现代化[M].刘东,等译.南京:江苏人民出版社,2001:400-401.

　　法律和制度从根本上是社会的，欧根·埃利希在其法社会学扛鼎之作《法社会学原理》的作者序中睿智地指出："在当代以及任何其他的时代，法的发展的中心既不在于立法，也不在于法学或司法判决，而在于社会本身。"作为现代化的后发国家，无论从效法先进国家的经验，提升治理绩效，或者是作为日益深度融入国际社会的第二大经济体，提升软实力和国际吸引力，适度的制度移植，均是国家治理体系和治理现代化的应有之义。但是，只是关注制度的形态和概念话语的引入，则是理论知识浅薄和实践知识匮乏的体现。制度移植的必须服务于中国社会发展的需要，过度强调制度的先进性，无视社会结构的发展和民众的制度需求，不仅是学术思想的狭隘的体现，更有可能干扰制度发展的内生机制。苏力教授关于中国法律移植问题讨论的评价，非常有助益理解这一问题。"因为中国法治发展的关键问题并不是法律移植，而是中国社会的发展和转型。用法律移植这样一个似乎是技术性的问题来讨论社会转型问题必定是肤浅的。它遮蔽了真正值得法学界关注的问题，导致法学界在中国法治建设上的某种为新主义和法治的浪漫主义。"[①]法律移植或制度学习不能忽视现实的社会需要，制度等待社会生活和生活方式的变化，制度必须服从社会生活。公务消费信息公开制度取得绩效的关键在于能否服务民众的社会生活的需要，目前该项制度的威权控制和精英主义取向的特征，在很大程度上制约了民众利用该项制度捍卫公共利益使然。这一移植的社会制度，与其他类似的制度一样，其制度功能的真实发挥，须扎根于民众与社会的真实需要。任何制度的概念和原则，必须与社会生活相联系，并发挥社会功能，才能内化并获得支持性的力量。单单引入制度的形式，忽视其民众基础和制度嵌入问题，不足为训，必然被漠视和悬置，难以在整体的制度变迁过程中留下历史的印记，发挥应有的历史使命。

　　国家治理体系和治理能力现代化，需要妥善地处理的第二个问题为法治建设与政治建设之间的辩证关系。过度地强调法治建设，忽视政治建设对法治建设的支撑作用，以及现代法治发展的基本趋势，不可能建立符合现代社会需要的法治社会。法治与政治，如鸟之两翼，车之两轮，单向度的

---

　　① 苏力.制度是如何形成的[M].北京:北京大学出版社,2007:73.

冒进,或者顾此失彼,终难以有序地实现真正的治理体系和治理能力现代化。"法治"建设在改革开放后,步入新的历史时期,在"德治"与"法治"争议之中,"法治"渐趋占据主流的意识形态,和民间于此达成了广泛的共识。然而,"法治"作为一个概念,不仅具有广泛的外延,而且其内涵亦侧重不同,差异甚大。"政治学家和法学家也经常持模棱两可或者尖锐对立的法治观。一位理论家说:'有多少人在捍卫法治,几乎就有多少法治观。'许多理论家相信:它'从根本上讲是一个备受争议的概念',也就是说,这个概念的特点是对其核心意义存在分歧。不难证明,'法治'这个短语由于意识形态的滥用和普遍的过度适用已经变得意思不明。因此,法治现在处于一种奇怪的状况,它是当今世界最突出的合法化政治理想,但对它的意义为何却没有共识。"①在国内,由于儒家息诉文化影响和意识形态敏感性,建设"法治"社会的表面的共识,并未有效消除何谓"法治"以及如何实现"法治"的认知差异和路径选择。早期的"法治"与"法制"之争的平息,亦未能有效地解决官方和民间的利益冲突。"法治"建设在中国,仍然存在着多种路径和诸多冲突的可能。梁治平教授认为国内的政治讨论,具有强烈的政治色彩,则亦从特殊的角度证明了"法治"和"政治"之间的内在的复杂联系和外在的相辅相成关系。"有关'法治'的论说基本上是在一种浓厚的政治氛围当中,并且主要是围绕着现实的政治运作发展起来的,其结果,对于'法治'问题的思考常常被限制在表层政治的层面,其中可能涉及的理论问题则多被忽略。"②法治与政治的复杂面向,常常使诸多讨论或囿于一时的政治之需,过度强调"法治",或囿于意识形态的压力,怯于深入地讨论二者之间的关联。公务消费信息公开制度的创建与研究,正是在这种话语体系和体制背景下,予以展开,蔚然前行的。与抽象的法治建设相比,具体的、具有操作性和日常基础的法律制度建设,更能凸显治理体系现代化过程中,法治与政治建设并举的重要意义,对于厘清法治社会建设的真实问题和应该关注的真实现象,颇有助益,而且,这一考察中发现的某些问题,与官方的宣传和教

---

①　布雷恩·Z.塔玛纳哈.论法治:历史、政治和理论[M].李桂林,译.武汉:武汉大学出版社,2010:4-5.

②　梁治平.法治在中国:制度、话语与实践[M].北京:中国政法大学出版社,2002:86.

育,并无冲突,其差异的关隘在于如何在执行层面解决具体的本土问题。

既然法治与政治具有内在的本质联系,法治建设过程中就难以绕过执行过程中的政治或行政问题。通过深入分析公务消费信息公开法律诉讼的经典案例,细微之处见精神,可以凸显治理体系现代化过程中两个比较大的问题:一是公法之公共性,二是法治的行政之维。公法,顾名思义,其内在目标在于解决公共性问题,即普罗大众共同面临的问题。但是,囿于历史因素和政治认知的影响,国内的行政诉讼制度,这一以制约权力为首要目标的法治制度,除环境事务,拒绝公益诉讼。《政府信息公开条例》相关条文设计,隐去公众知情权不论,从实用的角度,奠定信息公开申请基础和诉讼权利,具有狭隘的小农意识,本质上,违背了其公法实现共治的本质属性。一个国家现代化的过程,必将是一个脱离其以小农经济为基础的地域性和血缘型社会关系,公共空间获得生长发育,公共利益日益凸显的过程。其间,诸多个体利益以公共利益为基础,而公共利益的维护又呼吁公共性活动,以减少单一个体在解决公共性问题时面临的困境。因此,在法治的框架下,建立集体行动维护公法功能的机制,鼓励公众积极维护公共利益,是一个难以逃避的时代议题。伴随着信息时代的来临,"互联网＋"技术条件下,公众集思广益,实现信息互通,互相支持,解决公共性问题的技术条件已经完备,包括推动政府信息公开等诸多公共问题,在官民互动或官民博弈时,单个个体或普通个体的孤立无助,又呼唤公共行动的制度框架。因而,在建设法治社会的过程中,为公益诉讼证明,深入研究公益诉讼制度可能诱发的社会冲击,有序引入公益诉讼制度,提升公法等公共制度的公共性,迫切需要政治认知的提升和行政管理体系的改革,以为公法之公共性提供支撑条件。

公法之公共性的另一问题,在于不能将政府利益等同于公共利益,公法的公共性具有约束政府权力,为社会公共利益提供法律保障的功能。高层治理者强调新时代法治建设要科学立法,这一科学的理念在笔者看来需要引入政治科学的视角,从政治科学的视角来理解科学立法,尤其是公法层面的立法精神和法条设计。而从政治科学的视角理解公法,就必须引入虑及一个国家的政治史和当下的时代命题和历史使命。因为政治的全球化和世界一体化,并不意味着全球治理的单一化,民族国家在相当长的时期内,仍然将是一个国家社会秩序和公共服务提供的关键主体。即使是全球治理的问题,亦需要民族国家的呼应和参与。所以,公法思想的交流,虽然为各国的公法发展,提供了更多的思想结晶和经验借鉴,但是,扎根于民族国家的实际,回应特定时空领域内的治理需要,必将仍然是民族国家立法和司法的根本目标。历史法学派的创始人弗里德里希·卡尔·冯·萨维尼认为:"法律乃是一个民族整个历史的必然结果,而不是思辨能够从一个法学家的头脑中刻意规划出来的某种东西,也不是立法能够根据一种专断的命令而得以形成的某种东西。"①抽象的人性思考和制度理念辨析,只能满足于制度建设的批判和指导性功能,具体的制度和实施必须满足特定时空的社会诉求,才能获得稳定的政治基础,纾缓社会的压力而有效嵌入一个国家的民族精神和制度体系之中。

因此,在全球化和反全球化的声音甚嚣尘上之际,就当下民族政治发展和政治建设要务而言,实现对公权力的有效约束,是关键所在。回顾历史,中国封建统治时代的政治和法律,使得中华文明在数千年的历史长河中,虽历经外族文明的冲击和侵扰而生生不息,并曾经创造出数个辉煌时代,但近代以来在与西方制度的竞争过程中,惨遭阻击,处于不断的变迁之中。在重塑国际政治制度的过程中,其中一个重要的思想就是封建制度的家国观念和居于其上的国家政治制度建构,"有家无国"成为革命和变革过程中,革新者抨击封建国家制度的重要理论工具,并在系列风起云涌的社会变革进程中,予以实施。仁人志士,间或夹携私利,力图变"家国"为"国家",提升治理体系的公共色彩,淡化儒家伦理浸淫的政治理念。但是,唯有新中国的成立,从理念和制度上彻底废除了传统的"家国"思想和"家天下"的统治机制,国家权力获得了前所未有的权威,并以其为基础,疾速改变了中国社会的经济基础和社会观念。国家权力至少在理念上实现了为全民的利益而奋斗的革新,尽管封建家国观念的遗毒尚存,民主与共和获得了积极普遍的民意基础和制度支持,但是,潜在的国家主义至上的理念和制度设计背后的权力制约问题,仍然是国家制度建设过程中的一个潜在的隐患。政治挂帅和极端的国家主义,非常容易侵蚀社会的行为空间,窒

---

① 罗斯科·庞德.法理学[M].邓正来,译.北京:中国政法大学出版社,2004:50.

息社会创造的空间和活力，从而危害国家制度建设。囿于现代政治知识的匮乏，简单地将政府等同于国家的思想和行为，无疑为权力的横行无忌提供了空间，遗祸众生。难能可贵的是，当下的国家治理者已经敏锐地关注到这一问题，强调对权力的制约，"把权力放到笼子里"，不仅是国家高层治理者的意愿，而且成为街头巷尾常论常新的话题。共识已具，机制待发。在未来的国家制度和公法建设的过程中，扫清既有制度设计中将政府利益等同于公共利益的残余，势在必行。具体到政府信息公开制度建设之上，则需要消除将信息公开的主动性拱手于政府机构和公务人员的弊端，设立明晰的免于公开的清单，并制定出具体的执行标准。防止制度的异化与悬置，落实公众知情权，有效转变政府信息公开的权威主义的精英导向，实现主权在民的国家理念，才能真实解决中国近现代史上，志士仁人历经磨难渴望实现的"国可为，不乱为"的国家建设理念，这亦是当下和未来一段时期内华夏大地对政治秩序的热切渴求。

处理好法治与政治建设之间关系的第三个比较重要的问题，既是积极重视行政机制在法治建设过程中的重要性，即行政过程本身的法治化。无可否认，"法治"是一个非常复杂的话语体系，在概念上，具有众多的解读，在制度上，具有多维的面向。由于我国国家治理拥有悠久而且极富成就的光辉历史，且1949年后立基于军管制度至上的行政机制，延伸到社会的各个角落，拥有超凡的控制能力和强制手段，"管得过多，统得过死"是对此行政机制的生动描述，改革开放初期的革新政策，亦多以其为改革目标，因而，国内行政机制背负着负面的标签，而成为国内诸多社会问题的戴罪之身。另外，国内广为传布的"法治"理念，多是参照英美，尤其是美国的法治理念和经验为基础，加之"法治"理念的布道者多为研习法律的饱学之士，部分囿于专业偏好，部分囿于对美国法治的片面理解，多强调法治实现过程中，法学同仁的推动作用，在制度建设上，则过度偏好法院的功能和作用。因而，国内的法治建设和法治理念宣传，多强调法院的司法判决，尤其司法机构能独立行使判决权对于法治建设的重要作用。然而，既有国情的考虑和美国法治的现状，这种理念和行为，无疑具有偏颇之处，难以为治理体系和治理能力现代化过程中，处理好法治与政治建设之间的良好关系提供合理的思路。囿于英美的法治理念对国内具有深远的影响，所以，必须摒除部分对英美法治实现机制的片面理解乃至误解。权力分立或者说"三权分立",无疑是美国政治架构的核心特征,但是,这一核心特征在后续的制度变迁过程中,事实上,并非如立国之初泾渭分明,其国家法治的实现,亦绝非司法机构单独之功,尽管其独立的司法机构在法治社会的建构与延续的过程中,仍然发挥着不可取代的作用。行政机制的法治化对其法治理念的实现之作用不可低估。为有效地说明这一问题,必须剔除美国法治单向度依赖其司法机构的想象,还原美国法治社会的真实面向。在某种程度上,国内部分人士对国外法治的片面理解,源自对美国不同时代的社会状况的无知。权力分立,以司法权力制约政治权力,尽管仍然是美国国家制度的基石,但其作用方式和制度空间,在进入 20 世纪后,俨然迥然不同。在当下的美国法治中,行政机制在法治的过程中,发挥着异常重要的作用,"法治而非人治"的力量泉源,绝非司法机构一家。无可否认 19 世纪初的美国社会和国家制度建构,异常希望摒除行政管理中的个人化因素,在权力分立理念的指导之下,在实践层面,"在 19 世纪的最后 25 年中,美国公法所具有的一个最引人注目的特征就是它的完整性,而在这种完整性下,行政行为经由法律责任和司法审查的设定而受到严格的约束。这种试图把一切事情都交由法院去处理并试图通过诉讼解决一切问题的做法,在19 世纪末期的美国导致了一种非常类似于行政瘫痪的情形……我们的政体带回了那种早已过时且被认为已不复使用的行政性审判,而且正在某种程度上使其成为我们政府所有的一个一般性特征。"①在理论层面,尤其是法理学层面,服务于自由资本主义阶段的以个人自由最大化为目标的形而上学的法学思想,亦早已让位于服务行政国家的法律功能主义,法律社会学涌现出蓬勃发展的面貌,强调整体的法治观,日渐凸显了行政机制在法治过程中的重要性。从法社会学的立场出发,早期的法治理想和法治实践,尽管有效地解决了"权力分立"问题,但未能有效解决"权力组合"问题。西方民主社会在进入行政国家阶段后,伴随着提供公共服务压力的提升,其法治的理论和实践,愈来愈关注从社会功能上解决权力的有效组合问题。伴随着行政国家的出现,其行政机构获得的准立法权和准司法权,大

---

① 罗斯科·庞德.法理学[M].邓正来,译.北京:中国政法大学出版社,2004:50.

大扩展了行政机构在贯彻法治过程中的作用。近年来,西方行政学者所呼吁的"整体性"政府,其实正是在理论层面,对其早期过分强调"权力分立"的历史回应。行政机构的依法行政和据法审判,早已成为西方社会维护社会秩序,提供公共服务的权威机构,尽管行政机构的法治权威,最终仍然需要接受司法机构的审查,但是,行政机构亦绝非司法机构的附庸,在法治建设的过程中,作用日益提升。立足于 21 世纪实现民族复兴的中国法治建设,绝不能效法列强早期、现已不合时宜的做法,而过度强调司法机构的作用,妨碍国家治理目标的实现。在某种程度上,行政机构在法治过程中的中坚作用,一直是我国国家治理的传统,并且从制度比较的视角出发,可以称其为我国制度的比较优势。

质言之,在国家治理体系和治理能力现代化的过程中,在借鉴西方国家制度的过程中,不能抛弃国家制度之根本优势。客观而言,我国政府治理的法治化水平确实有待提升,西方国家的治理经验确有值得借鉴的地方。但是,相对而言,我国的政府制度确实早已实现了西方理论学者所呼吁的"整体性政府"建设的目标,权力组合问题获得了良好的解决。抛开权力集中诱发的腐败问题不论,行政效率较高,政府分支机构更容易获得有效地协调。无论从顶层设计还是从提升基层的执行力出发,这一制度优势不应被盲目地批评和摒弃。权力有效组合已经实现,如何建立符合国情的权力制衡机制,有效地实现权力的分工,在有效发挥行政机制优势的同时实现对权力的法治监督,才是应有的发展方向。而且,在设计和实施行政权力的法治监督过程中,必须尊重本国的政治体系和话语体系,认识到法治建设是一个目标,而实现这一目标的制度具有多样性,实现路径具有多元性。法治建设必须回应和适应民族国家的社会诉求和社会经济发展状况,毕竟国家治理不是理念逻辑的演进,而是社会利益和社会结构演进的产物,只有批判性地借鉴国外制度,并注意深植于国内经济社会环境,获得必要的社会和制度支持,才能有效地实现制度借鉴和制度移植。

伴随着科学技术的发展,公共管理的科学化趋势难以阻挡。科学技术在深刻改变社会,增强社会治理复杂性和难度的同时,亦为国家治理提供了有效的治理技术手段。积极运用这些科技手段,不仅是治理体系适应现代化的必要选择,而且是国家治理体系对现代科技手段的运用,亦能推动一个国家或地区科学技术的发展。因此,国家治理体系和治理能力现代化,必须积极运用包括互联网在内的各类科学技术,有效降低监管过程中人为因素的影响,提升监管体系的信息优势,实现科技化管理。简而言之,在国家治理体系和治理能力现代化的过程中,必须非常注意科技手段的运用,尤其是如何运用因应互联网发展而来的大数据技术,提升公共管理的前瞻性、有效性和针对性。在大数据的时代,社会生活方式已经被信息技术颠覆和重塑,而且,这一趋势必将在可见的将来,继续整合一个国家或地区的政治经济体系。"大数据在实用层面的影响很广泛,解决了大量的日常问题。大数据更是利害攸关的,它将重塑我们的生活、工作和思维方式。在某些方面,我们面临这一个僵局,比其他划时代创新引起的社会信息范围和规模急剧扩大所带来的影响更大……大数据需要人们重新讨论决策、命运和正义的性质。"[①]本书在田野调查过程中,P 市借助互联网技术,注重公务消费数据信息的线上收集和即时汇总,有效地解决了传统行政监管和法治监管中存在的漏洞,公务消费信息的及时性和真实性,获得了技术手段的支持。科学执法在中国业已不再是一个先进理念的问题,而是切实作为一种手段在予以运用,并产生了积极的效果。P 市作为一个经济并不发达的地级城市,应该说其科技实力、经济实力、管理能力,绝非国内地方政府的翘楚,其公务消费互联网监管平台的成功运作,在表明大数据技术的非凡治理功能的同时,亦表明互联网和大数据在公共治理方面,具有广泛的运用前景。时下的中国,互联网在商业领域的运用,已经在全球范围内独占鳌头,甚至被称为"新四大发明"之一,大数据亦已经在特定的地域或领域,获得了一定的成就。如何破除行政壁垒,提供制度性的支持环境,提升其在公共管理领域内运用的广度和深度,进而形成"中国模式"或"中国道路",不能不成为一个理论界和公共管理实践者高度关注的问题。或许,国内公共管理技术手段的运用,及其诱发的行政和法治问题,势将成为 21 世纪公共管理的一个新的研究领域,引导 21 世纪世界各国公共行政的实践变革和立法发展。

---

① 维克托·迈尔-舍恩伯格,肯尼思·库克耶.大数据时代[M].盛杨燕,周涛,译.杭州:浙江人民出版社,2013:239.

二、局限性与弱点

毋庸讳言，任何一项理论研究，都难免具有一定的局限性。尽管研究者在研究过程中，运用"质性"和定量研究相结合的混合主义研究方法，尽可能贴近公共行政的实际，并从政治、行政、法律三个途径，深入分析公务消费信息公开机制的治理绩效，并分析影响制度绩效的各类因素，但是，在绩效测量方面，由于政府公开数据质量的问题，所采用的数据是问卷调查的主观测量，只能片面地反映出我国政府公务消费信息公开机制治理的成效。囿于财力和精力的限制，问卷调查的范围和对象亦具有一定的局限性，科学的抽样策略，未必能够完全绝对地反映出实际的治理绩效。

在"质"性研究部分，访谈对象在尽可能广泛的同时，仍然不能涵盖所有的关键的信息拥有者，从而可能遗漏事关制度运作和治理绩效的重要信息，形成这一问题的主要原因有下列因素：一是中国官僚体制的保密主义传统。尽管建设阳光政府已经成为执政党政治建设的重要目标，而且颁布实施了相关的法律和法规，但是，该项制度的影响仍然有待提升。深厚的保密文化和组织内职位竞争带来的不确定性风险，均影响了知情人员接受访谈的积极性和提供信息的深度。二是官僚组织的自身利益。公务消费信息公开制度建设，剑指公务消费的特权和自由裁量空间，本身是一种损及官僚组织组织及其成员利益的制度创设。从理性人的视角出发，不难理解该项制度的任何疏漏，在某种程度上即为公务人员的利益所在，旨在强化制度约束的学术研究，显然不利于公务人员利益的维系。这不仅使得诸多公务人员，拒绝参与访谈研究，而且，即使与研究者有私密关系的被访对象，亦难免基于自身的利益和制度的限制，有意掩盖某些问题。三是无论是国内还是在国外，"质"性研究均需要在知情同意的状态下，以自愿的方式展开，任何诱导和利益刺激行为，均会影响学术研究的质量，违背学术伦理。这一研究规则的科学性和伦理性存在可敬之处，但这无疑会影响研究敏感问题的"可进入性"，对于公务消费信息公开制度的敏感问题，如研究者缺乏与研究对象的私密关系或可靠的进入研究田野的途径，则获得相关信息的机会，几无可能。因而，笔者私密圈子范围的大小，在很大程度上影响了获取全面信息的能力。无论研究者在田野调查过程中的无助感,还是在研究呈现过程中诸如缺乏主管官员的信息的缺憾,均暴露无遗;研究者在写作过程中,亦多次表述了由此带来的对研究质量的影响,聊以警示研读者重视可进入途径对研究结论的影响,并提示后续研究者注重此类信息的收集,以推进该领域的研究质量。

在研究者虑及的范围内,另一局限性则内生于理论研究自身和制度建设的持续推进。尽管这一研究局限性在很大程度上,任何研究都难以避免,但略费笔墨,颇有裨益。任何严谨的实证研究已经展开,它的研究框架和基本方法,基本锚定,在研究过程中,虽可略加调整,但终难拆骨散架,再起炉灶,所以,研究设计已经确立,其研究的侧重点已经预设,基于有限理性的原因,势必制约研究对社会现实的真实反映和问题厘定。在这一意义上,可以说所有的社会科学研究,甚至所有的自然科学研究,均具有一定的主观性。质言之,科学研究乃是基于客观基础的一种主观探索,从来没有绝对的客观主义研究。此外,任何社会科学对社会问题的研究,均在一定程度上滞后于社会发展的实践。就本书研究的主要对象公务消费信息公开机制而言,执政党引领治理体系,在研究开展的数年内,已经在很多方面完善了该项制度,制度的科学性无疑有了一定的提升,研究中的一些结论,可能已经不能较为客观地反映社会现实。从当下时空的立场,看待过往的研究结论,不可避免可以发现一些疏漏乃至错误之处。但这已超出本书研究的能力所及,其间所存在的问题有待来者再做出新的学术努力,才能有所作为。学术者,天下之公器,作为一种公共产品,需要学术共同体的共同努力,不断质疑和严谨求证,才能薪火相传,不断启迪众生,促进社会进步,提升公共治理的质量。从这一角度出发,本书中的疏漏和缺失,无疑也是一种贡献。来者的批判与否定,正是提升该项问题研究的出发点。如果个人研究的缺失,可以成为后来者之标靶,亦是一种贡献。

三、未来路向

学术研究的专业性特质,无疑需要一份坚韧与坚守,才能偶有所感;倘欲获得一定的收获,则更要一份恒念与执着。自选择"阳光政府"和"透明

政府"作为研究领域以来,间或有厌倦和放弃的想法,但是,国家治理体系
在此方向的果敢前行和制度建设取得的非凡成效,多次将笔者的研究兴趣
重新拉回这一笔者认为极具社会价值和研究价值的领域,历经多年努力,
虽无非凡成就,但有付梓之喜,亦应说明未来前行的方向。从学术规范的
角度,这一说明乃是研究者急需指出该领域有待深入发展的方向,指引学
术界关注此类问题,系受惠于学术共同体,反哺学术事业的内在职责。而
从研究者个体的立场出发,乃是为自己制定前行方向,任尔东南西北风,立
身原在领域中之学术坚守的体现。所以,在有狗尾续貂之嫌下,仍须抛砖
引玉,最后聊叙一下在研究过程中所发现的,若干有待自身和学术同仁共
同关注的问题。当然,由于学术视野和研究兴趣的限制,所述问题主要是
从公共管理学科视野关注的理论与实践问题。

　　首先,从制度借鉴的角度出发,目前国内的学术研究学理性过强,宏观
和中观的研究较多,未尝发现从行政管理的日常监管角度,研究西方的公
共管理实践是如何监控和公开公务消费信息公开的。公务消费信息公开
制度,发轫于西方社会,有的国家甚至有数十年的实践操作,对其操作层面
的理论和实践研究,无疑是一个有益于国家制度建设,尤其是有利于建立
可操作执行机制的研究方向。为此,必须放弃宏大叙事或悬停于中观层面
推介或评判的研究,亦不能简单地介绍西方国家的法律和法规,关注执行
机制和执行技术,是一个极具生长力的研究方向。

　　其次,公务消费信息公开的司法推动效果研究。尽管个人从公共管理
学的角度出发,需要关注法治实施过程中行政机制的作用。但是,这并不
能否认司法机构在推动公务消费信息公开乃至在推动整体的政府信息公
开制度绩效的功能。包括笔者研究在内的既有研究多半从单一或数个行
政审判案例,剖析其间存在的问题。但是,这在反映司法能动作用整体图
景方面,其研究结论的局限性和研究方法的无力感,亦非常明显。在司法
公开日益普及,普遍获取相关司法判决书交易成本日益下降的网络社会,
借助适当的计算机工具和统计分析技术,运用文本分析,构建相关的数据
库,辅以对当事法官的访谈研究,从而有所发现,必将是未来研究的路向之
一。这一研究路向无疑需要新的方法和更加艰辛的努力,但正因为此,才
使其极具魅力。

　　最后，一个值得付出学术努力的领域需要社会科学研究者同自然科学研究者合作，综合利用社会科学和自然科学研究的成果，服务于公务消费信息公开，乃至政府信息公开平台建设的研究。基于互联网技术和大数据等技术的发展，积极运用相关技术提升公共治理效果，必将成为未来社会科学研究的一个重大发展方向，田野调查过程中 P 市财政部门运用"互联网＋"技术，建立即时的网上监督平台，凸显了互联网平台技术的行政管理魅力。根植于国内的行政文化和治理体系特征，无论如何变革，官僚组织成员的信息优势，一直是高层治理者必须面对的问题。运用互联网平台建设，并建立相关的操作规范，无疑可以有效地消除当下行政系统过度依赖下级行政机构提供相关信息的弊端，有利于获得真实的执行信息。此外，互联网平台技术，亦利于公众即时、有效地监督政府行为。从小的层面上讲，可以有效降低官僚组织成员的自由裁量空间，提升公务消费信息公开的数据质量，刚化规则的约束能力；从大的层面上讲，这一方式可以增强公众的参与感，体现其公共治理的本质属性，提升政府对公众的信任。然而，信息规范平台的建设，需要社会科学研究发现问题所在，亦需要自然科学研究者研究如何通过技术手段实现治理目的和解决实际问题，除非抛开泾渭分明的成见，通力合作，否则，势必只是一个理念，即使投入实践，有所成就，亦难以充分实现这一治理途径的潜力。

　　社会科学研究作为智性人类的一个职业，它肩负着启发真实、鼓励探索的使命。然而，笔者更为赞同庞德、博登海默、沃尔多等世界知名社会科学家的观念，它实质上所肩负的乃是提升人类文明的社会功能。从博登海默的视野出发，必须通过包括法制制度建设在内的努力，有效控制人性中极端自私的破坏性倾向，约束个体使自己的需要适应他人的需要，使公共生活具有意义，才是法理学研究终极目标所在。庞德教授亦将法律研究放在制度文明的层面。公共行政著名学者沃尔多认为公共行政学者需怀有建设美好社会的愿景，尽管其职业使命是科学研究，但是科学研究必须服务于人类社会，"任何政治哲学家都怀有关于美好生活的理想并希望实现这种理想，哪怕这种希望是微弱的——否则他就不是在从事政治哲学的研究"①。沃尔多所言的微弱的希望，既是社会科学学术研究的困境所在，也是社会科学学术研究魅力所在。基于人性的复杂和社会变迁，诱发的制度文明问题，从古至今，不仅生生不息，而且千头万绪。如何在嬗变的社会进程中，在社会科学的基础上，提升人类文明，亦是一个艰难的任务。然而，天行健，君子以自强不息，从积极的角度出发，我们必须不畏艰辛，提升社会科学的质量。"科学的使命最终不是寻求轻松愉快的工作，而是寻求重大而富有成果的工作。"②地势坤，君子以厚德载物，社会科学研究者只有不畏研究过程中的艰辛，才能攫取其间获取新知、服务社会变迁的欣喜。

---

① 德怀特·沃尔多.行政国家：美国公共行政的政治理论研究[M].颜昌武，译.北京：中央编译出版社，2017：79.

② 欧根·埃利希.法社会学原理[M].舒国滢，译.北京：中国大百科全书出版社，2009：558.

参考文献

洛克.政府论[M].叶启芳,瞿菊农,译.北京:商务印书馆,1964.

E.博登海默.法理学:法律哲学与法律方法[M].邓正来,译.北京:中国政法大学出版社,2004.

王名扬.美国行政法[M].北京:中国法制出版社,2005.

托比·曼德尔.信息自由:多国法律比较[M].龚文庠,译.北京:社会科学文献出版社,2011.

程颐.周易程氏传[M].王孝鱼,点校.北京:中华书局,2011.

梁治平.寻求自然秩序中的和谐:中国传统法律文化研究[M].北京:商务印书馆,2016.

梁治平.法治在中国:制度、话语与实践[M].北京:中国政法大学出版社,2002.

梁治平.清代习惯法[M].桂林:广西师范大学出版社,2015.

梁治平.礼教与法律:法律移植时代的文化冲突[M].上海:上海书店出版社,2013.

向佐群.政府信息公开制度研究[M].北京:知识产权出版社,2007.

布雷恩·Z.塔玛纳哈.论法治:历史、政治和理论[M].李桂林,译.武汉:武汉大学出版社,2010.

蔡伟民.政务公开:理论与实践[M].北京:中国农业出版社,2009.

史蒂芬·E.弗兰泽奇.技术年代的政党[M].李秀梅,译.北京:商务印书馆,2010.

迈克尔·G.罗斯金.政治科学[M].林震,译.北京:中国人民大学出版社,2014.

诺曼·K.邓津,伊冯娜·S.林肯.定性研究:策略与艺术[M].风笑天,译.重庆:重庆大学出版社,2013.

伍威·弗里克.质性研究导引[M].孙进,译.重庆:重庆大学出版社,2011.

罗伯特·K.殷.案例研究:设计与方法[M].周海涛,译.重庆:重庆大学出版社,2010.

赫伯特·J.鲁宾,艾琳·S.鲁宾.质性访谈方法:聆听与提问的艺术[M].卢晖临,等译.重庆:重庆大学出版社,2010.

莫妮卡·亨宁克,英格·哈特,阿杰·贝利.质性研究方法[M].王丽娟,译.杭州:浙江大学出版社,2015.

斯丹纳·苛费尔,斯文·布林克曼.质性研究访谈[M].范丽恒,译.北京:世界图书出版公司,2013.

邱皓政.量化研究与统计分析[M].重庆:重庆大学出版社,2009.

吴明隆.结构方程模型:AMOS 的操作与应用[M].重庆:重庆大学出版社,2010.

汉密尔顿,杰伊,麦迪逊.联邦党人文集[M].程逢如,等译.北京:商务印书馆,2010.

J.S.密尔.代议制政府[M].汪瑄,译.北京:商务印书馆,2008.

西奥多·H.波伊斯特.公共与非营利组织绩效考评:方法与应用[M].肖鸣政,译.北京:中国人民大学出版社,2005.

弗里德曼.选择的共和国:法律、权威与文化[M].高鸿钧,等译.北京:清华大学出版社,2005.

詹姆斯·马奇,马丁·舒尔茨,周雪光.规则的动态演变:成文组织规则的变化[M].童根兴,译.上海:上海人民出版社,2005.

狄骥.公法的变迁[M].郑戈,译.北京:中国法制出版社,2010.

杰克·雷斌,等.公共管理学手册[M].张梦中,等译.广州:中山大学出版社,2006.

约瑟夫·A.马克斯威尔.质的研究设计:一种互动的取向[M].朱光明,译.重庆:重庆大学出版社,2007.

安东尼·唐斯.官僚制内幕[M].郭小聪,等译.北京:中国人民大学出版社,2006.

国际货币基金组织.财政透明度[M].财政部科学研究所,译.北京:人民出版社,2001.

马骏,王浦劬,谢庆奎,肖滨.呼吁公共预算:来自政治学、公共行政学的声音[M].北京:中央编译出版社,2008.

牛美丽,马蔡琛.构建中国公共预算法律框架[M].北京:中央编译出版社,2012.

詹姆斯·R.汤森,布兰特利·沃马克.中国政治[M].董方,等译.南京:江苏人民出版社,2005.

达雷尔·韦斯特.数字政府:技术与公共领域绩效[M].郑钟扬,译.北京:科学出版社,2011.

罗斯科·庞德.法理学[M].邓正来,译.北京:中国政法大学出版社,2004.

欧根·埃利希.法社会学原理[M].舒国滢,译.北京:中国大百科全书出版社,2009.

阿伦·威尔达夫斯基,布莱登·斯瓦德洛.预算与治理[M].苟燕楠,译.上海:上海财经大学出版社,2010.

李广宇.政府信息公开诉讼:理念、方法与案例[M].北京:法律出版社,2009.

卡罗尔·哈洛,理查德·罗林斯.法律与行政[M].杨伟东,等译.北京:商务印书馆,2004.

马丁·洛克林.公法与政治理论[M].郑戈,译.北京:商务印书馆,2013.

尼尔·K.考默萨.法律的限度:法治、权利的供给与需求[M].申卫星,王琦,译.北京:商务印书馆,2007.

姜明安.行政法与行政诉讼法[M].第3版.北京:北京大学出版社,高等教育出版社,1999.

罗斯科·庞德.通过法律的社会控制[M].沈宗灵,译.北京:商务印书馆,2010.

周汉华.外国政府信息公开制度比较[M].北京:中国法制出版社,2003.

本杰明·卡多佐.司法过程的性质[M].苏力,译.北京:商务印书馆,2010.

劳拉·塞巴斯蒂安-科尔曼.数据质量测量的持续改进[M].卢涛,李颖,译.北京:机械工业出版社,2016.

钱穆.中国历代政治得失[M].北京:生活·读书·新知三联书店,2005.

詹姆斯·马奇.经验的疆界[M].丁丹,译.北京:东方出版社,2011.

凯特·纳什,阿兰·斯科特.布莱克维尔政治社会学指南[M].李雪,吴玉鑫,赵蔚,译.杭州:浙江人民出版社,2007:185.

张晋藩.中国法制史[M].北京:商务印书馆,2010.

苏力.制度是如何形成的[M].北京:北京大学出版社,2007.

维克托·迈尔-舍恩伯格,肯尼思·库克耶.大数据时代[M].盛杨燕,周涛,译.杭州:浙江人民出版社,2013.

德怀特·沃尔多.行政国家:美国公共行政的政治理论研究[M].颜昌武,译.北京:中央编译出版社,2017.

李瑞昌.中国公共政策实施中的"政策空传"现象研究[J].公共行政评论,2012(3).

陈仪.强化人大预算审议权的路径选择[J].法学,2009(9).

林慕华,马骏.中国地方人民代表大会预算监督研究[J].中国社会科学,2012(6).

陈家刚.协商民主与当代中国的政治发展[J].北京联合大学学报(人文社会科学版),2008(6).

李辉.当代中国腐败治理策略中的"清理"行动:以H市纪检监察机构为个案(1981—2004)[J].公共行政评论,2012(2).

公婷.问责审计与腐败治理[J].公共行政评论,2010(2).

蒋悟真.预算公开法治化:实质、困境及其出路[J].中国法学,2013(5).

马骏,於莉.公共预算研究:中国政治学和公共行政学亟待加强的研究领域[J].政治学研究,2005(2).

周雪光.基层政府间的"共谋现象"[J].开放时代,2009(12).

李学.规则软约束:公务消费信息公开数据质量中的政治:基于G省三市的实证研究[J].公共行政评论,2015(2).

周汉华.起草《政府信息公开条例》(专家意见稿)的基本考虑[J].法学研究,2002(6).

李琰,张立民.国家审计推动完善国家治理效果的实证分析：基于省级面板数据的经验证据[J].财会月刊,2015(18).

李敬涛,陈志斌.财政透明、晋升激励与公共服务满意度：基于中国市级面板数据的经验证据[J].天津财经大学学报,2015(7).

刘佳.地方政府财政透明对支出结构的影响：基于中国省级面板数据的实证分析[J].中南财经政法大学学报,2015(1).

Bruce L. Berg. Qualitative Research Methods for the Social Sciences[M]. California：Pearson Education Company,2001.

Hood,C. Transparency[M]//Clarke,P. B. ,Foweraker,J. Encyclopedia of Democratic Thought[M]. London：Routledge,2001.

Jens Forssbaeck,Lars Oxelheim. The Multi-Faceted Concept of Transparency[C]. IFN Working Paper,No. 1013,2014.

Eric M. Patashnik. Reforms at Risk：What Happens after Major Policy Changes Are Enacted[M]. New Jersey：Princeton University Press,1980.

Robert T. Nakamura,Frank Smallwood. The Politics of Policy Implementation[M]. New York：St. Martin's Press,1980.

Hair,Joseph,Jr. ,Rolph E. Anderson,Ronald Tatham,William Black. Multivariate Data Analysis[M]. Upper Saddle River,NJ：Prentice Hall,1998.

Yong Tang. Feeling for Rocks While Crossing the River：An Analysis of the Statutory Language of China's First Freedom of Information Law[J]. Journal of Information Policy,2014(4).

Goldfrank,B. ,Schneider,A. Competitive Institution Building：The PT and Participatory Budgeting in Rio Grande Do Sul[J]. Latin American Politics and Society,2006,48(3).

Boulding,C. ,Wampler,B. Voice,Votes,and Resources：Evaluating the Effect of Participatory Democracy on Well-Being[J]. World Development,2010,38(1).

Touchton,M. ,Wampler,B. Improving Social Well-Being Through New Democratic Institutions[J]. Comparative Political Studies,2014,47(10).

Gonalves,S. The Effects of Participatory Budgeting on Municipal Expenditures and Infant Mortality in Brazil[J]. World Development,2014,53(1).

Brutigam,D. The People's Budget? Politics,Participation and Pro-Poor Policy[J]. Development Policy Review,2004,22(6).

Bastida,F. ,Benito,B. Central Government Budget Practices and Transparency：An International Comparison[J]. Public Administration,2007,85(3).

Reinikka,R. ,Svensson,J. The Power of Information in Public Services:Evidence from Education in Uganda[J]. Journal of Public Economics,2011,95(7-8).

Alt,J. , Lassen, D. D. , Wehner, J. It Isn't Just about Greece: Domestic Politics, Transparency and Fiscal Gimmickry in Europe[J]. British Journal of Political Science, 2014,44(4).

Islam,R. Does More Transparency Go along with Better Governance? [J]. Economics and Politics,2006,18(2).

Olken,B. Measuring Corruption:Evidence from A Field Experiment in Indonesia[J]. Journal of Political Economy,2007,11(2).

Ferraz, C. , Finan, F. Exposing Corrupt Politicians: The Effects of Brazil's Publicly Released Audits on Electoral Outcomes[J]. Quarterly Journal of Economics,2008,12(2).

Lindstedt,C. ,Naurin,D. Transparency is not Enough:Making Transparency Effective in Reducing Corruption[J]. International Political Science Review,2010,31(3).

David Heazd. Fiscal Transparency: Concept,Measurement and UK Practice[J]. Public Administration,2003,81(4).

Kopits,Craig. Transparency in Government Operations [J]. Occasional Paper 158. Washington,D. C. :International Monetary Fund,1998.

Donald S. Van Meter, Carl E. Van Horn. The Policy Implementation Process: A Conceptual Framework[J]. Administration and Society,1975,6(4).

Jun Ma, Xing Ni. Toward a Clean Government in China: Dose the Budget Reform Provide A Hope? [J]. Crime Law Soc Change,2008(49).

Ma, L. , Wu, J. What Drives Fiscal Transparency? Evidence from Provincial Government in China[J]. Social Science Electronic Publishing, 2011(4).

Shulian Deng,Jun Peng,Cong Wang. Fiscal Transparency at the Chinese Provincial Level[J]. Public Administration,2013,91(4).

Shulian Deng,Jun Peng. Reforming the Budgeting Process in China[J]. OECD Journal on Budgeting,2012(1).

Jianmin Ren, Zhizhou Du. Institutionalized Corruption: Power Overconcentration of the First-in-Command in China[J]. Crime Law Soc Change,2008(49).

Yong Guo. Political Culture, Administrative System Reform and Anticorruption in China:Taking the Official Car Management Institution Reform as An Example[J]. Crime Law Soc Change,2010(53).

Christine Wong. Budget Reform in China[J]. OECD Journal on Budgeting,2007(7).

Kaifeng Yong, Jun Yi Hsieh. Managerial Effectiveness of Government Performance Measurement：Testing A Middle-Range Model［J］. Public Administration Review，2007 (67).

Spector，Paul E. Method Variance in Organizational Research：Truth or Urban Legend? ［J］. Organizational Research Methods，2006，9(2).

后　记

　　"科学认识世界，专业表达观点"，这是美国知名公共行政学者德怀特·沃尔多对学术研究的理解与认知。严谨的社会科学研究，对于启发众智、孕育文明的价值，自不待言。但社会科学的研究必将是一份辛苦的职业，无论是梳理文献，设计方案，还是寻访社情，整理文稿，如欲提供真知灼见，难免要承受一份苦寒。"知一切法无我，得成于忍。"倘要略有所成，更是要在寂清的书斋之中，不坠探寻之志，抛开庸俗的纷扰。于是在寂静的时光流影中，任岁月悄然逝去，带走年轻的面容，拂去曾经的豪情，突然间发现一个近乎平庸的自我，哀叹奈何自不量力选择这一智者的崇业。但是，既然选择了远方，便要风雨兼程，不忘初心，砥砺前行。严苛的学术规则之中，不仅有人文的温情关怀，更有收获的精神愉悦。

　　值此南国秋色渐深之际，几经耽搁的书稿，终于杀青。本书是过往几年自己学术努力的一个阶段性总结，其中的部分内容亦曾在相关学术杂志见于众人，并略加修改，以补当时之空。温故而知新，历经数年的努力，现在回首过往，其间的浅薄，愈发凸显，但学术规则使然，已无重新来过的时间和资源。公务消费信息公开制度，作为国家治理体系和治理能力现代化的重大制度创新，在深植于本民族的政治文化和制度体系过程中，必将是一个不断调整、渐趋成熟的过程。自拜别中山大学，告别羊城，来到东海之滨的温馨厦门，自作聪明，选择透明政府作为研究领域以来，一直关注这一议题。在年少之时，笔者信奉自由主义哲学，笃信唯有效法西方的先进政治制度才能真正屹立于世界民族之林，实现华夏复兴。然时光荏苒，在光影的转换中，认知渐深，始知有效衔接两种制度文明，绝非易事。在学术苦旅中，抛开了对西洋文明的幼稚崇拜，渐悟中国式治理的非凡魅力，逐渐放弃了自由主义的理念，更加关注社会整体福利改进的制度研究。事实上，走出书斋,观察当下之世界潮流,不难发现当今的国际社会正处于急遽震荡调整之际。许多曾经鼓吹自由主义的列强,开始奉行贸易保护主义,试图独善其身,而历经数十年改革开放的中国,则担当起全球化的倡导者,积极参与到国际公共事务的治理之中。从国内治理绩效来看,西方诸国恐怖主义、分裂主义势力,侵扰到普通公众的生活,而国内整体化的治理模式,则有效地实现了和平秩序的维护。由此而来,深受儒、释、道文化浸染的民族政治文化和治理模式,其比较优势在此消费主义、个人主义甚嚣尘上的时代,自然具有自己魅力和价值。一阴一阳,谓之道。在国家治理体系和治理能力现代化过程中,既要努力吸收西方世界有益的经验,又要维护邦本,改变过往缺乏文化自信和制度自信的崇洋情节,真正根植于国家治理的社会需要,创造性运用一切制度文明的成果,才能实现任尔东南西北风,华夏制度展宏图的复兴之梦。而在国家富强的感召之下,中华文化会再度深刻影响世界。如果21世纪一定是中国的世纪,则中国的政治文明和制度文明,则亦会深刻塑造人类的文明史。近年来,常在闲暇之余,略读《周易》,虽难以洞悉其真义,但深感传统文化的博大精深。只需略懂文字,无须青灯苦读,既能发人深思,趋吉避凶。"天行健,君子以自强不息;地势坤,君子以厚德载物;随风巽,君子以申命行事;渐雷震,君子以恐惧修省;善如水,君子以作事谋始;火同人,君子以类族辨物;步泽履,君子以辨民安志;艮山谦,君子以哀多益寡。"其天人合一,持经达变,顺应自然和世势的内在精神,对于如何立身于不确定性的世代,化解当今世界的诸多矛盾,无不裨益。

少年时偶读苏轼名句"古今成大事者,不具有超凡之智,亦具有坚韧不拔之志",顿觉豪情满怀,颇想于万丈红尘中,立德立言。在艰难中负笈南游,在遭遇困苦,倍感沮丧时,常诵读"须记少时拿云志,自许人间第一流"。如今人过不惑,虽无白首之苦,但阅尽千帆,几番风雨后,早已努力看淡世事,成败荣辱不论,智慧略有的增长,深深地自知,促使自己早已抛却了昔日内心的自许,开始尝试平静地生活。再读"为天地立心,为生民立命,为往圣继绝学,为万世开太平",留下更多的是不至的向往,但在平静之余,仍残留一丝向上的动力,偏安东南十载之余,读书治学聊慰平生。在流去光影中,曾在窗下,龙井的余韵中,细读《二十四诗品》中"玉壶买春,赏雨茅屋,坐中佳士,左右修竹,白云初晴,幽鸟相逐,眠琴绿荫,上有飞瀑。落花无言,人淡如菊,书之岁华,其曰可读"美如润玉的章句。"我见青山多妩媚,料青山见我应如是。情与貌,略相似。"魅力中国可舒缓市井俗气的侵扰,于是在过去的几年间,曾远离日常的苟且,独行至苍山之下,于白家院落,树下栖心,在渐渐西下的夕阳下,观那云山之间的阴阳交割,风涌云动,山峦恋旧,青翠苍茫,云烟交错,光影斑驳,叹造化之奇秀,悟人世之无常,感时光之匆匆。亦曾逶迤西行,拜水都江堰,体道法自然妙无穷的先贤之风,藏身青城山,感其水下有山,松林蕴秀,云天相接,气逸霄汉,风情神隽,守柔抱朴的气象。华夏大地俊美的山川、隽永的文化,无疑成为快乐的源泉。

但感恩知报,华夏这么美,作为一介书生,笔者难以拒绝改进其治理,增益其文化发展的责任。于是,历经岁月磨琢的慵懒、懈怠之后,学术的生活还是要继续的,学术的责任还是要墨守。曾经的少年略微消极地,还需静静地待在这个滨海之城,默默关注这个古老国度的复杂转型,用一支曲笔,浅浅地记下变化中的社会和自我。无论春风和煦,还是电闪雷鸣,努力坚守自己心灵深处的那份宁静。"你走上了这条道,怕的还在后面",是极具传统文化印记《卧虎藏龙》中的一句淡淡的台词。事非经过不知难,但到难处难回头,学术研究中也有利益,学术研究群体中,也有江湖。身处其间,更多的是身不由己,而不是少时幻想的独立潮头。况且自身所从事研究的相关领域,与政治和社会息息相关,关乎政声民生,其间潜藏的利益,公私不论,终是难以回避。在日益的世俗化的学术评价机制面前,作为体制内学术机构的弱势群体,鼓吹完全能坚守自己的学术底线,至少就现在的我,绝无可能,但儒家的入世之思想,仍然间或进入自己的决策函数。于是,在纷杂的学术市场中,常常告诫自己不能有所坚守,也要有所坚持,至少不妄言,不虚夸,静以修身,谦以成学。但又毕竟是凡人,颓废、惶恐、彷徨、浮躁、忧伤,时而会袭上心头,为寂寞的学术苦旅增添几分忧郁的色彩。然而,有幸生活在这三千年之未有的变局之中,身处剧烈的社会转型的汹涌洪流之中,必将以其间的紧张和冲突,撤去优雅的面纱,略带惊恐之中挣扎在时代的漩涡之中。只是对个体而言,则是学术市场和学术规则变化与冲突的调适,而且,这一裹挟着学术利益的转化,关乎的不惟学术研究者的个体利益，更关乎一个国家知识阶层提供学术作品的质量。

自从2000年9月泪别故土，出武胜关，游学南国以来，就本人的感知而言，学术环境发生了虽不及天翻地覆但亦惊人心魄的转变。高等学校人事管理体制的转变，高等教育融入国际环境进程的加快，均给曾经以象牙塔的菁菁校园，注入了前所未有的竞争压力，触及从治校者到青年学子的认同和努力方向。成绩斐然之余，当然有许多值得回味和急需反思的空间。千树万树梨花开，满园春色惹人恋，诸多的学术领域，级别与区位各异的学术机构，为应有的回顾和反思，提供了多样化的思路和方式。弱水三千，精彩纷呈，全面评述，甚是艰险，亦超出学界小民的视野和能力。但身处其中，难免有一番感慨，因而，非常想就公共管理领域的一些现象，吐槽寰宇，以启众人之辩。公共管理学，亦有人称其为公共行政学，并曾经由此引发过相当多的学术争论，真知灼见，不绝于耳。但就笔者看来，人们在使用同一的概念时，往往赋予其自身特定的认知；如若未明示其内涵和外延，则看似讨论的同一问题，实则所指大相径庭。所以，概念本身的争议并不是重点所在；关键在于如何看待这门学科以及如何做好这门学科。据笔者观察，2006年以来，各种因素交错旁通，搅动了该学科初期门户自守的局面，积极引入一色春水，伴随着学科建设规范化和学术质量提升呼声，各类问题精彩迭出。如何实现本土化？"质"性研究有价值，还是定量研究有价值？学术作品应该在国内发表，还是在国际上发表？专著重要还是论文重要？如何确立学术作品评价的质量？行政管理的科学性如何体现出来？是否需要提高学科的门槛？或明或暗的争论，在学术的江湖中，以他特有的方式滋生和野蛮生长。其间，最为惹人争议的就是如何提升科学化水平，这一问题实质上是和社会科学如何科学化关联在一起的，在学术历史上，也发表过争论，至今未有定论。所以，个人定是缺乏这个能力，从学术层面回应这一问题。只是从感性出发，个人认为学术标准可以商榷，但无须以科学知名，凸显某类研究，轻视其他角度和层面的努力。个人认为所谓科学，亦是一个人类建构的概念，从名称到内涵，无不是人类的意识行为，而且对其认知一直在发生变化。即使所谓学术的探索，无论是在自然领域，还是在社会领域，均谈不上绝对的客观，都是人类有意识的探索，亦受到人类意识能力的限制。如果无限追问下去，均无所谓科学回答的可能。伴随着量子科学的发展，以及人类对暗物质等领域的探索，以前被称之为迷信或宗教的问题，开始有了符合所谓科学范式的探索。所以，科学和宗教之间，亦非绝对，甚至可以相互促进。真正的科学态度，首先必须是一个开放的态度，而不是以暂时的规则，封杀有意识的努力。以社会科学领域的一个问题为例，美国公共行政学者西蒙曾因反对绝对的理性主义，提出"有限理性"的学说，而获得诺贝尔经济学奖。即使是所谓的"硬"科学，亦不过是人类借助科技的手段，增强获取信息的范围，形成判断而已。在未及意识到暗物质和暗能量存在之前，人类亦不可能尝试证实其存在根据的想法。所以，笔者认为不能以科学化的名义，扼杀其他探究公共管理研究的探索。自美其美的同时，学术规则理应允许各美其美。因为，无论以何种方式，探索公共管理问题，均有可能启发世人获得新知，提升人类社会的美好性。至于何种研究方式，最为有利于人类，则须求助于现实的社会需要，是一个自然选择的结果。学术自由，观念开放，始终是人类科学知识不竭发展的基石。

　　但是，就个体而言，尽管可以观念的世界中，俱怀逸兴壮思飞，但沉重的肉身，仍然将你铆入人世的纠缠中，内嵌入各类关系之中。抛开这些社会关系，不仅学术难以企及，而且学术也会丧失其存在的价值。所以，回归到世俗的窠臼，必须懂得反哺与感恩。因为看似独立的学术作品，表面上属于个体行为的结果，但从知识社会学的视野出发，个体的努力，亦是在社会环境的产物，况且，研究者本人的成长，无不需要社会的投入、师长的协助、朋辈的支持，更不必说在田野研究过程中，公共行政的实践者等相关群体，积极无畏的提供的各种帮助。所以，文本的最后，在个人承担所有错误与瑕疵的责任之余，非常有必要感谢那些曾经提供过帮助的有缘人。但是，本人不愿或难以列出详细的名字清单，一来容易挂一漏万，伤及曾经温暖过我于艰难中求索的善心；二来君子之交淡若水，和而不同，所有的协助与提携，除却友爱的私情，更多的是促进学术增长，提升国家治理质量的家国情怀。在国家强盛，民族富足的宏图大业之前，小我的这份私情，何其渺小。思虑至此，顿觉煞有介事地明确告白，不若留白，此处无声胜有声；但凡您等读到此处，但凡您能在闲暇之余，念到曾经的相遇，但凡你在行文某处，提交拙作的某些浅见，更会有神交心知的欣喜；若是，何必念及俗世的称谓。

　　但是，于研究者本身而言，必须心有所感；于我而言，唯有感天地之恩威，尽此生之本分，尊重社会现实，尊重严谨的研究方法，踏实做好每一步的研究，才是恪守君子之道的根本。"一忧一喜皆心火，一荣一枯皆眼尘，静心看透炎凉事，千古不做梦里人"，唯愿忘却学术江湖中的忧、喜、荣、枯，看淡成败得失，受侮不答、闻谤不辩，即使须匍匐前行，亦敬业修德，诚心履艰。